谨此献给浙江省瑞安中学建校125周年

瑞安中学文化丛书

主编 陈良明
执行主编 林云江 夏海豹

滋兰树蕙

——瑞安中学前辈名师风采录

林云江 夏海豹 ◎ 编著

光明日报出版社

《瑞安中学文化丛书》增编委员会

主　任　　　陈良明
委　员（按姓氏笔画排序）
　　　　　　叶显国　苏香妹　李　敏　何光明
　　　　　　陈　耿　陈伟玲　林云江　金晓涛
　　　　　　贾克志　夏海豹　程志强

主　编　　　陈良明
执行主编　　林云江　夏海豹
本册编著　　林云江　夏海豹

总　序

　　云山霭霭，云水苍苍，惟我瑞中，源远流长。100多年前，以孙诒让先生为代表的瑞安先贤，在国家内忧外患之际，怀着教育救国的梦想，开始了艰难的办学历程。筚路蓝缕，殚精竭虑，在温处两府十六县创办瑞安学计馆等各级各类学校共300多所，率全省之先，也使僻处东南一隅的瑞安小城在一段时日成为浙南教育文化的中心，引领浙江教育文化的发展，甚至站在全国教育文化发展的高地上，成为几代瑞安人的荣耀。

　　两个甲子薪火相传，孕育桃李葱茏芬芳。从晚清、民国到新中国一路走来，从浙江省最早的新式学堂发展成为闻名遐迩的浙江省首批办好的18所重点中学，再到浙江省一级特色示范高中、全国文明单位和温州市唯一上榜的首届中国百强中学，瑞中这所百年老校栉风沐雨、弦歌不辍，历代师生校友共同创造、演绎了一部气壮山河的创业史，一部可歌可泣的革命史，一部精英辈出的人才史，一部与时俱进的发展史。

　　文化是一所学校的灵魂。先贤学长给我们留下了不可复制的珍贵遗产：一个个响亮的师生名字，一场场变迁的历史风雨，一幕幕精彩的校园故事，一代代瑞中人办学的艰辛和执着……那是经过岁月沉淀的办学传统、人文底蕴和学校精神，是激励我们全体师生团结奋进的不竭动力，更是瑞中这所百年名校的不灭灵魂！这些文化财富，如果不及时挖掘、抢救与保护，留给我们后人的，将是无尽的遗憾。基于此，2014年5月，瑞安中学成立"文化丛书编委会"，紧紧围绕校史、校友、校园这一主线，组织编纂《瑞安中学文化丛书》，对瑞中办学历史上的文化资源实施抢救性收集、整理和编研，全方位展示瑞中悠久的办学历史、鲜明的办学特色、辉煌的办学成果和深厚的文化底蕴，彰显、弘扬瑞中的人文精神和光荣传统，并以此向120周年校庆献礼。

《瑞安中学文化丛书》一套十册，从酝酿、编撰到修改、定稿，历经三年，规模宏大，著述精细，是一项艰巨的文化工程。《溯源追昔——瑞安中学史话》呈现了自1895年筹创瑞安学计馆至今各个历史时期的办学业绩，回顾了瑞中两个甲子艰苦创业、薪火相传的奋斗史；《岁月年轮——瑞安中学大事记》以条文形式系统地描述了学校的历史变迁，勾勒瑞中跨越三个世纪的发展轨迹；《百年印象——瑞安中学画册》通过每一帧不同时期的历史照片，以图说的形式描绘了瑞中的昨天与今天；《往事如昨——瑞安中学校园故事》以回忆录的形式，展现了不同年代瑞中色彩斑斓的校园生活；《星光璀璨——瑞安中学优秀学子风采》以120位优秀校友的事迹为载体，展示了瑞中创办120年来在人才培养方面的丰硕成果；《杏坛拾穗——瑞安中学教师作品选》选录有文史价值或有纪念意义的教师作品，全方位地展示了瑞中历代教师的人文与艺术素养；《青葱留韵——瑞安中学学生习作选》搜集了从民国元年到21世纪前十年的学生习作，展示了不同年代瑞中学子的文学才智及家国情怀；《兰台存真——瑞安中学档案史料选编（1895—1949）》精选有关瑞中办学过程的原始档案，还原了瑞中的部分历史真实；《弦歌铮琮——瑞安中学校园文化撷英》分门别类地讲述了瑞中文化育人的理念和实践；《翰墨传情——瑞安中学书画藏品选》则展示了历年来各级领导、名家和校友对学校的关怀与祝愿，传递感动的力量。这套丛书不仅是厚重的，更是温暖的，因为它承载着全体瑞中人致敬先贤，情系母校，感怀教育的款款深情。

瑞安中学作为百年名校，在跨越三个世纪的办学历程中，我们培养了一大批栋梁之材，可以说是群星璀璨。俗话说：名师出高徒，既然培养了那么多的优秀学生，一定会有一批优秀的老师。出于各种原因，以往学校对名师史料的挖掘是不够的。为了纪念瑞安中学建校125周年，前年学校启动了名师文化工程，挖掘优秀老师在教书育人方面的感人故事，整理他们为人处世的道德文章，编撰为《滋兰树蕙——瑞安中学前辈名师风采录》，列入《瑞安中学文化丛书》，以增添百年名校文化的厚重力量。

百年记忆，百年珍藏。承载前辈的殷殷期望，感受百年老校绵延不息的灵魂与奋斗激情，我们定能汲取力量，不懈追求，在新的起点上，昂首前行。

是为序。

陈良明

2021 年 8 月

目 录

第一辑·清末时期

瑞安学计馆总教习——林调梅、陈 范 ……003

近代杰出的戏曲作家——洪炳文 ……009

中外实业交流的开拓者——郭凤鸣 ……013

金石书法名家——杨绍廉 ……018

清官、名医、名士、书法家——池源瀚 ……022

瑞安中学首任校长——许 藩 ……027

矢志教育 业绩长留——郭凤诰 ……031

张棡和《张棡日记》——张 棡 ……036

一代书法名家——孙诒泽 ……041

第二辑·民国时期

瑞中第一首校歌创作者——陈 超、董玉衡 ……047

近代著名花鸟画家——洪蓉轩 ……052

胡旭校长与胡雨老师——胡 旭、胡 雨 ……058

瑞安才子、剧作家——薛钟斗 ……064

著述等身 声名著世——俞春如 ……068

瑞安女学第一人——吴之翰 ……073

中国音乐学术泰斗——缪天瑞 ... 077

穿长衫、留八字胡的文史老师——周彧甫 ... 081

我国资深雷达专家——王懋生 ... 084

美术名师　画菊神笔——金作镐 ... 088

春风时雨　解惑追韩——唐敬庵 ... 093

滋兰树蕙　教泽宏深——黄质中 ... 098

诲人不倦的硕学通儒——陈燕甫 ... 102

矢志报国的体育先驱——蔡屏周 ... 106

淹通群籍　多才多艺——李逸伶 ... 110

民国时期的瑞中第五任校长——王锡涛 ... 114

桃李不言　下自成蹊——项启中 ... 119

懿德高风　泽惠桑梓——王超六 ... 123

敢说真话的报人——王剑生 ... 128

土壤是一切生物的母亲——许世铮 ... 131

温州研究中国美术史第一人——唐唯逸 ... 135

严谨求实　师者风范——项桂荪 ... 140

杏林翘秀　医术济世——洪天遂 ... 144

学而不厌　教而不倦——张　楷 ... 148

精通文史　称誉"书橱"——唐澄士 ... 151

音乐人生　始终不渝——邹伯宗 ... 155

温州教育名家——陈逸人 ... 160

李翘和《屈宋方言考》——李　翘 ... 164

"百姓音乐家"——侯家声 ... 168

笃学勤思　爱国怀乡——李森南 ... 172

《马氏文通易览》的著者——邵成萱 177

儒医兼通　享誉乡里——薛凝嵩 182

家国情怀　根植于心——陈德煊 187

一代通儒——宋慈抱 191

国旗设计者——曾联松 195

两度兼任瑞中校长的瑞安县长——许学彬 200

一代大学问家——李　笠 204

道德文章两照人——俞大文 210

近代篆刻大师——方介堪 215

浙南教育家——金嵘轩 219

著名的鲁迅研究专家——胡今虚 224

现代派戏剧探索的先驱——陈楚淮 228

著名数学家——项黼宸 233

第三辑·新中国成立后

学界名士　乡里硕望——林炜然 239

温州教坛翘楚——曾　约 243

一支粉笔写人生——黄运筹 246

育才尽瘁　桃李仰之——陈　湜 250

美声响遏行云　艺德长留佳话——朱昭东 254

水稻良种"仲远号"的培育人——管仲远 259

浙工大首位硕士导师——洪瑞槎 263

著名历史学家——孙正容 266

学博德高　其人如玉——余振棠 271

解放后的瑞中首任校长——管文南 276

老牛自知夕阳晚　不用扬鞭自奋蹄——周守常 280

治学严谨　医术高超——项棣荪 284

与瑞中结下不解之缘——项　竞 288

润物无声　风化于成——陈继璜 293

书比人长寿——马允伦 297

享誉画坛的美术教师——邱禹仁 302

文史学家——董朴垞 306

杏坛贤师　护法卫士——张世楷 310

惟贤惟德　风范昭人——王从廉 314

民办教育的探路者——曹振铎 318

学生心目中的恩师——张德坤 323

宽仁厚德　润物无声——李方成 327

鞠躬尽瘁　情洒教育——戴望强 331

一片丹心育桃李——马　龄 334

三进三出瑞中——项维新 338

三十一年的瑞中情愫——项宝澄 342

不计辛勤一砚寒——郑心增 347

人生无处不青山——吴引一 351

一片赤心为学子——蒋兴国 356

"小发明之父"——洪景椿 361

名师补遗

蒋作藩	369
蔡念萱	369
林永梓	370
洪特民	371
金介三	372
林大年	373
蔡执盟	374
蒋咸平	376
刘承芳	376
王懋椿	377
伍咸中	378
胡跃龙	380
陈高德	382

主要参阅书目 · 384

鸣谢 · 386

人物索引 · 387

后记：致敬瑞安中学前辈名师 · 392

第一辑·清末时期

(1896—1911)

瑞安学计馆总教习
——林调梅、陈范

林调梅（？—1906），字和叔，居瑞安城南水心街，邑廪生。陈润滋学生。学计馆首任总教习（馆长），上宗清初梅文鼎天算之学，旁通当代西方数理之义，是精通格致的算学家，享有盛誉。《瑞安市志》有传。

陈范（1865—1923），字式庼，又称式卿，居瑞安城南水心街，光绪二十三年（1897）拔贡，瑞安最早的公费留学生。曾任直隶州州判、瓯海交涉员、瓯海关监督、温州清理官产处长、浙江水利局副局长。1900年代理学计馆总教习，著作有《形代通释》《重学释例》《算学引蒙》《算艺偶存》等。《瑞安市志》有传。

甲午中日战争进一步加深了中国的民族危机，也促使有识之士群起探寻国家富强之路，主张维新变法，教育救国。在败国耻辱的巨大刺激和教育救国思潮的影响下，瑞安先哲、清末大儒孙诒让怀着"自强之道，莫先于兴学"的信念，毅然放下手中经籍，走出书斋，迈上开启民智、兴学强国之路。他认为算学是西学中最重要的学科，"以为致用之本，对于步天测地，制器治兵，厥用不穷"，决定牵头筹创算学书院。其办学目的是培养新式人才，以应时代需要，大处可"待国家之用"，小处说也可"以泽乡里"。

清光绪二十二年（1896）三月初一，孙诒让、黄绍箕、黄绍第、项崧、周拱藻、洪锦标、王恩植、鲍锦江、杨世环九位乡贤发起创办的瑞安学计馆开馆，开设两班，每班每月上课九天，教学内容以习算为主，兼授物理、化学等现代知识。

孙诒让在申请立案文中云："惟是算书义理精奥，非得良师教授，索居冥搜，事倍功半；且算式繁赜奇幻，非童而习之，演数断难谙熟。现议于

《瑞安新开学计馆叙》——孙诒让手迹

本邑城内,创设算学书院,挑选聪颖子弟,身家清白,质地端谨、粗通文理者入院,按期轮班肄业,延聘院长,晨夕到院,口讲指画……"因而选择温州地区最有造诣的数学教育家林调梅,担任学计馆首任总教习(馆长)。

林调梅系瑞安算学名家陈润滋(1816—1885)的得意门生。陈润滋,又名润之,字菊潭,精通算学和天文历算,著有《割圆弧矢捷法》《古今章闰表》《春秋朔合算法》《东瓯星晷表》等数学著作,培养了许多门生,包括进士胡调元、何庆辅、项崧、王岳崧等。清末大儒孙诒让在《瑞安新开学计馆叙》中如此评述:"吾乡自宋元迄有明,惟忠毅精通历算,而未有传书。道咸而后,几山项先生、菊潭陈先生始研治宣城梅氏之书,以通中西之要。"由此可见,项几山(傅霖)和陈菊潭在地方算学方面举足轻重的历史地位。

林调梅,字和叔,邑廪生,师从算学家陈润滋,孜孜以求,尽得师学,不仅精通算学,理化知识也十分渊博,人称"上宗清初梅文鼎天算之学,旁通当代西方数理之义",是精通格致的算学家。其弟林摄(调元),系著名爱国将领,曾任南京武备学堂监督兼军事教习、陆军军部军衡司司长,领衔陆军少将。

林调梅为近代教育界的先驱人物,他讲解声光电化诸学,听者讶为奇谈。他思想开明,在常课之外,分发馆内所备书报给学生自行阅读,学生如遇疑问,他则给予解答,一扫老式书院"两耳不闻窗外事,一心只读圣贤书"的旧习。学计馆开办一周年时,孙诒让撰写联语赞誉:"乡里有导师,亮节孤忠,历算专精祇馀事;洞渊昌邃学,通理博艺,艰难闵济仗奇才。"此联由书法家孙诒泽书以锓木,悬挂于会堂两楹,以示纪念。

林调梅因事必躬亲,积劳成疾,提出长期请假。光绪二十六年(1900)二月开始,学计馆总教习由精通历算之学的陈范代理。此后,林调梅仍继续关心支持地方办学,协助孙诒让先生参与温州中学堂的改革和创办瑞安东南隅蒙学堂。

接任学计馆总教习的陈范,系陈润滋的长子,光绪年间贡生。曾任直隶州州判、瓯海交涉员、瓯海关监督。任温州清理官产处长期间,政声翕然,任浙江水利局副局长告归后,先后在瑞安学计馆和温州中学任教。他幼承家学,深得父传,兼治西方数理及西医新术,是很有成就的算学家,著作有《形代通释》《重学释例》《算学引蒙》《算艺偶存》等。他思想前卫,善于接受西方先进科学,赞成维新变法。担任学计馆代理总教习期间,为学生教授算术、代数、物理、三角测绘、计量制图等课。

学计馆在两任总教习的主持下,以"甄综术艺,以应时需"为宗旨,精心办学,注重"中体西用",辟设阅报公所,购置《申沪日报》《清议报》《汇报》《南洋七日报》《译林汇编》《译林》等报刊及近时西学诸书,以供师生及有志新学者借阅。坚持因材施教,学以致用,强调理论联系实际,培养了一批具备数学基础知识和懂得现代科学知识的学生。他们具有应用专业知识于实际工作的能力,曾利用学习过的三角测量知识,实地测量瑞安飞云江的宽度。光绪二十四年(1898),部分学生被瑞安县志局选用,在总教习陈范亲自指导下,按照新法测绘,用了一年多的时间,首次绘成全县五十五都地图，深受官府和民众的好评。

学计馆办学六年，先后培养了约200名学生，精确名单现无史料可考，有据可查能认定的学生有：金选簧、岑晴溪、陈宪、项宿仙、黄端卿、刘法道、王冰肃、王伯舒、许藩、黄养素、管幼竹、方瀛仙、宋干卿、郭啸吾、陈宬、林文潜、许杏珊、鲍宏远、林调元、洪彦远等。

学计馆培养的学生都精于算学，如精于解四则难题的宋干卿，精于设计计算的郭啸吾等，他们离校后或受聘为中小学教师和家庭教师，为未来数学人才的培养打下扎实的基础；或精于设计计算，在当地创办的实业中发挥了重大作用。不少学生事业有成，如：

许藩，字介轩，学计馆最早一批学生之一，参加光绪二十六年（1900）温州所属六县举办的算学会试，成绩名列第一，被瑞安普通学堂聘为助教。光绪三十年（1904）被选送日本留学，归来后任瑞安公立中学堂理化教员，1912年任瑞安县立中学校校长，办学颇有建树。

林摄，字赞候，学名调元，光绪二十六年（1900）考入上海公学，成绩优异。1902年被选派官费留学日本，先后入成城学校、日本陆军士官学校（第三期）学习。1905年归国后任南京武备学校监督兼军事教习。中华民国成立后，就任北京政府陆军部军衡司司长，主管全军的人事行政和优抚等军务，领衔陆军少将。

林文潜，字左髓，南洋公学高才生。与项骧等筹资举办瑞安速成公塾，发起成立瑞安演说会、瑞安劝解妇女缠足会，与孙诒让等创办师范教育研究会、词典改良研究会。曾在《浙江潮》发表文章，著有《寄学速成法》。1903年自费赴日本留学，当年秋因病回国，不久逝世。

洪彦远，字岷初，光绪三十年（1904）留学日本东京高等师范学校数理科，是中国最早去日本学习数学的二人之一。宣统三年（1911），参加归国留学生廷试，授师范科举人，曾任河北大学教授、教育部视学、浙江省立第十中学（温州中学）校长，精心培养的学生苏步青，成为中国科学院院士，中国著名数学家。

王凝，字冰肃，学计馆最早一批学生之一，瑞安天算学社会员、南社

张之洞题写的学计馆匾额（1897）

社员。光绪二十八年（1902）转入瑞安普通学堂。毕业于浙江高等学堂师范学部，获师范科举人，授直隶州知州。民国元年（1912）被任命为瑞安县立高等小学校第一任校长。民国二十年（1931）任瑞安县教育局局长。

黄养素，光绪三十年（1904）甲辰岁古场算学第一名，选入府学第三名，后来任瑞安江上及城区东南小学校长。

……

学计馆是我国创办最早的数学专门学校之一，也是浙江省创办最早的新式学校。创办六年，革旧布新，中西并举，以新的目标、新的教学方法、新的教学内容，开新学之先，积极发挥自身的作用及影响，俨然成为浙南新学的中心和发源地，在全国都有很大的影响。

学计馆的开办不仅培养了一大批数学人才，也大大地活跃了温州地区研究算学的风气。光绪二十五年（1899），学计馆部分教习和学生及馆外研治算学的学者，以集体研究和交流天文算学为宗旨，建立了中国近代早期具有学会性质的地区性数学社团——天算学社，在温州地区形成重视学习数学的社会风尚和教育传统，为温籍数学家群体的出现及为温州赢得"数学之乡"和"数学家摇篮"之称，奠定了坚实的基础。

清翰林院侍读学士吴士鉴在《奏请将孙诒让事迹宣付史馆立传折》中指出：创立学计馆及方言学堂，承学之士云集飙起，浙中学派之开通，实

学计馆旧址

诒让提倡之力。《浙江教育志》序言中说：清末新学兴起，瑞安学计馆和方言馆等学校，在全国不仅办得早，而且办得好，在省内外颇有声望。

可以说，学计馆业绩彰显、影响深远，孙诒让等创办人厥功甚伟，林调梅和陈范两位总教习亦功不可没。

近代杰出的戏曲作家——洪炳文

洪炳文（1848—1918），字博卿，号栋园，号花信楼主人，居瑞安县城柏树巷。孙锵鸣入室弟子。清光绪十六年（1890）岁贡，光绪二十四年（1898）任瑞安方言馆历史、地理教席。博学多才，善赋诗词，1915年任《瑞安县志》总采访，同年加入南社。毕生从事戏曲作品的创作，开启寓言剧、科幻剧之先河，首创禁烟剧，是晚清文坛成就卓著的戏曲作家和诗人。著作有《花信楼文钞》等。《温州市志》《瑞安市志》有传。

洪炳文

光绪二十三年（1897）二月十六日，瑞安乡贤、实业家项湘藻、项崧昆仲创办的瑞安方言馆正式开馆授业，这是浙江省创办最早的外国语专门学校，专修英文、日文，兼习世界历史、地理。地方宿学洪炳文被聘为史地教席。

洪炳文出身书香门第、官宦之家，童年受清代著名学者、教育家外祖父张振夔的启蒙教育，后师从名家林星樵、黄漱兰，18岁入邑庠，25岁成廪生，但五次应考、十次举荐均与功名无缘。他曾先后任诒善祠塾西席、江西余江县幕僚、浙江省第十中学教员、余姚县教谕兼训导等职。民国四年（1915）浙江通志局成立，被推举为《瑞安县志》总采访，同年和著名词人柳亚子等人组织南社，以诗会友。

他博学多才，通晓词曲音律，善赋诗词，一生勤于笔耕，遗著多达90

余种，内容涉及诗词文赋、经史训诂、乡土史料、农桑渔牧、医药卫生、格致制造以及西方科学技术的研究等。特别在戏曲作品创作上，表现手法新颖，硕果累累，已知有36种，是晚清文坛杰出的戏曲作家。他开启了寓言剧、科幻剧之先河，首创禁烟剧，其题材之广，数量之多，表现形式之新，从晚清到民国，不但在瑞安，就在全国来说也是绝无仅有的。《中国大百科全书》、游国恩等主编的《中国文学史》、吴国钦编著的《中国戏曲史漫话》等著作，都对洪炳文的作品推崇备至。

19世纪末20世纪初，中国正处在内忧外患时期，在立志改革的爱国志士中，以戏曲启蒙开智和戏曲救国的理论相当风行，洪炳文就是这种理论的倡导者和实施者之一。作为爱国正直的知识分子，目睹清廷腐败，列强侵侮，国土沦亡，民生凋敝，他认为"挽回世变，改良法则，要自人心始"，而"入人最深者莫良于戏剧"。因此，他致力于戏曲创作，借用戏曲形式来表达自己对各种社会问题的见解和主张，希望以自己的作品来唤醒民众，把民众从落后与愚昧中解救出来。他的创作始终以开启民智和富国强民为宗旨，围绕着爱国爱乡这个永恒的主题，奋笔疾书，先后创作了《警黄钟》《后南柯》《芙蓉孽》《秋海棠》等充满强烈爱国主义思想的警世之作，表现了近代知识分子忧国忧民的崇高思想境界。剧作不仅在国内引起较大的反响，在国外也有流传。

他的代表作《警黄钟》，选择动物中最具有团体意识的蜜蜂作为主人公，以拟人化的手法，借寓言影射时事，弘扬团结一致、抗御外敌侵略的精神，具有强烈的爱国主义思想。故事情节曲折生动，富有创意，使我国寓言剧达到一个新的高度。剧本1904年8月至1905年6月在上海《新小说报》连载，阿英（钱杏邨）将其收录在《晚清文学丛钞》。剧本还曾在日本报刊上发表。

据洪炳文自述："《警黄钟》甫脱稿，东瀛报社以重金购之去，刊于报中。"20世纪80年代，著名戏曲史论家王季思主编的《中国戏曲选》收录其中的《闺侠》一出，并予以高度评赞："晚清剧坛出现了一批反帝反侵略的剧目，《警黄钟》是其中佼佼者。"今大专学校课本及教学参考书仍收录他的剧作及有关戏曲研究的文章。

1904年，洪炳文痛感许多民众沉溺于毒品的黑色旋涡不能自拔，经过殚精竭虑，精心创作了《芙蓉孽》。在"例言"中说："鸦片之祸关人事不关天运，即曰劫数，亦当以人力挽回之。"这是我国首部以宣传禁烟戒烟为主旨的戏曲作品，以神话故事反映出鸦片对国民的毒害及禁绝的办法。剧中他匠心独具地编了6首道情，借"救苦大仙"之口的演唱，针对士农工商兵妇各个阶层，宣传全民禁烟戒烟，几乎涵盖社会各个阶层，可窥见作者的良苦用心。在长达一个世纪的中国禁烟史上，该剧堪称一部难得的杰作。

洪炳文笔下的主人公，大多是心怀故国、以天下为己任的志士仁人，凭借这些人物来寄托他的拳拳爱国之情。《秋海棠》中的香积国花神秋海棠，为富国强民兴办女学，被官府以异党之名逮捕入狱，最后被莫须有的罪名秘密处死。剧本以花神暗喻鉴湖女侠秋瑾，热情讴歌她为革命捐躯、视死如归的崇高气节。《悬峃猿》中的明兵部尚书张煌言抗清失败，遁迹于海岛，蓄二猿为警戒，后被叛徒出卖，坚贞不屈，在杭州凤凰山下从容就义。《鞑秦鞭》中的退伍宿将华忠清外出游玩时，遇见江中浮出秦桧铁像，命令仆人怒而鞭之，酣畅淋漓地痛斥秦桧卖国求荣的卑劣行为。

他的文学作品除戏曲剧本外，还有《花信楼文钞》四卷、《东瓯采风小乐府》《花信楼诗存》《花信楼词存》和《十国春秋小乐府》歌谣体咏史之作等。晚清"浙东三杰"之一宋恕赞其诗文："先生富览记，工词章，尤善为京都体沈博绝丽之古赋。故孙学士、黄通政咸深赏之。"

洪炳文读书时就对技术产生兴趣，曾拆开自家的钟表去琢磨，以竹木为材料模仿匠人所作，自制竹箫木琴吹奏音乐，后来对西方科技数理之学也兴趣浓厚。为救国图强，他潜心自学研究航天知识，通晓机械、空气动力学等，著有《空中飞行原理》，该书手抄本现存放在天津图书馆，被看作我国航空发展史上的重要文献。他认为"星界可以游，苍天可以驾，无间可以人，微纤可以悉"，受到当时国内科技史学界的重视。他还以戏剧的形式写了《电球戏》《月球游》等剧本，把科学与幻想联结在一起，用戏剧形式开创一个崭新的领域，不愧是我国科幻文艺的先驱。

洪炳文还是一位卓有远见的经济行家，1897年他与孙诒让等人一起发起组织瑞安务农分会，订立章程，担任试验部长，购地数十亩作为试验场，试验种植湖桑与瓯柑。他引进西方种植方法，推广良种，改良土壤，提高单位面积产量，其先进的农业科技得到农民的认同与接受，并很快得到推广。在试验调查的基础上，他撰写了《瑞安农事述》《瑞安土产述》《温州茶述》和《瓯浆志略》等文章，发表在上海《农学报》上，为瑞安乃至温州经济发展提供富有远见的主张。

洪炳文多才多艺，在医药卫生方面著有《十二经引药性》《本草临症辨微用药辨误》《服食补益汇方》等书，在制造方面著有《校正格致菁华录》《格致卫生制造脞录》等书，无论是科学文章还是戏剧作品，都显露出他对国家和家乡的忠诚与热忱。

邑人对他如此评价："于经史、词章外，旁涉艺术，如天文、堪舆、兵农、礼乐、医卜星、制造格致之类，皆所究心。体验物理，观察人事，著《臆说》若干卷，语多未经人道。"

中外实业交流的开拓者
——郭凤鸣

郭凤鸣（1871—1938），字漱霞，居瑞安县城大隐庐，邑诸生。毕业于浙江政法学堂，曾任瑞安普通学堂学监，大新轮船公司及大富铅矿公司总经理、吴淞水产学校校长、浙江全省渔团局局长等职。1906年携带温州鱼品百多种参加意大利米兰万国博览会渔业赛会，为温州参加世博会第一人。民国初，任北洋政府农商部农林司长、农商司长，曾四赴欧美、两渡日本考察实业，被誉为中外实业交流的开拓者。《瑞安市志》有传。

郭凤鸣

清光绪二十八年（1902）春，瑞安学计馆和方言馆依照清政府诏定学制，合并成立温州第一所官办普通学堂——瑞安普通学堂，身在湖北任官的黄绍箕遥领总理之职，朴学大师孙诒让被公推为副总理兼总教习，统掌学堂教育事务。经孙诒让的聘请，浙江政法学堂毕业、年轻有为的郭凤鸣担任普通学堂的学监。

普通学堂设中文、西文、算学三个班级，有学生80余人。其时新学刚刚起步，百事待兴。受到孙诒让器重与信任的郭凤鸣，勇于开拓，迎难而上，以其干练的办事风格，遵循孙氏的办学宗旨，严格规章制度，加强教学管理，竭尽全力，办学有方，深受孙诒让的赞赏。

郭凤鸣，字漱霞，出身瑞安书香世家，父亲郭庆章（梅笛）为清光绪十七年（1891）举人，瑞安心兰书社创办人之一，颇有政声。兄郭凤诰曾

郭凤鸣（右一）和中国赴意大利渔业赛会会员合影

任梅溪书院院长、温州师范学堂首任监督、永嘉（温州）教育科首任科长。

郭凤鸣聪颖好学，才思敏捷，儒医皆通，曾担任瑞安利济医院医生兼《利济学报》总校。光绪三十年（1904）开始，他被孙诒让寄予厚望，成为孙氏兴办实业的主要助手，担任了温宁大新轮船公司和大富铅矿公司总经理，同年被委派到湘鄂等地调查矿务，并负责聘请技术人员来温州办矿。送行时，孙诒让曾赠诗四首，其中以"两行饱看楚山青，万里江流接洞庭。此去布帆定安稳，篷窗细读矿人经"等诗句给予鼓励。郭凤鸣牢记重托，不辱使命，积极进取，圆满地完成了考察任务。孙诒让对他越发倚重，凡与兴办地方实业有关事宜，经常一起商议定夺。

光绪三十一年（1905）夏，郭凤鸣受孙诒让推荐，来到近代著名实业家张謇创办的海洋渔业公司协助工作。他年富力强，身手不凡，不负众望，踏踏实实地工作之外，还深入调查研究，撰写了《渔业改良策》，并提出自己独特的见解，张謇对他深为器重，视为自己的左膀右臂。

光绪三十二年（1906），意大利米兰举办万国博览会，清政府收到意大利方邀请后，便诏示各省工商部门备品赴赛，由中国商部头等顾问官张謇负责筹备工作。本届博览会的重点是渔业赛会，张謇因此牵头成立"七省渔业公司"，意欲乘万国博览会之机，向欧美展示中国沿海各省的特色产品。张謇素来赏识郭凤鸣的才华，并因其"世居海滨，属理温台渔业"，遂指派他先期赴意大利米兰实地考察，并全权负责即将举办的万国博览会中国参展物品的征集工作。

万国博览会即"世博会"，是世界各国传播本国物产、技术和文化的商贸盛会。中国以往委派世博会的调察员广受诟病，当时有人这样批评："近来政府所派之调察员，西文不知，赛品莫辨，不惟无益，而且有辱国体，试询彼农工商何解，赛会场有几国，彼必不能答。"然而郭凤鸣作为中国代表团成员、博览会渔业赛会会员，张謇对他赞赏有加，给予"目能辨鱼类，口能说渔具，而手能纪渔事，与之谈渔业，渊然莹然"的高度评价。

1906年4月28日至11月11日，郭凤鸣以"主事衔候选训导"的身份，与罗诚等五人代表"中国渔业总公司"参加渔业赛会，携带的100多种温州鱼品参展，经过精心设计、巧妙布置，引起较大的反响，四项参赛展品获奖。他还鼓励温州商人携带瓷器、玉器、绸缎、绣品等中国传统工艺品参展，把温州产品推向世界。

郭凤鸣（右）和刘景晨合影（1928）

在意大利参展余暇，郭凤鸣认真考察他国参展产品，并逐项详细记录，会后又四处奔走，实地考察欧西实业，使他清醒认识到落后的中国与发达资本主义欧美各国之间的巨大差距。从欧洲回国后，他将自己在国外的所见所闻，著书《意大利万国博览会纪略·调查欧西实业纪要》，记录了博览会状况和所有展品，还着重介绍欧西实业的调查情况，并附有自己的看法与建议。

该书于第二年9月出版，由张謇题写书名，张謇和孙诒让分别作序。出版后引起朝野名人瞩目，更是博得实业界人士的普遍赞许。孙诒让在《序》中云："吾国古书茫昧，石史沉霾，学者固莫能举其要略……漱霞之行，创获殊夥，亦附纪其略，纵以平议所论中西异同，良諟多深切著明，洞中时弊。"张謇亦赞其书稿："浏阅再四，益愀然于吾国实业之前途……纲引而目系之，俟有能采而行之者，可谓能耻我所短，且知我之所无者矣。"

郭凤鸣撰写的《意大利万国博览会纪略·调查欧西实业纪要》

郭凤鸣从此结缘中国展览事业，曾四次出访欧美、两次访日考察实业，为在国内外办展览做出了优异成绩。宣统二年（1910）六月至年底，清廷在江宁（南京）举办了一次规模盛大的南洋劝业会，这是近代中国第一次官商合办的博览会。郭凤鸣被指派参加南洋劝业会，事先他专门撰写了《温州府属调查报告》，大力推介温州产品参加劝业会。民国四年（1915），巴拿马太平洋博览会举行，他再次四处奔波，广泛征集参展物品，还相继撰写《制革之利益》《甘草乃制雪茄之好药料》《螺壳制造纽扣说略》等文章广为宣传。在他的积极倡导和组织下，温州产品在南洋劝业会颇有收获，其中十一景暖碗及一品锅、孙诒让的行书直幅、竹细工器具（瑞安是产地之一）、温州白术、木雕刻人物分别获得优等奖和金牌奖，对于扩大温州传统产品的世界影响力，推动国际贸易往来起着积极的作用。

1912年8月25日郭凤鸣进入农林部任佥事职，后来担任过北洋政府农商部农林司长，后转任农商司长，还出任过全国经济委员之职。在工作中富于开拓精神，恪尽职守，廉洁奉公。特别是在对外经贸方面，敢为天下先，勇闯国际市场，善于运筹创新，密切结合我国实际情况，提出许多创造性的建议，通过世博会努力将中国产品推向全世界，不愧为"中国产品参展世博会的引路人""中国近代展览的先驱""中外实业交流的开拓者"。1917年，农商部总长谷钟秀签发"佥事郭凤鸣晋给本部一等奖章"。1927年之后，他曾担任南京国民政府财政部秘书、参事等职。

1937年抗战全面爆发后，郭凤鸣因病回归故里。1938年10月逝世，终年68岁，著有《憨庐诗文稿》。

经历了百余年历史的世博会，如今已逐渐演变为荟萃科学技术与产业技术的展览会；当年功不可没的郭凤鸣，被称誉为参加世博会的温州第一人，温州实业界的先驱；他编著的《意大利万国博览会纪略·调查欧西实业纪要》，也成为人们了解世博会历史的珍贵史料。

金石书法名家——杨绍廉

杨绍廉（1864—1927），字志林，又作志龄，别号拙庐，世居瑞安县城殿巷，金石书法名家。清光绪诸生，曾任瑞安普通学堂伦理政法教习、京师编书局分纂、湖北提学使署幕宾等职。善书法，通文字学、版本学，尤笃嗜《说文》注家及金石款识诸书。家有藏书甚多，不乏善本。著有《金石文字辨异补编》5卷、《瓯海续集》14卷及《瓯海方言》《拙庐杂文》《东瓯书画苑》等。《瑞安市志》有传。

瑞安自古文风鼎盛，比户书声，书画名家，代不绝人；丹青翰墨，流传有绪。从明朝的姜立纲、黄养正、孙隆、任道逊，至近代的孙诒泽、池志澂、许苞、项廷珍、杨绍廉，其书法皆出类拔萃，名噪一时。

名列《中国美术家人名辞典》的金石书法家杨绍廉，系清光绪间诸生，字志林，别号拙庐，寓"善藏其拙，亦爱我庐"之意。自幼精于习字，终生临池不辍，十分讲究用笔之法，常对人言："大字如楹联屏条，必须平身整立，用笔方能离纸。""颜书以篆入楷，执笔须高，行笔须缓，此为要著。"寥寥数语，切中书法三昧。他曾告诫后学者："小字学龙藏，大字学瘗博铭。"这应是他毕生学习书法艺术的经验之谈。

他通古明源，见多识广。对于瘗博铭、北魏各碑志以及虞世南、褚遂良、颜真卿等各家名帖，日复一日，反复临摹，得其神髓。从褚书入手，又博汲魏碑及诸名家之长，不拘一格，融会贯通，运用潇洒自如，字体遒劲雄健，见韵见骨，形成骨秀神逸的书法艺术风格，成为瑞安独树一帜的书法家。孙诒泽等行家赞其书法有"书卷气、金石气"，当代书法家邹梦禅、汪廷汉也格外欣赏、推崇他的书法艺术。

杨绍廉在京师编书局任分纂时，曾参加京城名家书法展览，其作品颇受

杨绍廉书法作品

杨绍廉印章

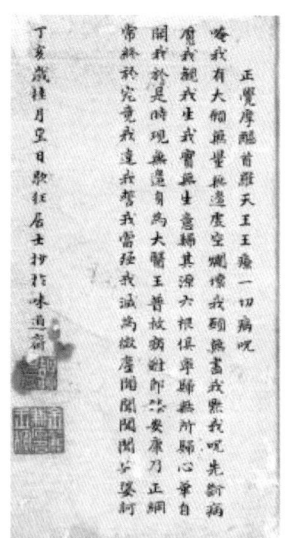

好评。当时京师名家荟萃，参展已属不易，广受美评更属难得，可见其书法有超然的功底及独特的个人特色。民国《瑞安县志稿·杨绍廉传略》载：绍廉善书法，初学褚河南《圣教序》与《龙藏寺碑》，有鞭辟入里之妙。

　　杨绍廉精深的书法艺术造诣，与他对金石文字学的悉心研究是分不开的。杨家的读书藏书处名"宗许楼"，藏书甚多，不乏善本。他精通版本学，遇到版本佳者便不惜重金收藏，珍藏有古籍碑帖二十橱箱，以及俞曲园墨迹、端方手书对联、虞褚精本碑帖、石刻拓本等，还有很多乡贤著书稿本和日本所得之遗书中的乡贤著作。他还不遗余力搜求古器物，收藏有明赵南星遗物"铁如意斋"瓷印、汉鸿嘉古砖、晋砖、瓦当，还有铜雀台和古砖砚等，通过对这些藏品的临摹研摩，拓广拓深了他对中国金石书法艺术的认知与见解，使其书法艺术臻于化境。

　　光绪二十八年（1902），瑞安学计馆和方言馆合并为瑞安普通学堂，这是瑞安第一所官办普通中学。主持教学事务的副总理兼总教习孙诒让，礼聘他与蔡念萱、蒋屏候、池源瀚为教席，由他担任伦理政法教习。《孙诒让学记（选）》有如此记载：

　　学生有疑问，孙诒让立予答疑，并指出在原书某章某节，甚至某行。

杨绍廉则必诚恳答道，待查明后再告。志林先生在瑞安普通学堂之学生颇多，如林大同同庄，黄曾铭述西皆是，林同庄是杭州多年之水利局长，收藏甚富，其书法效沈寐叟。黄述西乃黄绍第之次子，留日学电力工程，为交通部电话工程师，执教北京旧邮电学校。

杨绍廉交游很广，其中不乏当时的著名学问家，受之熏陶，其文字学研究得益匪浅。他与瑞安名儒孙诒让、黄绍箕交谊甚深。1904年，黄绍箕时任京师编书局监督，聘他为编书局分纂，对其编纂工作十分赞赏，曾诗赞他和编书局同人："少作雕虫悔已多，九流晚出各殊科。微言大义愁乖绝，旧学新知赖切磋。黄帝教来乌拉岭，素王书过斡难河。镕模采算劳甄录，江上精卢眼细摩。"

黄绍箕改任湖北提学使后，又携其为使署幕宾。他俩都精于金石书画之学，又是同乡同癖，由此晨夕相从，切磋学问。经黄绍箕的推荐，他结交了封疆大臣、擅长书法耽癖金石的"满洲才子"端方，两人志趣相投，结为知己，因而可以细观精摩端方家藏的历代名家碑帖及古籍珍本、书画真迹，受益莫深。

在家乡任普通学堂教习时，他与孙诒让经常同堂，或披卷精研学问，或据案琢磨金石，在孙氏启迪下，在经籍校考、版本研究以及金石书画等方面的学识与日俱增，其书法艺术亦渐入佳境。李笠、宋慈抱、项子贞、陈鲁夫等瑞安俊彦是他座上客，还与"平生爱甓复爱陶，癖耽金石成肓膏"的沈凤锵和工于书法的周拱藻相交至好，吴兴嘉业堂主人吴翰怡也是他的莫逆之交，两人在版本刻印方面多有来往，且有饱览嘉业堂藏书之便。

1907年冬，黄绍箕病逝于任上，杨绍廉被两湖总督端方邀为幕僚，辛亥革命后才返故里。因事变中救护端方有功，端方给予丰厚的馈赠，遂在瑞安县城原邮电巷建造房屋两进，人称此巷为杨宅巷。

杨绍廉精通文字学，主张无论读书学问，还是学习书法，都要精研许慎的《说文解字》，只有明通字源，方能达意。他笃嗜《说文》注家及金石款识诸书，在博览碑版的基础上，尽毕生精力编著《金石文字辨异补编》五卷（石印本），1926年刊印。取家藏金石拓本数百种，录金文、古钵文达

杨绍廉编著的《金石异体字典》

数百字，有为《说文》所无者，可以补其阙字。有为《说文》已有者，可以作为确证，校补了邢澍原著的不足。以治文字、训诂而闻名于学界的胡朴安和文史学家宋慈抱，分别在《中国文字学史》《两浙著述考》中，对杨绍廉著述做出肯定的评价。

杨绍廉除《金石文字辨异补编》五卷（家刻本）外，还著有《瓯海集》内外篇14卷和《瓯海方言》《拙庐杂文》8卷等，生前均未及刊行。然而他对温州乡先哲文献的搜集、保存和流传，却尽心竭力为之。平阳教育家黄溯初曾与他共事于湖北提学使署，后来黄氏刻意搜求乡邦文献，杨绍廉给予倾力相助，经他之手搜得的刊本及抄本就达十多柜箱，并为黄氏藏书处题名为"敬乡楼"。

1925年秋，黄氏编印《敬乡楼丛书》，这批乡先生的著作，几乎都是经杨绍廉之手搜集并代为雇抄的，计有刊本372本，传抄本21种。孙衣言父子著作《逊学斋诗文集》《墨子间诂》《契文举例》等书版，也均由他保存并雇工刊印，并在其墨香书店发售，以广流传。杨绍廉对乡邦文献的结集、保存、流传耗费不少精力，可谓贡献巨大，功绩可嘉。

1927年杨绍廉辞世，"浙南四支笔"之一的书法家孙诒泽书写挽联痛陈惋惜之情："撒手西归，虞褚遗风犹在目；侧身南望，应刘旧雨最伤心！"

杨绍廉女婿、厦门大学校长襄理何厉生诗云："横目纷披梨树开，对山石塔隐蒿莱。拙庐父子遗风在，犹有诗人上冢来。消瘦长髯忆昔年，许楼容颜梦中烟。参绥玉海皆陈迹，一到山阴一惘然。"

清官、名医、名士、书法家
——池源瀚

池源瀚（1872—1947），初名虬，字仲霖，号苏翁，居瑞安县城虞池。曾从学于俞君尧、黄绍第，系陈虬高足、陈黻宸入室弟子。担任过温州府学堂、温州师范、瑞安普通学堂教职。宣统元年举孝廉方正，民国元年保和殿试一等，以知县用（候任）。历任福建、山东等地五县知事。后弃儒从医，创办温州国医国学社，行医讲学。学识渊博，精于国医国学，擅长诗文书法。著有《中国历代文派沿革录》《医苑》等。《温州市志》《瑞安市志》有传。

池源瀚

"三年清知县，十万雪花银"，这是古时候人们对贪官的一种讥讽。而瑞安名士池源瀚任职福建平潭县知事，清正廉洁，一心为民，离任时当地民众除一路深情相送外，还为他立"去思碑"以志怀念，这样深受百姓爱戴的清官又是多么难得啊！

池源瀚，字仲霖，是瑞安利济医学堂中医大师陈虬的高足，著名的温州中医师；光绪十八年（1892）曾从学进士、翰林院编修黄绍第，学识渊博，擅诗文，善书法；亦是"浙江大儒"陈黻宸的入室弟子，从事经世之务、辞章考据之外，于永嘉诸先哲经制之学，服膺尤笃。

他自幼聪颖好学，清光绪四年（1878）入私塾，深得著名学者、塾师俞君尧的喜爱。学成后自己设帐授徒。光绪二十八年（1902）受聘为瑞安普通学堂史地教习，后来又任温州府学堂、温州师范教职。俞君尧十分赏识其学识，让自己长子俞春如（煦甡）拜他为师。宣统元年（1909），俞春如参加浙江省选拔贡考试，得第三名，成为清末温州最后一批拔贡之一，然而池源瀚自己的科举之路并不顺畅，四应省试均未售。1909 年，在俞君尧的大力推荐下，举孝廉方正。这次赴京应试他不负众望，保和殿诠试一等，以知县用（候任）。君尧师赋诗《赠池仲霖》："唐室文化钜，闳厚开燕许。翩翩沧海鹏，扶摇在此举。"期盼他仕途如大鹏展翅，直上扶摇云天。但是，随着清廷很快覆灭，他的仕途化为泡影。

池源瀚医术精湛，深得名医陈虬之传。宣统三年（1911），陈虬的长婿胡润之开办温州利济分医院附设医学校，招收学生 70 名，池源瀚与之一起主持医学校的事务。

1916 年民国政府任命池源瀚为福建平潭县知事。出任前，其父勉励他要"洁己爱民，求为好官"，并将家藏《历代循吏传》《康济录》《牧民须知》数书赠之以激励。师父俞君尧作《仲霖游官闽中书以志喜》，诗云："平生械朴具深心，吾道其南喜见今。但愿鸣琴有子贱，陆庄也可慰荒沈。"以"子贱治单父"的典故给予勉励，希望他治理好平潭县。

池源瀚牢记慈父、恩师的教导，在平潭县上任伊始即撰写楹联贴在衙门前："官俸外妄取一分，便是衣冠禽兽；公堂上广参至理，不作儿孙马牛。"他主政理事从不懈怠，每晨起至夜分，判事决狱以外，独坐厅室治文书，不少辍事。无宏纤巨细，必躬亲勿怠。有人不解他终日为百姓民事忙忙碌碌，他则笑而答之："以州县为亲民之官，自古号称良吏者，未有不自亲民始。若养尊处优，置呼吁于不顾，忍心害理，则源瀚所不忍为也。"他主政不到两年，勤政爱民，廉洁奉公，政声斐然，有口皆碑。

平潭县史籍记载有他破案逸事。一次包爷庙发生老宫公被劫案，池知事派差役四处探查疑凶，自己也微服到街巷暗访。一天在一家点心店，发现一个后生仔付钱时铜钱沾着斑斑白灰，他想起宫公报案时称，盗贼曾用壳灰撒其眼睛，即派差役暗随查访，得知此人是一个惯赌，便立即传讯嫌犯。一经审问，赌徒不得不招供认罪。事发后，犯人亲属托公差向县官送礼讲情，请求从轻发落。池知事收下礼品后，召集县衙职员、差役及乡亲

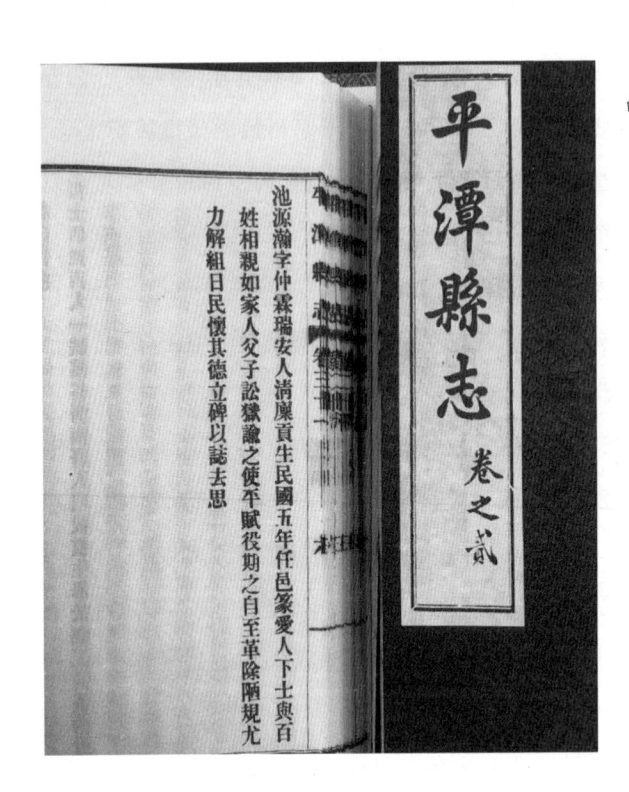

《平潭县志》有关池源瀚的记载

池源瀚字仲霖瑞安人清廉贡生民国五年任邑篆爱人下士与百姓相亲如家人父子讼狱谕之便罢赋役期之自至革除陋规尤力解组日民懐其德立碑以誌去思

父老，当众介绍案情和破案经过，然后端出礼品让大家过目，把凶犯托人行贿的情况亦公布于众。然后，抢劫犯被判以死刑，帮人行贿的公差也受到革职查办。他清正廉洁的品行被平潭人广为传颂。当调离平潭时，父老乡亲依依不舍，千人洒泪送别，用鞭炮、红地毯，张灯结彩一路相送到码头，事后还在码头凉亭中矗立"去思碑"以志怀念。平潭人如此称赞池知事：平潭县吏虽勤吏能吏者不乏其人，但能做到像池公那样"官俸外妄取一分便是衣冠禽兽"的几乎绝迹，百年间他一直能被平潭人所念叨，正是应了《清官谣》那句歌词："天地之间有杆秤，那秤砣是老百姓。"

离开平潭之后，池源瀚转任福建松溪县、崇安县、山东阳信县知事和监修曲阜孔庙专员，所任皆有政声。他一心为民，心怀清正廉洁，也可从给袁培的挽联"知重士不愧好官，法网尚深文，壮岁读书，齿泠西京酷吏传；能爱民便为法政，弦歌怀雅化，鲰生珥笔，请刊南海使君碑"中读出。

1928年夏，因山东军阀混战，政事动荡，他弃官避乱归乡，寓居永嘉城区华盖山麓，置"晚学斋"，并自题居所"倚天阁"对联曰："山东返征轮，浩劫余生，云壑草堂温旧梦；海东盟息壤，活人有愿，兰台玉版讲传书。"宿志以发扬祖国医学为己任。此后 20 年来，他不诣官府，不问时事，专心致志创办"温州国医国学社"，以行医、讲学为业，黎明即起，朗读诗文，上午门诊，下午出诊，晚上讲学。他擅长温病，治学严谨，临诊细心，医名远播，为温州一代名中医。尤喜奖掖后进，桃李盈门。20 世纪 60 年代温州市中医院院长任侠民便是他的学生。

他精于国医国学，擅长诗文书法，其作品深为人们喜爱。2016 年，温州作家叶永烈和家人一起将其父叶志超珍藏 70 年之久的水墨画《申江战焰图》，捐赠上海吴淞抗战纪念馆，以纪念八一三淞沪抗战 84 周年。这幅画

池源瀚书法作品

系日军工兵大佐高桥胜马 1933 年秋所作，描绘了上海市宝山区庙行镇在日本侵华战争中的苍凉景象。引起温州文史界瞩目和珍惜的是：此画为温州商界大咖叶志超获得后，有温州画家叶曼济为之题名（民国三十四年十二月二十五日题），画的左上方有叶志超题写的两首七绝，还有池源瀚应叶志超之邀题写的两首七绝："无端战祸烈芦沟，苍茫江天烽火愁。见说春申黄歇浦，故垣斜日不胜秋。""黩武穷兵年复年，降幡终出海东天。丘山白骨知何罪，令我披阅一怅然。"

池源瀚平生博览群书，学识渊博，笔耕不辍，著有《治安刍议》《中国历代文派沿革录》《倚山阁诗文钞》《读画杂咏》《医范》《百家诗钞题尾》《五朝词人纪事诗》等，其《治安刍议》《读画杂咏》二书有黄绍第、刘绍宽为之作序，均予以积极评价。

"负乡望卅稔强，文字门庭纷著籍；谢仕途五旬后，山林事业久行医。"这是温州学者刘景晨为池源瀚先生撰写的挽联，上联谓其成年后三十载从教、从政、著述，下联写他归隐后从医、讲学，概括其生平，堪称精妙。

诚如斯言！池源瀚无论是从教、从政还是从医，都尽其才做到极致。

瑞安中学首任校长——许藩

许藩（1884—1947），字介轩，居瑞安县城水心街。瑞安学计馆首批学员。18岁中秀才，1900年在温州所属的六县算学会试中获得第一名。曾任瑞安普通学堂助教，1905年被公费选派日本东京弘文学院专修理化，学成归国回乡担任理化教习。1912年至1916年担任瑞安中学校长，全心全意办学校，为瑞中的发展建树颇多。在瑞中工作先后20多年，培育了伍献文、周予同等不少卓越人才。

许藩

瑞安中学的前身为创办于1896年的瑞安学计馆和创办于1897年的瑞安方言馆。光绪二十八年（1902），两馆合并为瑞安普通学堂，始行总理制，公推黄绍箕为总理，黄绍第、孙诒让为副总理。其时，黄绍箕、黄绍第均在湖北任官，身为副总理兼总教习的孙诒让统掌学堂，主持一切教育教学事务。

光绪三十二年（1906），普通学堂更名为瑞安公立中学堂，成为浙江省最早的公立中学，孙诒让任总理。光绪三十四年（1908）五月，孙诒让先生逝世，引发中学堂的存废之争，翌年中学堂改为私立，聘请陈恺为监督，主持校政。宣统三年（1911），学堂恢复公立，孙诒泽任监督。民国元年（1912）二月，许藩接任监督之职。

民国初期南京临时政府对教育进行一系列改革。依照当时颁布的《普通教育暂行办法》和《学校系统令》《中学校令》，瑞安县议会认定瑞安公立中学堂为县立，定名为瑞安县立中学校，始行校长制，校长由县行政长官推荐呈报省行政长官后委任。原先任监督的许藩被任命为校长，成为瑞中创办以来首位由官府任命的校长。

许藩，字介轩，从小聪慧好学，13岁即入读以习算为主、兼学理化的学计馆，系学计馆首批学员之一。在算学名家林调梅（和叔）、陈范（式卿）的教导下，他学习专心，善于思考，颇能解答难题。就学三年，算术、代数、几何的成绩均名列前茅，并且自学了代数、微积分，掌握了三角测量知识，具备测绘的实际工作能力，在师生中颇有威信，被公认为学计馆的"高才生"，深受林调梅、陈范两位总教习的赏识，被提拔为领班生（助理教习）。光绪二十四年（1898），他和学计馆的部分同学受瑞安县志局的选用，在总教习的带领下，首次按新法测绘瑞安全县五十五都地图，第二年圆满完成任务，受到社会各界的好评。

许藩文理兼通，课余时间刻苦攻读经史，18岁参加岁试，以第八名入庠（中秀才）。光绪二十六年（1900），代表瑞安参加温州所属的永嘉、乐清、瑞安、平阳、泰顺、玉环六县的算术会试，成绩名列第一，名闻六县。

光绪二十八年（1902），学计馆和方言馆合并建立瑞安普通学堂，这是按照清政府诏定学制而创设的温州第一所官办普通学堂。其时，因科举将废，新学刚刚萌芽，普通学堂办学三年，理化科却始终请不到合格的教习。温处道童兆蓉通饬各县选送优秀学员两人赴日公费留学，经瑞安普通学堂孙诒让总理的择优推荐，并征得学堂全体教习与地方有关人士的同意，选派青年教习陈恺和助教许藩二人游学日本，专习速成理化一年。

光绪三十年（1904）十一月二十八日，孙诒让与许藩签订合同，合同规定：

由堂内抽提常年入款墨银三百两，以为游学之费。分三期付，第一期于临行前先付一百圆，第二第三两期，俟明年三月、七月汇付全数。须习理化科，不得擅入别科，否则须赔偿第一学期学费，唯证人是问。毕业以后，须在本堂任教三年，不得别就他馆，亦不得中途托故辞退。议定第一年薄奉墨银六十圆，第二年八十圆，第三年一百圆。以后两面合意，再行续订。否则堂内同事不得强制执行。

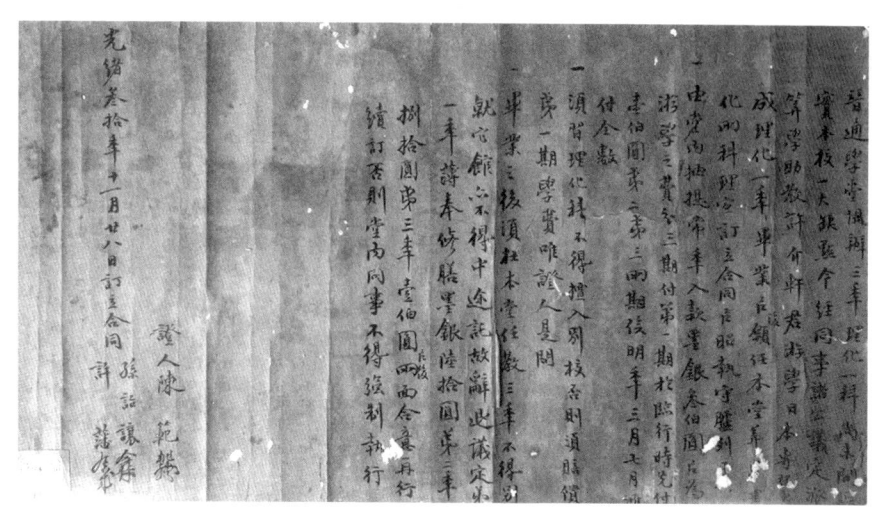

许藩留学日本合同（1904）

许藩东渡日本后，先入东京弘文学院 12 班学习日文，再入该学院数理专修科进修。他勤奋好学，刻苦钻研，不仅学到了数学专业知识，开拓了知识面，而且还结识了一些留日青年俊彦，如周树人（鲁迅）、许寿裳等人。

1906 年年初，他学成归国后，遵守合同的约定，回到瑞安为桑梓教育服务。此时，瑞安普通学堂已更名为瑞安公立中学堂，他担任了中学堂兼高等小学堂的数理教习，成为瑞安第一代学有专长的数理教员。

他热爱教育事业，知识渊博，积极推行新的教学法，教学认真，语言生动，讲课能理论联系实际，因而深受学生的欢迎。为上好数理课程，在他的极力倡议下，中学堂仿照日本中等学堂的教学仪器设备标准，购置了价值 5000 银圆的全套理化仪器及标本、挂图，建立了理化博物仪器标本室，以供教学示范实验之用。为理化教学投入这样的大手笔，这在当时浙江省各中学尚属罕见。

1912 年，瑞中始行校长制，学制改为四年，教职员由校长聘任，开设修身、国文、地理、历史、数学、博物、物理、化学、法制经济、图画、手工、音乐、体操等课程，废除读经和初一、十五拜谒孔孟的传统礼节。其时，全校有 7 个班级，学生 200 人。

是年，应浙江省教育厅之邀，许藩以瑞安县立中学校校长身份，赴杭州参加全省中学校长会议，共同商讨教育规划和方针。他在会上提出不少办学建议，为瑞中争取到拨补的省款 2000 元及县款 3000 元，并收回经诂书院和玉尺书院的学田数百亩。

1912 年 2 月至 1916 年 6 月，许藩担任瑞中校长（监督）四年多来，恪尽职守，不辞劳怨，夙夜擘画，专心办学，修缮卓公祠校舍，购买毗邻民房，扩充办学规模，增辟教室操场，添置教学设备，开足各门课程，推行新的教学法，对学校的发展颇有建树。最值得称道的是，他任职校长期间，没有向学校领取分文薪金，反而为学校赔垫资金 3000 余元，并始终不求偿还。卸任校长职务后，仍继续留校担任数学、文牍教员，乐此不疲，为桑梓教育鞠躬尽瘁，其无私奉献的精神令乡人深为敬佩。

许藩先生在瑞安中学先后工作 20 余年，培育了一批学有专长的人才，如科学院学部委员伍献文，史学大家周予同，我国近代生物防治早期倡导人和实行者曾省，中国柑橘学科奠基人曾勉，书法家邹梦禅，艺术家郑剑西等，桃李芬芳，教泽绵长。

矢志教育 业绩长留
——郭凤诰

郭凤诰（1867—1916），字筱（小）梅，号嘏斋，居瑞安县城大隐庐。光绪二十三年（1897）优贡，1903年受聘为瑞安普通学堂教习。历任梅溪书院院长、温处学务分处学务长兼文牍部主任、温州师范学堂首任监督、永嘉教育科科长、瑞安劝学所所长等职，曾襄助孙诒让在温处十六县相继创办300余所学堂。孙氏逝世后，他发起倡议并建成籀园。一生矢志教育，为温州教育做出巨大贡献。著有《山海经注》。《温州教育志》《瑞安市志》有传。

郭凤诰，字筱（小）梅，出身书香世家，父亲郭庆章（梅笛）为清光绪十七年（1891）举人，瑞安心兰书社创办人之一，为官颇有政声。弟弟郭凤鸣曾任瑞安普通学堂学监，是温州参加世博会第一人，被誉为中外实业交流的开拓者，中国近代展览的先驱。

郭凤诰少颖慧，读经史，习诗文。光绪二十三年（1897）优贡备取第二，试用训导，先后在吉林、江苏等地供职。他学识渊博，儒医皆通，曾掌教乐清梅溪书院，也是瑞安利济医学堂培养的知名医生。1903年因父丧居家，其时瑞安普通学堂中文教习蒋作藩辞职，孙诒让即聘他继任。

光绪三十一年（1905），温处学务分处成立，公推孙诒让为总理。孙诒让十分赏识才华出众的郭凤诰，聘任他为温处学务分处学务长兼文牍部主任，并负责起草学务分处的《章程》和《组织机构大纲》，借此确定学务处工作任务及各部机构。作为孙氏的得力助手，郭凤诰杖履相从，尽心尽职，襄助兴学，经过几年努力，温处两府十六县相继创办309所学堂，拉开了浙江近代教育的序幕，为温处教育事业做出巨大的贡献。

为了培养浙南地区合格师资，孙诒让先生倡办温州师范学堂，筹集资金，择址温州道司前校士馆营建新校舍。光绪三十四年（1908）春，学堂校舍落成，郭凤诰被调任温州师范学堂首任监督（校长）。任职期间，他厘定规章，延聘黄式苏、刘绍宽、马毓骐等名师，还向上海、杭州等地聘请理化、算学、音乐、手工科的教员，一时咸集了不少教育人才。当时面对各小学都急需教员，而师范学生又多科举遗留的现状，他曾禀请"缩短学习年限，减少经学课程"。此禀虽未获准，但可见其务实的改革精神。

光绪三十四年（1908）五月，晚清大儒孙诒让不幸病逝，温郡学人及社会各界深感悲痛，郭凤诰敬献挽联，以表景仰之情，寄托哀思之念。挽联云："著书万卷，夐乎上下古今，痛乎朝丧此巨儒，国粹几沦胥，岂第十六属攸关，多士追思同涕泪；共事三年，历经艰难辛苦，慨横舍犹亏一篑，学规方草创，遽卸二百人重累，不才后顾更苍茫。"

1913年，郭凤诰出任永嘉县第三科（教育）首任科长。他热心教育，忠于职守，提倡新学，推行改革，为温州教育不遗余力。是年，为了追思铭记孙诒让的学术贡献和办学业绩，温州文教界人士倡议设立专祠予以纪念。郭凤诰挺身而出，发起众筹资金，筹钱1400缗，购得九山湖畔已经荒废的近代温州城区十大私家花园之一的依绿园，作为营建祠堂之地，并起草《募建孙籀庼纪念祠启》：

瑞安孙籀庼先生殁后之翌年，吾瓯学界人士追念先生曩时提倡全郡教育之力，议筑祠堂崇祀，以报先生。奄忽六载，始于永嘉生姜门内觅地一区，暂由凤诰发起，筹钱一千四百缗购为基兆，即曾氏依绿园故址也。其地南抱松台，东拱积谷，西北可以眺翠微之顶，而又有落霞潭水夹绕其左右。风景天然，清丽卓绝。建祠以外，同人拟别筑六县公共藏书室数楹，并附缀亭沼台榭，以为文人游览宴序之所。

在温州学界人士倾力解囊相助之下，五间歇山顶木构建筑籀公祠于1916年竣工，坐西朝东，明间抬梁式梁架结构，四面回廊。祠内有孙氏神龛，龛两边有教育家蔡元培手书楹联："博学于文，约之以礼；多闻阙疑，慎言其余。"

张謇题写的"籀园"

  郭凤诰撰写一副长联曰："吾乡文物以南宋为最隆，忆今日横塘烟锁，潜室尘封，世历几沧桑，欲访八百年前哲故居，仅留浮沚林泉，去斯不远；别墅经营承先生之素志，况是间潭绕落霞，峰临积谷，天然好山水，偶供三五辈游人闲眺，试问颐园风月，比此何如？"

  籀公祠周边环境经精巧布局，叠假山，建庭轩，屋廊相间，花木葳蕤，曲径通幽，碧水环绕，再现当年温州名园的韵味。因孙诒让号籀庼，定名为"籀园"。籀园分为三进，"袤长二十九丈，东西横阔前六丈，后八丈"，东、南、北三面环水，四周围以青灰色砖墙。大门青石匾额上刻有"籀园"两字，由清末状元、中国近代实业家、教育家张謇题写。

  籀公祠建祠之际，温州师范学堂改归省立，经温州府属地的六县议会议员集议，设立学款经理处，将师范与中学（1911年改归省立）两校的原有经费（府学田租、戏捐等）提出两千数百元，作为启动资金，在籀公祠旁附筑六县公共藏书室，以嘉惠后学。永嘉、乐清、瑞安、平阳、泰顺、玉环六地各推举当地知名士绅1人为经理员，分别为瑞安郭凤诰、永嘉叶

温州教育史馆"籀公祠"

寿桐、乐清张侯佐、平阳王宗尧、泰顺林宗强、玉环陈保厘，六人组成筹委会，实际上由郭凤诰主事。

　　1915年，两层六室的温属六县公共藏书室在籀公祠北边落成，俗称书库，共花费2150银圆，不敷350银圆，由郭凤诰募集的建祠款补足。藏书室当年就向各县征集方志等图书，翌年购置浙江官书局图书2000余册。郭凤诰考虑到没有常年的费用维持，籀园和藏书室都将难以长久地维持下去，为此除了发起集资，同时他还利用教育科长的职权，为籀公祠与藏书楼争取了一些公款作为常年的费用。1919年5月9日正式对外开放，定名旧温属公立图书馆。这是浙南第一所公办公共图书馆，即今温州市图书馆的前身。于是，一座已荒废的私家花园，成为公共的文化教育设施、近代重要的文化教育地标。倘若没有郭凤诰等乡先哲的努力，温州图书馆事业的起步肯定要往后推迟。

籀园之后续建了服膺轩、曲槛亭榭等，作为图书阅览室和游人宴叙之所。可惜发起人郭凤诰未能主持籀公祠和图书馆诸事，因积劳成疾不幸病逝，温州教育先贤刘绍宽先生为其作墓志。郭凤诰的遗著有《山海经注》（未刻）。

2006年12月，为展示温州1700年来的教育人文历史，籀园被整体开辟为温州教育史馆。2012年9月28日孔子诞辰纪念日正式开馆，成为全国首家全天候向公众免费开放的教育史馆。

籀园内重建的服膺轩，保存原有建筑风格，门柱悬有郭凤诰撰写的门联："到此便心清，一水潆洄，园址毋忘依绿旧；环观增眼福，三山罗列，岚光时觉送青来。"

溯源追昔，温州学人不会忘记郭凤诰先生一生矢志教育，热心赤诚，恪尽职守，为建造籀园和籀园图书馆所付出的努力和发挥的重要作用，以及他为温州教育事业做出的巨大贡献。

旧温属公立图书馆

张楠和《张楠日记》

——张楠

张楠（1860—1942），字震轩，号真侠，瑞安汀田人，家居杜隐园，晚年自号杜隐园老人。1907年在瑞安公立中学堂任教文史，历任浙江省立第十中学堂（温州中学）、省立第十师范学堂、瓯海公学等校国文教员，终生以教书为业，桃李遍天下。好诗文，喜书史，善书法，博学多通，一生笔耕不辍，著述等身，遗著有《史读考异》等，撰写的日记被称为温州近代三大日记之一。《瑞安市志》有传。

2019年11月，温州图书馆编、张钧孙点校的《张楠日记》，由中华书局出版。全书共10册300万字，这是一部长达半个多世纪的日记巨著。

从清光绪十四年（1888）到民国三十一年（1942）前后55年间，日记作者张楠以一个身处时代大变革背景下的地方乡绅的视角，连续记录了晚清以降温州乡村社会的全貌，内容涉及政治、兵事、经济、教育、实业、农田、灾异、民俗、艺文、名胜、人物、逸闻等方面，堪称"浙南百科全书"，与赵钧的《过来语》、刘绍宽的《厚庄日记》，合称为温州近代三大日记，是研究温州这一历史时期社会政治、经济与风俗民情等方面十分珍贵的地方史料。

张楠，字震轩，出身书香门第，幼聆庭训，好学不厌，家富藏书，诵读不倦，甫执笔为文，即惊其塾师。清光绪六年（1880）为县学廪生，清光绪二十年（1894）温州院试中，得瑞安经解场第一名，其文深得学使潘衍桐、徐致祥赏识，刊于《浙江试牍》，引全郡士子仰慕。继举贡生，文名日彰，但怀才不遇，后来科试屡败。故他后有"自分白头甘落拓，难忘青眼发高歌"之叹。

光绪十四年（1888），他在读书科考间隙自办私塾。逾两年，被孙衣言、孙锵鸣兄弟聘为"诒善祠塾"主讲，以课其年幼子侄孙辈。后因奔父丧，返家设帐授徒。清末大儒孙诒让曾赞其"史学渊博""于唐宋古文家法，亦极淹贯"。

甲午战争后，他深受维新思想影响，并从戊戌变法以及废科举、兴新学运动中得以启示，力倡将道光六年（1826）创办的聚星书院改为高等学堂，亲撰《改聚星书院为高等学堂启》，在他和志同道合的乡绅努力下，后来聚星书院改为聚星学堂，1907年升为聚星两等小学堂，成为瑞安县继官立高小之后的第三所两等小学堂。

光绪三十一年（1905），他在汀田张氏宗祠创办乡普及小学，独自兼任教学与管理，还撰制了"旧邦立新宪，乡校铸国魂"的楹联悬挂在校门口，以明心志。他推行新式学制，改进宾兴资金筹集和管理方式，并积极筹款去上海采购书籍报章，设立阅览室，开阔师生的视野，培养有识之士。

光绪三十三年（1907），经孙诒让多次邀请，他受聘为瑞安公立中学堂文史教席，"教习国文、历史，计修金大洋二百元，节敬、旅行费在内，膳费则由堂供给"。作为孙诒让、项崧的知交，从学计馆创办开始，他便对瑞安这所最高学府一往情深，关心其创建及发展，在日记中时常提及。

1916年4月，他在温州府中学任教，闻知瑞中要组织学生到温州春游，便欣然撰写《欢迎瑞安中学堂生旅行歌》，歌词热情洋溢：

麦收时节阴晴，江上飞云罗浮度。普通植品，学计储才。宫墙美富，春草台留。中山亭古，弦歌声聚。欣永安两校文风发展，似双龙翔云路。但恨关河暌隔，苔岑难结同心侣。鸡鸣风雨，顿教人乙乙思抽绪。何幸诸君跋涉长途，来游我土。快欢迎，欢迎前番感情，赋报琼句。

张棡后来相继在浙江省立第十师范、省立第十中学及瓯海公学任文史教席，直到 1927 年年迈辞职返里，从事桑梓教育事业达 39 年之久，桃李遍天下。民国《瑞安县志稿》赞其一生：造就后进无虑数千人。

张棡学识渊博，教学方法不拘一格，别有特色，十分注重以学生自学为主、教员引导为辅的教学法。平时遴选一些时文及报纸新闻等作为辅助教材，如印发范仲淹《岳阳楼记》、朱自清《春》给学生自学，要求学生"玩其谋篇，寻求脉络，查其根据，辨其形声，看一篇受一篇之益"，启发学生养成自觉学习、主动质疑的习惯，其教学能力深受师生敬佩。著名词学家夏承焘在《天风阁学词日记》中说："予学字学词，皆张师启之。"时任温州中学的监督（校长）刘绍宽亦如此称赞："张震轩史学渊博，与子常埒，而文辞雅畅过之，于唐宋文家法，亦极淹贯，自是一好教员。"

张棡先生培养的学生不少成名成家，声誉卓著，如一代词宗夏承焘，戏曲学家王季思，寄生虫学家洪式闾，书画家马孟容，教育家王晓梅、陈叔平、陈仲陶、李锐夫等均出其门下。

教书育人是张棡的毕生事业，撰写日记便是他的良好习惯。自 28 岁（1888 年）开始，一直至逝世前夕，50 多年坚持不懈，留下 105 册日记手稿。所记内容包罗万象，翔实丰富，上至历史大事，下至家庭琐事，将所见所闻及自身感受，都一一加以记述，堪称"半部温州近代社会史"。他平时特别喜欢看戏，每次看戏都会不厌其烦地在日记中记录剧目，复述故事梗概，点评角儿唱功，如实记述了当时温州戏曲和文明戏的状况。据统计，他的日记涉及戏曲班名称 61 个，文明戏剧目 306 个，演出场所 104 处，戏曲和文明戏演员 106 人，被称誉为晚清至民国的半部温州戏剧史，填补了中国戏曲史的部分空白，成为日记最大的亮点之一。

他擅长诗文，喜读《史记》，致力于文史之学。在《自序》中云："予束发读书，即喜阅史，而尤酷好太史公书。"一生笔耕不辍，著述等身，家有杜隐园藏书楼，著有《杜隐园诗存》《杜隐园文存》等，尤其对《史读考异》一书付出最多。自光绪十年（1884）开始，即对《史记》句读予以校雠，阅六年始成初稿，1909 年将数十卷审订就正，1930 年 9 月《史读考异》正式定稿。1934 年《史读考异·序例》刊载浙江省图书馆刊第三卷第三期。

《张震轩选集》

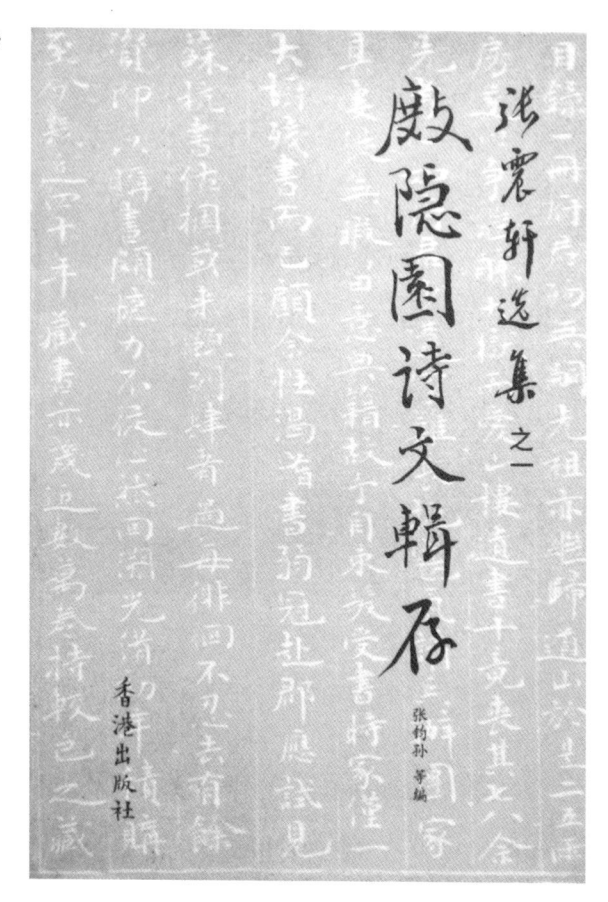

书法类赵孟頫、董其昌，秀丽工整，行楷尤为匀润，得者宝之。

张棡先生宅心仁厚，极为留意地方利弊、民间疾苦，积极从事禁烟、禁赌、筹建海塘、救灾、建设阅报公所等公益事业。他曾手书《筑塘草规》呈知县，倡议添筑捍海堤塘，以防御海潮侵袭，并对海塘的高度宽狭，每地每村的分工、集资办法都提出了建议。从他的日记里，能看到清末民初瑞安当时的公共事业的发展情况。

《张棡日记》时间跨度大，内容涵盖面广，从中基本可窥见这时期温州发生的重大事件，也是当时社会面貌、民俗的实录，具有丰富的地方文史价值。2003年温州图书馆从原日记手稿中选出1200多则，编纂《杜隐园日记》，列入《温州文献丛书》出版。

张桐的部分日记手稿

　　2010年，温州图书馆启动《馆藏日记稿钞本丛刊》整理工作，确定将这部日记完整收入，不做任何删节。历经八年磨砺，《张棡日记》得以正式出版，篇幅是2003年出版的《温州文献丛书》选本《杜隐园日记》的七倍，满足了海内外学术界的夙愿。

《张棡日记》

一代书法名家
——孙诒泽

孙诒泽（1866—1934），字仲闿，号处震、年震，晚号盘谷，家居瑞安县城道院前，光绪诸生。曾随父孙锵鸣就读于上海龙门书院，从小钟爱书法，篆、隶、草、楷无所不工，卓然一家，被誉为"浙南四支笔"之一。历任瑞安公立中学堂监督、直隶总督李鸿章的幕府、军械局文案、北洋水师学堂教习。因与黎元洪有师生之谊，民国初被聘为总统府顾问兼国务院顾问、国史馆纂修。回乡后以鬻书终其身。《瑞安市志》有传。

孙诒泽出身名门，其父孙锵鸣与孙诒让的父亲孙衣言是亲兄弟，道光二十一年（1841）进士，官至翰林院侍读学士，以重宴鹿鸣加侍郎衔，晚清重臣沈葆桢和李鸿章皆出自他的门下。清代大学者俞樾曾为孙锵鸣七十寿诞撰联"天下翰林皆后辈，朝中将相两门生"，高度赞颂孙氏在培育人才方面的重大贡献。

孙诒泽为孙锵鸣的四子，孙诒让的堂弟，从小熟读经史，曾就读于其父掌教的上海龙门书院（上海中学的前身），毕业于北洋水师学堂。学识渊博，执教过诒善私塾，后来担任直隶总督李鸿章的幕府、军械局文案、北洋水师学堂教习等职。因军功保举知县，分发江西候补，未得补而回到瑞安老家，帮办温州轮船招商局事务。

书法是古代读书人的基本功。孙诒泽酷爱书法，数十年如一日，刻苦学习，潜心磨砺，书法藏巧于拙，篆、隶、草、楷无所不工，功底相当深厚，卓然自成一家。黄绍箕赞其"楷书足以媲美李文田，篆法可与杨沂孙、吴大澂并驾齐驱"。宋恕亦称"内弟孙仲闿，性情高雅，最工书法，深得南宗意境"。

光绪二十二年（1896），清末大儒孙诒让创办新式学堂"学计馆"，聘瑞安算学家林调梅任馆长兼总教习。开办一周年时，孙诒让撰联赞誉："乡里有导师，亮节孤忠，历算专精祇馀事；洞渊昌邃学，通理博艺，艰难闳济仗奇才。"此联由精于书法的孙诒泽书以锓木，悬挂于会堂两楹，以示纪念。

孙诒泽思想开明，一直支持堂兄孙诒让的办学之举。光绪三十四年（1908）五月，孙诒让病逝后其创办的瑞安中学堂续办还是停办，主存主废两派士绅严重对立，爆发了"存废之争"。宣统元年（1909）正月，经地方士绅投票表决，官府宣布中学堂停办。主存派项崧、项湘藻等对此不予认可，遂改中学堂为私立，自行集款续办，孙诒泽参与捐款予以相助。宣统三年（1911），瑞安中学堂恢复公立，重新迁至原普通中学旧址县前卓公祠，推举孙诒泽担任监督（校长），主政学堂一年。

《瑞安市志》（中华书局2003年版）的《孙诒泽传略》载：

民国初孙诒泽去北京，供职盐务署。当时，章太炎被袁世凯软禁，孙诒泽常往探望，谈经引䉵，意气清发，使太炎几乎忘记在鞅绊中。黎元洪任总统时，以肄业北洋水师学堂与诒泽有师生之谊，聘为总统府顾问兼国务院顾问，国史馆纂修。书法名亦大噪，章太炎称其"作篆根柢深固，从心变化，视世所传常熟杨氏、安吉吴氏书，雅郑相绝，不可为量"。后十年而归，以鬻书终其身。

在总统府任职时，孙诒泽曾应孙中山先生之嘱，书勉联"觅句深参少陵髓，他年留待太苏书"以赠大总统孙中山。上联赞许、勉励、高度评价受赠者的演说、发表论文，遣词造句的精益求精，深得杜甫写诗作文的精髓；下联则以慰藉的口吻，阐明公道自在人心，后人必定会对功过有公正的评价，勉励受赠者为国家大计做出更多更大的贡献。

由于仕途坎坷，孙诒泽十分厌倦纷争不绝的尘俗功名利禄，曾为乐清虹桥龙圣寺的大雄宝殿撰书"名应不朽称仙骨，理到忘机近佛心"的楹联，这充满哲理与禅味的联语，对仗工整，情深意切，提倡忘机，崇尚佛心，追求不朽之名，正是他的人生之悟。果然，其书法为他取得不朽的大名。

民国时期，他和温州的池志澂、方介堪、邹梦禅等书法名家活跃于书坛，用自己的才华为书坛增光添彩，也为温州书法的发展起到重要的作用。他以卓越的书法成就，与同邑书法家池志澂、许苞、项廷珍合称为"浙南四支笔"，在浙南大地上留下了深深的印记，墨宝为人们所倾慕，所收藏。

孙诒泽墨迹除瑞安市文物馆收藏有各类书法作品多幅外，在浙南各处皆可见其手泽。如温州市区信河街白塔巷底的"南庐"匾额、"池上楼"正厅墙上挂着的篆书四条屏、《鳌江公学后记》石碑等，都是他的墨迹。在福建省福州市于山图书馆碑林中，也陈列着他书写的《万寿桥记》石碑，字迹清秀挺拔，下署"江西候补知县孙诒泽书"字样。他曾为"温州考察西北之先驱"陈万言的《西北种族史》、瑞

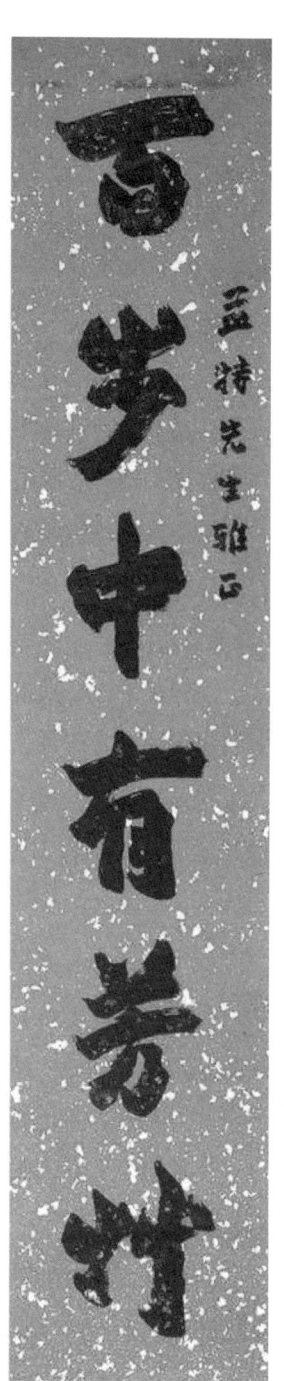

孙诒泽书法

安籍学者邵成萱编纂的《马氏文通易览》题签书名，瑞安籍李翘教授的楚方言著述《屈宋方言考》书名也是他挥毫题写的，其字端方朴拙又饶有奇趣，时人赞其"正好概括着李翘本人特立独行的治学旨趣"。

2020年瑞安玉海楼启动25年来最大规模的修缮工程，通往二楼的一架木质楼梯被拆除后，隐藏其下边的两副红地黑字对联"卫鼎梁砖百世物，周经汉注六官篇""千秋墨学明兼爱，满架瓯闻示敬恭"得以"露面"，两副对联均出自孙诒泽的手书。据说当时孙家这一辈人中，他是公认的第一书家，所以会在玉海楼留下对联墨宝，也因为后来对联前面加建了楼梯，才使其掩于梯后得以保存至今。

平阳县顺溪镇的百僧堂云祥寺，坐落于铁障峰山麓。进云祥寺先要通过一座始建于元代的单孔石拱硐桥，桥旁有大石壁迎面而立，岩壁上镌刻"渡飔桥"三个大字，端庄整肃，笔势苍劲，落款为孙诒泽。渡飔桥的"飔"字，是凉的意思，渡飔指的是信步走过凉风习习的硐桥，让人觉得十分凉爽。汉乐府《有所思》中有"秋风肃肃晨风飔"之句，从桥的取名中可见孙诒泽家学渊源，不愧为饱学之士。据说这是应顺溪名士陈少文之请题写的。他十分钦佩陈少文勇于创办新学之举，宣统三年（1911）专门为其撰写碑文，以志钦慕。

1910年3月，与陈黻宸、陈虬并称"浙东三杰"的宋恕逝世，孙诒泽伤心惋惜不已，撰联云："同客津门，倦游先返，忆曩时促膝而谈，料事论人宛如昨；横览当世，知己几人，怅此日赍志以殁，眇言元识更谁传。"上联忆昔，如泣如诉；下联叹今，不尽惆怅。情真意切，词雅书美！

爱国名臣、教育家黄绍箕十分器重孙诒泽的道德文章，曾撰联相赠："腕发传业，下学上达；到官足席，含和履仁。"以十六字八言的联语，刻画了孙诒泽的平生业绩和德、行、情、操，可谓惟妙惟肖。

孙诒泽逝世后，温州著名学者、教育家张棡为其撰写挽联云："溯乡邦耆硕，逊学斋乔样，著述俱精，书法有传家，羡君朱鹭挥毫，字字醇缛，上轶三唐追晋魏；思文字交游，诒善塾埙篪，子嗝最早，前尘都似梦，怆我白头访旧，匆匆把襟，去秋一别隔人天。"

第二辑·民国时期

（1912—1949）

瑞中第一首校歌创作者
——陈超、董玉衡

陈 超（1891—1960），字轶尘，居瑞安县城虞池，1914年瑞安中学（旧制）毕业。通音律之学，善操京胡，尤擅长弹拨三弦。1936年至1946年受聘瑞中，先后任国文教员、事务员。1956年在瑞安师范退休。

董玉衡（1890—1962），字仲璇，原居瑞安县城大沙巷，后迁清水巷。毕业于浙江体操专修学校，武术在温州地区首屈一指，曾任瑞安武术馆馆长，亦擅长音乐。1915年始任瑞中教员至20世纪30年代末，先后执教体育、音乐，为瑞中早期的体育教学做出较大的贡献。

云山霭霭，云水苍苍，东南邹鲁，文物之邦。
惟我瑞中，源远流长，先知先觉，永念毋忘。
时雨春风，惠我无疆，深思力行，好学毋荒。
青年之责，图存救亡，振兴民族，为国争光。

这是瑞安中学创办后的第一首校歌，创作于1938年，由时任国文教员陈超作词，音乐教员董玉衡选曲，共4句64字，以"东南邹鲁，文物之邦，惟我瑞中，源远流长"赞颂家乡及学校的历史文化，将"深思力行，图存救亡，振兴民族，为国争光"列为瑞中青年学生之责，旋律清新明快，朗朗上口；文辞简洁典雅，立意新颖明晰，且紧扣时代脉搏，具有鲜明的时代特征及家乡与学校的特色。在抗日战争的烽火岁月中，这支校歌犹如凝聚人心、振奋精神的号角和旗帜，对培养学生爱国爱乡爱校情操，激励学

瑞安县立初级中学校歌

作词：陈 超
选曲：董玉衡

1=C 4/4

1̂ 3 | 5. 6̲ 5̲ 0̲ 1̲ | 1̇. 6̲ 5̲ 0̲ 1̲ 3̲ | 5. 5̲ 6̲ 5̲ 3̲ 1̲ | 2 - 0 1̲ 3̲ |
云　山霭霭云水苍苍，东南邹鲁，文物之　邦。惟

5. 6̲ 5̲ 0̲ 1̲ | 1̇. 6̲ 5̲ 0̲ 1̲ 2̲̇ | 3̇. 1̲̇ 2̲̇ 1̲̇ 2̲̇ 3̲̇ | 1̇ - 0 1̲ 2̲ |
我瑞中，源远流长，先知先　觉，永矢毋　忘。时

3̇. 1̲̇ 1̲̇ 0̲ 3̲ | 1̇. 6̲ 1̲ 6̲ | 1̲ 1̲ 2̲ 1̲ 6̲ 5̲ 3̲ 1̲ | 2 - 0 1̲ 3̲ |
雨春风，惠我无疆，深思力行好学毋　荒。青

5. 6̲ 5̲ 0̲ 1̲ | 1̇. 6̲ 5̲ 0̲ 1̲ 2̲̇ | 3̇. 1̲̇ 2̲̇ 1̲̇ 2̲̇ 3̲̇ | 1̇ - 0 ‖
年之责图存求亡，复兴民族，为国争　光。

《瑞安县立初级中学校歌》

生抗日救亡斗志，起到不可估量的推动和鞭策作用。

　　瑞中首支校歌的创作过程是：1938年6月，南京国民政府教育部专门就自编校歌颁发训令称："音乐一科，为陶冶青年儿童身心之主要科目，自古列为六艺之一。现在各级学校教授音乐，取材虽未尽趋一致，但自编校歌，以代表各该校之特点，而于新生入学之始，则教之歌咏，以启发爱校之心，影响至为重大。"时任瑞中校长王锡涛为响应此令，决定编制《瑞安县立初级中学校歌》。曲谱由董玉衡老师负责，董老师经过认真推敲，反复斟酌，最终选用了一支国外旧曲，然后由陈超老师按曲谱作词。

　　陈超，字轶尘，1914年12月瑞安县立中学校（旧制）毕业。1918年至1925年曾在瑞安县城南堤小学任国文、音乐、体育教员，其间一度兼任瑞中音乐课。大革命时期，在汉口国民革命军某部任职。"宁汉分裂"后，在上海《时事新报》任校对，在丽水、嘉善地方法院任书记官。抗战爆发前

回乡闲居。

陈超是位京剧爱好者，在20世纪30年代曾与京胡冠绝一时的著名琴师郑剑西及许达初、黄子恺、姜成周等人，在东水门陈府庙旁的一间雅室里，开展京剧活动，后来称"国声社"，使那里经常飘荡丝竹管弦之声，和生丑净末旦之音，悦耳动听，让听者倾倒。

1936年他应瑞安中学王锡涛校长的聘请，先后任国文教员、事务员、图书仪器管理员等职，直至1946年因学校人事变动而离校。1956年在瑞安师范学校退休。

瑞中1939年1月毕业的陈霖校友在《忆瑞中原校歌歌词作者：陈超先生》一文中回忆：

堂叔陈超年轻时爱好音乐，能唱京剧、昆剧，京剧宗谭派，通音律之学，善操京胡，尤擅长弹拨三弦，曾担任过音乐教员，与名列"瑞安十才子"的许达初交游密切。我们同堂相居，经常见面。他作歌词时，我正在瑞中求学，常见他颜面瘦削，穿的是长袍，衔着烟斗，徘徊于室内外，吟唱作词，或握笔沉思，伏案填谱，有时燃膏继晷，直至夜深。我曾问他，创作校歌为何如此辛苦？他告诉我，董仲璇老师所谱乃选自外国旧曲，他作词须包罗时代风貌、瑞安风物、瑞中校风等，文词须简洁文雅，音韵谐和，要有音乐性，谱曲时词音须与曲声谐同，方可显示音乐之美……

校歌选曲者董玉衡，字仲璇，毕业于浙江体操专修学校，武术功夫十分了得，曾任瑞安国术（武术）馆副馆长、馆长，德高望重，被称誉为瑞安国术泰斗。瑞安举行国术表演或比赛，或召开运动会，都邀请他担任总裁判。他拍摄的六十四式太极拳照片系列，挂在国术馆和中心小学礼堂让人学习。他不仅武术精湛，还擅长音乐，通晓乐理。1915年始任瑞中教员，先后执教体育、音乐，直至20世纪30年代末。瑞中1940届初中毕业的学生徐之淮还清楚地记得：在音乐课中，董老师教我们唱《义勇军进行曲》《大刀进行曲》等抗战歌曲，抗日歌声响彻整个校园。

在体育教学方面，董玉衡老师也可谓业绩彰显。瑞中1929年毕业的著名学者黄宗甄回忆：

1926年秋，瑞中有5个教室和1间图书馆，但体育场地狭小，设备简陋，体育活动难以开展。体育教员董玉衡是很有名气的武术家，善于接受新事物，对体育教学有自己的见解。目睹现状，他向校领导争取了一笔数目不大的经费，又向全体学生倡议，每人捐钱五角，用于建设操场和购买体育器材的经费，一共募得100多银圆。他亲自带领学生清理学校周边的瓦砾堆及荒地，开辟了网球场、排球场、篮球场、沙坑等场地，并添置了铁饼、铅球、标枪、单杠、双杠等器材，由此瑞中的体育设施初具规模，体育运动逐渐活跃。

其时，董玉衡还兼任温州艺文中学体育教员，他在瑞中组建了足球队、篮球队，经过精心训练，球员球技有了很大提高。足球队与艺文中学两场友谊赛，双方各胜一场，握手言和。篮球队与温州各中学及平阳县青年篮球队进行比赛，每战必胜，几乎横扫东瓯。

董玉衡老师的武功、武德素为瑞安民众所敬佩。瑞安县城有这样的流传：端午节乡间盛行划龙舟，北门头关爷庙有一只"绿龙"龙舟，人称"龙娘"，在"龙娘"上端香斗的必须是社会上最有名望的人，每次都由董玉衡老师担任。每上龙舟，他都头戴拿破仑帽，身穿一套鹅黄色中式纺绸衫，左腿稍弓，右腿略绷，一手叉腰，一手端香斗，站在龙舟里摆动身体，助舟前行。龙舟竞渡若发生口角或打斗，"龙娘"一到，特别是董老师出面为之劝解几句，事态就会平息。因为他是著名的拳师，又是瑞中的老师，在地方上享有很高的威望，拜他学习拳棒的徒弟众多，且教过的学生更多，人人尊其为"董先生""董师"，他的话语大家自然都听从。

1945年8月，教育家金嵘轩先生出任瑞中校长，他十分重视校歌的教育意义，立即着手编制新校歌。经国文教员薛凝嵩作词，音乐教员王公望谱曲，创作了瑞中第二支校歌，于1945年9月27日开始练唱。新中国成立后，瑞中校歌湮没无闻。1989年下半年，时任瑞中校长潘肇清决定编制新校歌，发函邀请知名校友王季思、缪天瑞参与创作。11月18日，王季思校友欣然为瑞中新校歌作词。缪天瑞校友收到新歌词及民国时期的瑞中两首校歌词曲后，认为20世纪30年代的瑞中第一支校歌旋律相当优美，弃之不用非常可惜，建议将新歌词稍做调整，再由他以老校歌的旋律重新编曲。最后，王季思和缪天瑞两位名家联袂创作了新中国成立后瑞中的第一首校歌，也是瑞中创办以来的第三首校歌。

校歌，对内是精神激励，凝聚人心，鼓舞斗志，对外则展示学校形象和办学宗旨，传承了学校的文化和传统。校歌的旋律深深烙印在瑞中人心中，每个学子都不会忘却。无论离校多久，无论何时何地，无论身居何位，每当校歌唱响，就会唤起对母校、对青葱岁月的深情记忆，这无疑是一代又一代瑞中校友心中最温馨的集体记忆和共同语言。当然，我们也不会忘记，与校歌一同标注在瑞中史册的第一支校歌创作者陈超和董玉衡老师！

近代著名花鸟画家
——洪蓉轩

洪演畤（1854—1933），字蓉轩，家居瑞安县城后河街，1916年8月始任瑞安中学图画教员，前后工作20余年。学识渊博，才思敏捷，善画花卉翎毛，尤工扇面画，颇有名气，不亚于伯年、阜长，与温州花鸟画家汪如渊并称于时。入编《全国美术家名人大辞典》《东嘉先哲录》。民国《瑞安县志稿》《瑞安市志》有传。

瑞安中学自创办以来，师资队伍建设历来被视为头等大事，受聘的教师中不乏宿学耆儒、名人名家、青年俊彦。翻阅历年的《瑞安中学教职员名录》，可谓名师济济，各领风骚，令人赞赏不已。即便是非主科的艺术（美术）教师中，也可以看到如洪蓉轩、金作镐、唐唯逸、方介堪、邱禹仁等书画名家，他们都曾经驰名一方，享誉艺坛。

瑞安县立中学校《丙辰岁管教员一览表》记载，洪蓉轩先生1916年就已经担任瑞中图画教员，这应该是出现于瑞安中学教师档案中最早的美术教员。他在瑞中前后执教长达20年，勤勉敬业，因材施教，注重实践，言传身教，传授画艺，培养了不少美术人才，深受学生的崇仰和社会的好评。他精美的课堂示范图画，常被同人和学生索要一空。

洪蓉轩，名演畤，以字行，出身书香之家。祖父洪守一为县学秀才，喜好读书，不慕荣利，1808年曾参与《瑞安县志》的编纂，著有《后河吟草》《瓯乘拾遗》等4卷，是一位见广识博的学者，还是一位藏书家和慈善家，为地方公益事业不遗余力。瑞安知县孙源撰碑记赞其"见义必为，老而弥笃"。

洪蓉轩幼承庭训，聪颖好学，为清岁贡生，工诗文。因三试秋闱不第，遂绝意仕途，矢志于书画。他习碑帖，临摹名家画谱，不管三伏酷暑，还是数九严寒，总是坚持不懈，孜孜以求。书法初学颜真卿，后法赵孟頫，画宗恽南田，兼取各家之长，书画诗韵，相得益彰。

晚清，瑞安城北锦湖里监生陈焕章（璧棠）与城内胡瑛（二棣）、胡世隽（玉京）均擅长书画，时人称为"画家三杰"，对洪蓉轩学画很有影响。胡世隽之子胡宝仁（小玉），光绪十二年（1886）进士，为官巴蜀，善画山水，名闻四川，亦是他的好友。洪蓉轩以画会友，还常与黄鼎燊、陈钟琦、何炯、项方纲、张蒨等同好画友聚首，相互切磋，画技日趋纯熟，成为瑞安诸多画家中的佼佼者。

民国初年，洪蓉轩深受辛亥革命思想的影响，画法敢于创新，其花卉翎毛画日臻成熟。平时，他常去城郊观察花鸟，进行野外写生。作画选题讲究，取材隽永，精研笔法。绘画时爱用艳丽的彩笔，把花卉翎毛描绘得神态逼真、淋漓尽致，再加以精美的诗句题款，让画意更加氤氲含蓄、清新隽秀，渐渐形成自己独特的风格。他画的花卉翎毛，色彩鲜妍，尤工扇面画，颇有名气。时人皆称：蓉轩画翎毛，不亚于伯年、阜长，与温州花鸟画家汪如渊并称于时。其绘画精品为名士广为收藏，一时誉满一方。

洪蓉轩画技高超，当时慕名前来拜师习画的人颇多，他每次从中挑选两三个有图画天赋的学童，利用业余时间，给予精心辅导，并鼓励学有所成者去上海美术学院深造。金作镐（仲坚）少年时就是他的得意门生，在其悉心指导下，专习花鸟，画技大进，1924年考入上海美术专科学校国画系，毕业后到瑞安中学任教美术10多年，后来成为温州地区赫赫有名的花鸟画家。

洪蓉轩才气过人，善诙谐，题画尤隽秀。曾撰嵌名嘲联："余非国辉，刘岂国桢，看二国相争，国真不国；陈是天放，林乃天择，叹上天降罚，天丧其天。"上联说的是，1927年正月间，瑞安知事余立去任，余国辉继任，

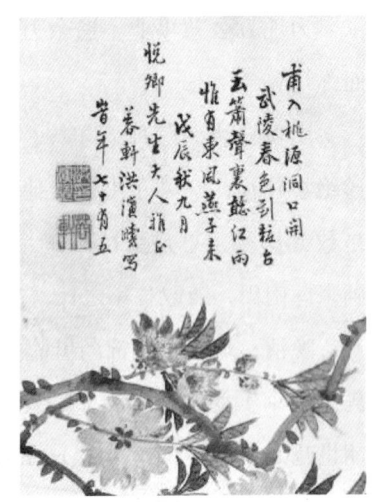

洪蓉轩作品

洪蓉轩作品

洪蓉轩作品

两个月后余国辉离任，由刘国桢接任时，有人"拥余阻刘"，最后刘胜余败。上联嵌入两人的名字，均含"国"字。下联说的是，隔江小学校长陈天放和林天择因嫌疑有罪被拘，查之清白后释放。下联也嵌入两人的名字，都含"天"字。此联信手拈来，妙手成趣，在社会上传诵甚广。

　　他学识渊博，才思敏捷，在乡间传为美谈。瑞安文史学者陈之川在《点缀烟云天地画，摩娑金石古今书——近代瑞安画家洪演畴》一文中载有这样两个故事：

洪蓉轩的挚友胡调元（榕村），工文善诗，光绪二十年（1894）进士，后出任宝山知县，颇有政绩。他仕归故里，邀请洪蓉轩等几位知己好友相聚，谈诗论文。当时胡调元受人之托撰写对联，因一时无暇，便指着书桌上一副洒金联纸，请洪蓉轩代劳撰书。洪蓉轩不假思索，欣然应诺，立即拟就腹稿"数点雨声留客住，一帘花影送香来"，但由于心情激动，谁知一提笔，先写了一个"点"字，那该怎么办呢？要想另换一张联纸不可能，在座的都是知名文友，写错了字，感到不好意思。他急中生智，灵机一动，就写了上联"点缀烟云天地画"，又在铺纸一瞬间，提笔疾书下联"婆娑金石古今书"。书毕联对，大家围拢欣赏，都赞称他书法柔中见刚，苍劲有力，其联语妙趣天成，更富诗韵而有气势，交口称誉。这时，他将刚才错写了"点"字的尴尬，笑着对大家直说，在座诸君无不佩服他机智灵活，才思敏捷，传为美谈。

还有一个故事是：

民间画师林纯贤，字竹逸，善画仕女、山水、花鸟，尤善写真，其画别具一格，与"七道士"曾衍东齐名。洪蓉轩与他素相友善，彼此倾慕，促膝谈心，赋诗作画。一天，洪蓉轩拿着一把新折扇去拜访林纯贤，坐下来便说："这把新折扇那面已请池志澂（云珊）题书，这面就请你大笔一挥。"那要画什么好呢？书桌上正放着一幅刚画好的《欧阳子夜读图》，取材于宋代大家欧阳修的《秋声赋》，很有神韵，妙笔生花。洪蓉轩对此画赞不绝口，就要求他将画题改为"声在树间"，重新画在扇面上，林纯贤连连点头称是，就在扇面上挥毫作画，一气呵成，两人相视一笑，拍手称好！这把名人书画折扇不但被洪蓉轩生前一直保藏，据说其孙洪瑞钦还作为"传家宝"珍藏着。

洪蓉轩的画作相当精美，广受人们喜爱，常作为名家精品悬挂大堂之中供人欣赏。他淡泊名利，为人亲和，乡亲朋友求画者甚多，他有求必应，从不推辞，因而不少作品留存民间，为人们所珍藏。中国古玩网等网站，曾多次售卖他的书画作品，价格高者达上万元。有一幅创作于光绪三十三年（1907）的《松鹤延年》，作品这样推介：

精心描绘了神态灵动飘逸的仙鹤，形体秀丽，毛羽错若层次，古雅苍苍，细节之处处理极佳，颜色变化过渡自然，构图丰满，绣工细腻，针法灵活极富变化，将仙鹤和松树的神韵绣得淋漓尽致，放眼望去古色古香的气息扑面而来，实乃当之无愧的世之精品。

洪蓉轩精于书画，堪称丹青妙手，声誉乡里，以其不凡的书画成就，入编《全国美术家名人大辞典》《浙江古今人物大辞典》《东嘉先哲录》。

胡旭校长与胡雨老师
——胡旭、胡雨

胡旭（1891—1948），又名哲民，居瑞安县城申明里巷，中国公学文科毕业。瑞中英语教员，1927年至1934年任瑞中校长，校长卸职后继续任教员，1944年担任过教导主任。

胡雨（1927—1997），国立暨南大学商学院国际贸易系肄业，一直从事教育工作，历任平阳一中、平阳二中、瑞安中学数学、英语教师，瑞中数学教研组组长。

在瑞中漫长的办学历史中，有父子两代同为瑞中教师的，如首任校长许藩与他的儿子许世铮，俞春如与他的儿子俞大文，李逸伶与他的儿子李天民、李森南，唐澄士与他的儿子唐伟栻，还有胡旭校长与胡雨老师父子，他俩不仅都在瑞中长期执教，还曾是1946年的瑞中同学科（英语）同事呢。

胡旭，字哲民，从瑞中现存最早的民国五年（1916）教师档案《丙辰岁管教员一览表》中看到，其时胡旭已是英文教员。北伐战争开始后，瑞中一度实行委员制，校长改称委员长。1927年2月，瑞中学生会推举思想开明、年富力强的胡旭担任瑞中委员长，旋即又重称校长，为民国时期瑞安中学第四任校长。

中国公学文科毕业的胡旭，善于接受社会进步思想，拥护孙中山的三民主义，提倡自由办学，鼓励学生按自己的志向去寻求学问。就任校长时，"新官上任三把火"，首先对师资队伍进行很大的调整。乡贤张棡在民国十六年（1927）二月初三的日记中记载："六日闻今年瑞中教员、校长一律更换，盖非学生同意，决不承认其教育云。"

瑞中1929届（旧制）毕业生、中科院编审黄宗甄在《邹鲁遗风 百年树人》一文中回忆：

在新校长主持下，瑞中聘请了一批德才兼备的新教师，洪特民执教植物、动物、矿物和生理卫生，王毓烻的化学、王懋生的物理和数学、林震东的数学和国语（以执教标准的普通话为主）、林炜然的历史、胡熙如的国语（以执教标准的普通话为主）、周彧甫的国文、林维猷的世界历史和政治、缪天瑞的音乐、金作镐的美术等，面貌焕然一新。

胡旭校长拥护新文化运动，支持学生自治会创办校刊。《瑞中》校刊由学生会主席张志玉任编辑主任，国文教员周彧甫任总编辑，创刊号于1928年正式出版，这在温州地区当时是一个创举。胡校长亲撰的"创刊号发刊辞"，阐明了《瑞中》创刊的背景及历史使命：

中国的新文化运动，狂风突进地奔流着，猛进着，开放了壮丽灿烂之花。虽然经过了几度的摧残和压迫，然终能打破森严壁垒的旧礼教，创造了一个光明的新社会，这次革命运动之能急速的进展，无非不是五四运动的结晶！但而，但而，试回顾我们这死一般的文化落后的瑞安呢，一般扰扰攘攘的醉生梦死之徒，哪一个不是沉浸于宗法的思想，留恋着残余的礼教呢？……发扬新文化运动、宣传三民主义，这便是本刊的所负的两大使命。

胡校长热切希望瑞中学生继承发扬新文化运动精神，在瑞安开辟一个新天地。其时，思想进步的瑞中学生，纷纷组织起来走向社会，反对贪官污吏，查禁走私贩私。校内各种团体如雨后春笋，应运而生。学校在校内创设了民众学校，胡校长兼任民众学校校长，教员由瑞中学生兼任，面向社会招收文盲、半文盲的社会青年，每天晚上开课学习，推行平民教育。

胡旭撰校刊创刊号发刊辞

發刊辭

胡晉民

自從五四以來，中國的新文化運動，狂飈突進地，奔流著猛進著，開放了莊嚴燦爛之花，磅礴經劫了幾度的摧殘和壓迫，然終能打破深嚴壁壘的舊禮教，創造了一個光明的新社會；但而，這次革命運動的摧殘過渡進展，無寧不是五四運動的結晶！但而，試問雖我們這光一般的文化落後的瑞安呢，一般摧撼著的酣生夢死之徒，那一個不是沉浸於宗法的思想，流連著殘餘的禮教呢？一逸仍是乾枯待斃的小花，這豈已成光明燦漫之果子；一逸已成光明燦漫之果子；一逸仍是乾枯待斃的小花，這是誰的責任呢？

革命是被壓迫民眾要解決他們所受實際的壓迫的一種反抗運動，但而革命如果不能了解實際情形，運用正當的策略，非懼革命不易成功，自且有損革命的前途。我們相信，中國的革命運動，確實需要一種正確的革命主義。只有孫中山先生的三民主義，才是其能根據中國情形、時代背景、實際生活的革命主義；因此，我們要中國的革命成功，必需要中國的民眾實行三民主義，糾正已往的錯誤，指導今後的革命的民眾的痛苦。

工作。這也是誰的責任呢？發揚新文化運動，宣傳三民主義，這便是本刊所負的兩大使命。自然，以本刊同人學識的陋，實不能擔負這重大的責任於萬一，這時，敬請讀者加以原諒，再者，因為本刊是中等學校的讀物，尤其是在新文化落後的瑞安，所以把他的內容，在首的方面，一切的學識，全都是由前人不暇省的事實，但而我們相信，那麼這個淺薄的本刊無論官自的事實，和不斷的更正所成，其次在敘的方面，雜誌的內容，原來就不是「倉庫」，何況在中等學校裏的本刊的料是普通教育，原采就不是專門學識。然而我們總想是很普通，很複雜，而不值學者之一顧的。因此本刊的材料，是我們自己的力量，努力去創造那較高較好的生活；至於成功與否，却介惡讀者慰君的指導，和批評了。

一二一

真的，這初生的弱小面易推折的嬰兒。實在希望着社會的其墊的愛護呵！

由于精心办学，学员成绩优良，多次受到县教育局的传令嘉奖。

1928年5月3日，日本军队入侵山东济南，大肆屠杀中国军民和外交官员，发生重大的流血惨案。胡校长闻讯后即决定全校停课三个上午，并亲自主持演讲会，邀请林维猷、洪特民等老师为学生讲演日本帝国主义的本质、日本国内状况和世界各国对日本军阀暴行的反应，声讨日本帝国主义的暴行，对学生进行爱国思想的教育。

胡校长任职期间，虽然办学经费捉襟见肘，但办学颇有建树。1932年，省督学朱文治在视察瑞中的报告中评述：

该县县立初级中学，校长胡旭，人颇忠实，教职员尚有合作精神，各级学生亦渐有勤朴风纪，比年以来，毕业之录入高级中学者渐见增多，可见学业程度已较前提高……

胡旭的校长任期在民国时期瑞中历任校长中排名第二。难能可贵的是，他当校长时仍一直兼教英语，发音爽朗清脆，教学有板有眼，很受学生欢迎。瑞中校友黄宗甄回忆：

每到暑期，我们男女同学集合二十来人，在林永枏先生家，拨出两间房作为教室，邀请胡哲民校长给我们开设英语课，每日上午学习，每隔一天练习英语写作或听写，由胡校长朗诵，我们默写，当场评卷，效果良佳。这样英语班曾举办过两个暑期。

1934年2月，两个平时顽劣已被退学的学生因对学校的处分心怀不满，深夜纵火焚烧了瑞中图书室，全部图书付之一炬，总损失达大洋三千二百元四角九分。当年7月，胡旭校长引咎辞职，终止了七年多的校长任职。卸职后，他依然留在瑞中执教英语，1944年还兼任训导主任，任教一直延续至1946年。

教育世家出身的胡雨，国立暨南大学商学院国际贸易系肄业，他与父亲胡旭一样，也选择教育为自己的终身职业，20世纪40年代及50年代初，曾任教于平阳一中、二中，担任过平阳一中教导主任、生活指导组组长，1946年2月，他曾与父亲胡旭同时任教于瑞中。1953年8月，他再次来到瑞中，执教数学、英语，直至退休。

他是一位优秀的数学教师，曾担任瑞中数学教研组组长，也是称职的英语教师。作为一名普通的中学教师，一辈子面对"三尺讲台"，没有惊人的业绩，但始终把孔子"有教无类"的教育思想作为自己教书育人的理念，把自己一辈子的论文、著作写在黑板上；把培养众多的优秀学生作为自己毕生的科研成果，传道授业解惑，风范昭人。

瑞中1962届高中学生缪天舜在《追忆我们的班主任胡雨老师》中回忆：

1956年9月开学的头一天班会，来自瑞平文泰的54位同学第一次与班主任见面。只见胡老师白皙的脸庞上戴一副近视眼镜。他那和蔼可亲、潇洒自如的风度和那春风满面、笑容可掬的神态，像磁石一样将全班同学吸引住了。一开始，他先做自我介绍。接着不是由全班54位同学轮流做介绍，而是胡老师逐个介绍全班每位同学。他按照顺序介绍同学的姓名、何地人、何校毕业，在校担任什么职务，有什么特长……我们都十分奇怪，都是第一次见面，胡老师怎么会知根知底，了如指掌呢？原来他在开学前就把全班学生档案看了又看，而且把照片上的形象都深深地印入脑海里。我们对他惊人的记忆力佩服得五体投地。说明他的班主任工作是十分细致的。

胡老师学识渊博，教我们代数三年（当时数学分代数、几何、三角三门功课）。他讲课精练，逻辑严密，几乎没有多余的话，而且时间掌握得十分准确。每堂课，他的最后一句话说毕，退课铃声就响了，从不拖课。他的教学紧扣大纲，作业适量，从不需要加班加点，更不搞"题海战役"。他组织几次班级数学竞赛，激起同学们学习数学的浓厚兴趣，班级中数学佼佼者不断涌现。上好一节课已不容易，三年六学期节节如此，实在是难能可贵！可想而知，这当中倾注了胡老师多少心血！

胡雨老师朴实无华，为人亲和，以身作则，工作踏实，师生关系十分融洽。学生们至今不会忘怀：曾与胡老师一起背着铺盖，利用周末及假期，到横山公社五架山大队与社员"三同"（同吃、同住、同劳动），晚上点上煤油灯为社员上识字课，为社员表演自编自导的文娱节目；曾一起在高永居民区参加扫盲运动，拿起教鞭教居民大伯、大妈认字、写字；也曾一起在学校操场上筑高炉，拉风箱，炼"钢铁"，到平阳坑飞云江上游"洗铁砂"，到湖岭的高山峻岭间寻找"铁矿"，在仙降孙桥校办农场参加"抢收抢种"劳动；一起睡地铺，吃番薯丝配芥菜，同学们身上有多少汗水多少泥，胡老师身上也有多少汗水多少泥，他始终坚持和十八九岁的青年学生一起干农活，一起到街头巷尾宣传"三面红旗"，坚持与同学们劳动在一起，最艰苦最困难的地方，都会有他的身影。

在做好自己为人师表的同时，他积极培养、大胆使用班干部。时任班长夏起洲、团支书周美珠同学回忆：

胡老师十分信任班干部，事无巨细都与班团干部商量并征求他们的意见。意见集中统一后，放手让班团干部去做，自己则做干部们的后盾，为他们排忧解难，使他们在工作中不断得到锻炼与提高。在当时极"左"路线影响下，阶级斗争这根弦绷得很紧，"左、右"很难把握，班主任身不由己，班级工作实在不好做。有的班级由于政策尺度把握得不够适当，时有出现风波。但我们的班级学习气氛浓厚，文体活动活跃，同学团结友爱，三年来一直保持稳定，全班同学几乎没有怨言。

胡老师宅心仁厚，善解人意，关心学生，无微不至，发现某女学生数学成绩较差，为调动其学习积极性，提议让她担任数学科代表（当时班级学科代表都由本科学习尖子担任），压力加动力，这位女同学成绩逐渐进步，后来考取杭大数学系，毕业后成为温州市颇有名气的中学数学教师。对剥削阶级家庭出身的学生，他从不歧视，不排斥，发现某同学背上了家庭成分的思想包袱后，多次找其促膝谈心，鼓励放下包袱，重新扬起理想的风帆。该同学后来振作精神，考取了大学本科，毕业后工作出色，还走上了县级领导岗位。"当年全靠班主任胡老师的鼓励和指点。"这位同学打心眼里感谢老师的提携之恩，栽培之情。

瑞中1959届高中毕业，曾任复旦大学出版社社长的徐志伟校友回忆说：

1958年年底，为了响应瑞安县人民政府培养工人工程师的号召，校方选派我们5位同学到机械厂实习。后经本人再三要求，于1959年5月重回母校。当时离高考只有两个月时间，落下近半年的功课如何补上？关键时刻，班主任胡老师亲自帮助我们制订复习计划，并利用星期六为我们补课，还亲自为我选定报考复旦大学的志愿，使我这个从泰顺山区贫困家庭出身的学生如愿以偿，考上复旦，完成学业。

胡旭校长和胡雨老师两代从教，鞠躬尽瘁，都把毕生精力献给了瑞中的教育事业，令人敬佩！

瑞安才子、剧作家
——薛钟斗

滋兰树蕙 瑞安中学前辈名师风采录

薛钟斗（1892—1920），字储石，号守拙，别号西岘山民，居瑞安县城第一巷。1910年瑞安中学毕业，次年考入杭州法政学校政治科，后转法律科。系南社、慎社社员，担任过瑞中国文教员、瑞安公立图书馆馆长，在戏曲、诗文、方志方面造诣较深，著作甚丰，被誉为"永嘉七子""瑞安十才子"之一，是温州近代很有成就的戏曲创作者和研究者。《温州市志》《瑞安市志》有传。

薛钟斗

他天资颖异，聪慧过人，从小便读《古文辞类纂》等书，具有较好的文学修养和超众的想象力。在西北蒙学堂读书时，一篇题为《论自由》的习作，得到老师如此的评语："以目中无人之慨，写目中无人之文。奇极！雄极！"在瑞中三年级时，其习作亦屡获"才气纵横，不可一世""文笔开展，议论新警""以英伟之笔，运刻露之思"等优异评价。

他才华横溢，学识渊博，治学严谨，著述丰富，系著名文学社团——南社、慎社的社员，也是温州近代卓有成就的戏曲创作者和研究者。

他就是跻身"永嘉七子"及"瑞安十才子"的薛钟斗。

薛钟斗的父亲为岁贡生，当过私塾教师，知音律，喜欢文艺，曾加入瑞安文人雅士组织的以唱昆曲与散曲为主的"弹词班"。薛钟斗作为家中独子，甚受溺爱，自幼便随父读书，一起出入于各艺术社团之间，对民间传统戏曲和曲艺有极大的兴趣。入蒙学后就写得一手好文章，令老师同学赞叹不已。1905年升入瑞安高等小学堂，因成绩优异提前毕业，次年即升入瑞安公立中学堂。1910年冬毕业后，娶瑞安剧作家、诗人洪炳文的族侄女洪锦孃为妻，锦孃颇有文才，善诗能文，因而夫妇间常有唱和，为时人所羡慕而传为佳话。

1911年薛钟斗考入杭州法政专门学校政治科，1913年转入私立浙江法政专门学校法律科就读。这期间受邀兼任杭州《东亚小说旬报》编辑，也开始了自己的创作生涯，先是为报刊撰写诗词，后来亦写一些以古文为主体的散文，其中《仙岩游记》颇受读者好评。

1914年暑期，他从杭州放假返回故里，因父亲病故，家贫无法继续求学，便结束了学生生涯。他在日记中感叹："无才者固不可以求学，无财者独可以负笈乎？"在家乡他与同邑学友曹陶成、洪幼园、林丹臣、郑剑西、许达初、陈轶尘、周予同等人结伴出游，吟咏酬唱，情谊益深。在交往密切的诸友中，他与宋慈抱最为交厚，时人把他与洪锦龙、宋慈抱、李笠、伍偶、许达初、陈骏、周予同、李翘、郑剑西合称为"瑞安十才子"。

1917年5月，他赴杭州游学会友，邀集温州籍旅杭朋友成立"晦明社"，称其社旨在于"振起朴学，砥砺名节"。6月间，瑞安进士、翰林编修黄绍第的乘龙快婿、著名诗词学家冒广生出任瓯海关监督。冒广生才识超群，交游甚广，以奖掖人才为己任，十分赏识才华横溢的薛钟斗，特聘他为瓯海关邮电检查员，并邀请他与宋慈抱走进瓯隐园，专攻词曲之学。冒广生曾有诗作《瑞安两生行》："瑞安两生曰薛宋，弱冠卓荦工词翰。起予足使宣圣叹，早计未长蒙庄谩。斐然下笔事述作，各有千古心胸幡。"对薛、宋两人倍加赞赏，还将薛钟斗、宋慈抱和陈仲陶、夏承焘、李笠、李孟楚、李仲骞同称为"永嘉七子"。

1918年，梅冷生、夏承焘、陈仲陶等组织诗社，拟名"瓯社"，邀请薛钟斗入社，他撰《答瓯社同人书》长函，提出要更改社名，理由是"瓯江一名蜃江，又名慎江。当易瓯为慎，既动乡国之情，又作垂绅之诫，而不以地限人，更可广声气于四方"。此议得到全体同人的赞同。1919年初春，他加入慎社，主动热情参与雅集和《慎社丛书》的编写，与社友集资出版同人作品四册，深受社友的倚重。

冒广生1918年调京任职后，薛钟斗也回到故里。2月受聘为瑞安县立中学校国文教员。他思想开明，博闻多识，对国文教学胸有成竹，撰写了《中学校国文科教授之商榷》，对国文教学提出十条意见。9月，他参加了柳亚子、陈去病创建的著名文学团体——"南社"，并为南社领导人高旭所著的《闲闲集》作跋。1920年5月，与瑞中师生一起去游览北雁荡山，归来后撰文《北雁山游记》。

1919年11月，瑞安县第一个公立图书馆成立，孙诒让次子孙延楷为首任馆长。月后，便由薛钟斗继任馆长（仍兼任瑞中教员）。为充实馆内藏书，他撰写了一篇洋洋数千言的《征书缘启》，在瑞安城乡广为宣传，发起面向社会征集乡邦文献的工作，"旬日之间，近邑以书寄存者就达一万五千卷"，为地方文化建设功不可没。对失修百余年的邑志，他亦牵萦于心。1920年10月，在瑞安公立图书馆设立志科，并撰文《设立志科通告》，着力为续修《瑞安县志》做好人力及物质的准备。就在宏图方启、大展抱负之际，他却被一场暴疾夺走了年轻的生命。

薛钟斗兴趣广泛，博古通今，思维敏锐，才气过人，在戏曲创作方面硕果累累。1916年，他以温州民间传说为素材，撰写有《泣冬青》《使金记》《贞女木》《双莲桥》等传奇剧本。翌年，又为瑞安京剧社——琴娱社撰写了《永乐宫》《越虎城》《南楼记》等，文如行云流水，辞采清丽，令人遐想联翩。著名剧作家洪炳文给予很高的评价："悲壮淋漓，声情激越，雅兴题称。由此加功，青年猛进，柔克斋后，吾乡倚声之学其在足下乎！"

在戏曲评论方面亦颇有成就。冒广生曾创作《戏言》一卷，把温州南戏和永嘉学派的学术合称为"二霸"，完稿后请薛钟斗校补。薛以自己所见所闻，撰写了《戏言校记》，内容除介绍瑞安的传奇戏曲之外，并补充了明末瑞安王会昌所撰的传奇《觿姝姗》《绯桃咏》，乐清陈一球所撰的《蝴蝶梦》，以及洪炳文的一些戏曲作品，还对当时戏捐局、戏业会等机构以及温州戏剧演员逸事加以整理与评述。其《尚舞台人物志》，是对尚武台各行当主要演员的评论，成为研究地方戏曲史的重要史料。他曾通过《瓯海民报》，征集各界为当时温州第一代京剧演员、翔舞台文武花旦姜绮雯（艺名汉宫秋）的题诗吟咏，共收集312位作者的诗163首，词2阕，辑录为《绮语》，保留了一些当时文人的诗词，是研究地方戏曲史的重要资料。

他才华横溢，既是诗人、戏曲作家，也是文史学者。诗文潇洒纵逸，极富韵致，悉心集录近代乡贤逸事、地方掌故、民情风俗，以及同时代文人的诗文，编撰乡邦文献，成就显赫。

薛钟斗英年早逝，传世遗作近300万字，著有《孙籀庼年谱》《拙学斋古文钞》等，辑有《邑城西北隅志》《瑞安文征初稿》《西岘山志》《东瓯词征》《东瓯诗话》《月泉诗派》等，文史学家宋慈抱称他为"瑞安保存文献之志士"。其著述除生前发表于报刊外，仅《寄瓯寄笔》《西岘薛氏麋残集》《绮语》有油印本流传，其他都未正式刊行。

著述等身 声名著世
——俞春如

俞春如（1887—1974），名煦牲，字和卿，晚号春庐，居瑞安县城。清宣统元年贡生。1918年至1926年在瑞中任教，1930年至1943年在瑞安修志馆工作，1953年被聘为浙江省首批文史馆馆员，系瑞安县第一至第五届人民代表，县政协第一至第三届常委。学行修明，学殖深厚，著述宏富，著有《春庐诗文正续集》《春庐读书记》《易学发展史》等，共计100多万字。《温州市志》《瑞安市志》有传。

俞春如

2005年7月，由政协瑞安市文史资料委员会编辑的《俞春如集》出版面世，浙江省社科院研究员、《浙江学刊》主编林树建为之作序。序言指出："瑞安，钟灵毓秀，人文彬盛。特别晚清时期，俊彦辈出，济济多士。俞春如老先生便是这个学者群体中博学多识、著述等身的耆宿鸿儒。"

俞春如祖籍绍兴，清康熙间迁居瑞安，祖辈以儒为业，父亲俞黼唐（君尧）为知名学者，常年设馆授徒，门生中有著名历史学家、古文字学家戴家祥。俞春如幼承庭训，早岁从学池仲霖、周宗翰二师，少年俊才，脱颖而出。作文《论六经不亡于秦，而亡于汉》《论唐文三变》，以及论孔、老、墨学说，论三国史事等，因识解闳通，才华横溢，得到两师的赞誉："议论闳博，魄力沉雄。""抑扬往复，深得名大家门径。""文笔灏瀚，气盛言宜，笔锋犀利，绝无滞机，具见读书有识，定当破壁高骞。""切实精当，有笔

《俞春如集》

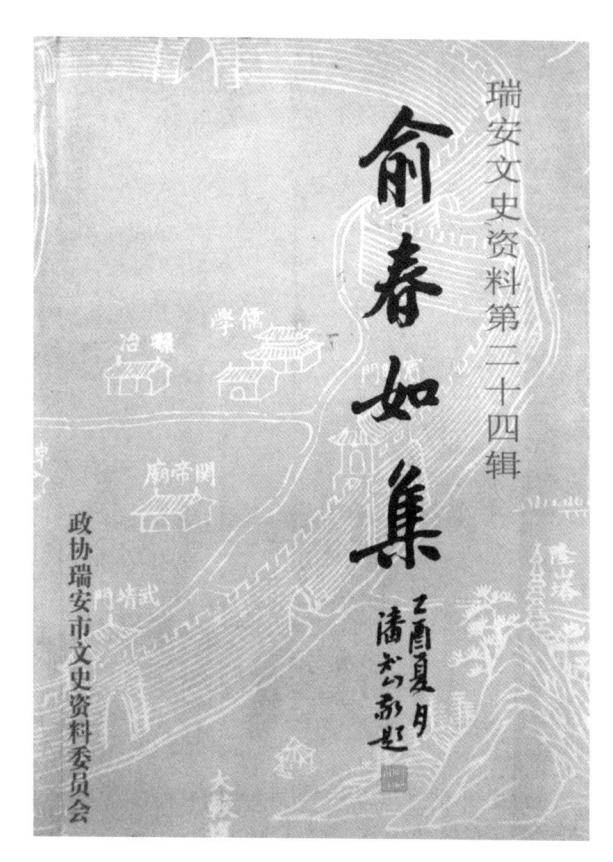

有书。具此文骨，细加研讨，将来定成作家。"

他16岁应童子试入庠，宣统元年（1909）拔贡，为省试第三名，成为清末温州最后一批拔贡之一。他的拔贡卷被省提学使、巡抚批为"思清笔健""文笔清通，迥不犹人"，总批为"合校诸艺，识解闳通，才华飚发，经经纬史，并擅厥长，信非疏陋剽窃者所能道其只字，隽才伟器，企予望之"。次年进京复试，亦名列前茅，授直隶州州判。由于清王朝的覆灭，而未入仕途。

民国初期，时局动荡，他遵循父训，株守家乡，恪守清白，安贫乐道，开办私塾，一心一意从教著文。1918年2月至1926年受聘为瑞安中学国文教员，执教八年，兢兢业业，孜孜不倦，奖掖后进，声绩颇著。学生在学界有名者不乏其人，瑞安革命先烈林去病、郑馨、黄得中、张䂮、张之玉

民国时期瑞安首个民间诗歌团体云江吟社

均为其学生。

  1928年他在《瑞中校刊》(创刊号)发表《文章通论》，这篇论述作文技法的力作，全文约3000字，不仅对当时瑞中学生的写作技法有重要的指导意义，即便今日仍有实用价值。林树建教授曾赞曰："俞老在文中不谈布局、谋篇、安章、择句，而匠心独具，专论立诚、孕气、取义、翻新、求纯、存厚、达意、谐调等为文要领，见解卓异，足以启迪后学。"

  1933年，颇有诗才的俞春如加入民国时期瑞安首个民间诗歌团体——云江吟社，与宋慈抱、郭弼、项葆桢等吟诗作赋，成为吟社的中坚。1937年受聘为瑞安县修志委员会委员，参与《瑞安县志》大事记、氏族门、经籍门的编纂，认真负责，多方搜罗，不遗余力，直至1946年《瑞安县志稿》分篇印行后，仍继续搜集补正不已。现遗存瑞安玉海楼的民国县志稿《大事记》《氏族》《经籍》等8卷中，尚有他的补遗、正误等眉注手迹，蝇头细字共50余条，数千字。

  他家国情深，谨慎严正，以慎行为人生底色，内心则洋溢着爱国忠贞之情。抗战时曾挥笔创作慷慨激昂的《抗战歌》。新中国成立后，坚持与时俱进，积极参加社会活动，连续受聘为瑞安县政协第一届至第三届常委，并兼任社会工作组组长，主持和组织城关社会人士政治学习小组，定期学习，寒暑无间。1962年，政协瑞安县委员会在第二届工作报告中，对"城关社会人士学习小组，每周二天，已经坚持了六年"给予了表扬。直至"文革"开始，政治学习会才被迫停止。作为瑞安县接连五届连选连任的人大代表，他恪守代表职责，密切联系群众，倾听民意民声，协助政府推进工作，在城区安装自来水、在大沙堤建菜市场等提案，均很快得到政府部门的采纳并实施，为百姓民众办了实事、好事。

晚年他转向文史研究，1953年6月被浙江省人民政府聘任为省文史研究馆首批馆员，系温州地区首批十人之一，也是瑞安籍最早的三名馆员之一。为省文史馆撰写《瑞安自然灾害之回忆》《瑞安人民反帝斗争》等瑞安地方文史资料20多篇，开新中国瑞安地方文史研究之先河。1952年夏，他协助县文管会，组织张宋颀、宋慈抱、李孟楚、唐澄士、周彧甫等知名人士将搜罗到的私家书籍1万余册，进行翻晒、整理、分类、编目，为地方积聚了一大批历史文献。

他还是研究瑞安方言的早期学者，1960年整理的《瑞安方言》，专以独特的瑞安方言为研究对象，广征群书，互为对照，力求从古籍考证上寻求其音、义的来源和嬗变，掯摭极博，考释详尽。

"文化大革命"初期，社会动荡，他已81岁高龄，仍伏案撰成专著《易学发展史》，这是他一生博览众说，治易不辍的综合成果，也是一生学术的重点所在。易学名家代不乏人，易学著述浩如烟海，他坚持博观约取，悉心爬梳剔抉，钩玄提要，分别考证自原始画卦、《周易成书》以及从周、秦汉、三国六朝、唐、宋元、明、清至民国、现代等八个时期易学的发展，广为搜罗，涉及历代治易学者180余人。他研究易学重在义理，尤其注重和接受以近代科学知识来诠释。其阐述穷本极源，脉络分明；源流派别，一目了然；广备异说，然后断以己见。

文学是他一生研究的又一着力点。著述有《春庐文史稿》的《文学篇》《文话》《诗话》和《春庐读书记》第4集。其中的《文话》和《文章通论》，形成姊妹篇，提出作文的"八大端"和"十义例"，体现了他在"文论"上的一贯重要思想。撰于民国时期的《春庐诗话》，共 100 余则。卷上诗论，卷中诗评，记述读诗作诗心得、诗词评论；卷下乡贤诗萃，对孙衣言、孙锵鸣等 20 多家诗作均有搜罗和评价，是地方艺文的重要史料。

"声名著世，瑞安政协尊耆宿；著述等身，浙江文史有遗篇。"俞春如一生读书、教书、写作，经历了晚清、民国、新中国三代，学行修明，学殖深厚，钻研过科举的经史之学，更重视全国各个时期以及家乡的民间文化、地方文献，学术研究范围涉及经、子、史、文、方言和地方文史等。他淡泊名利，不趋附，不羡荣华富贵，孜孜于学，手不释卷，辛勤钻研，午夜忘倦，每有所得，便潜心著述，累积成篇，可惜不少书稿在十年浩劫中散佚。现存著作有《春庐诗文正续集》《公余吟墨》《春庐诗钞》《春庐诗话》《春庐丛脞录》《春庐文史稿》《谈谈老子》等，共计 10 种 100 多万字，不愧为瑞安深有名望的文史学者，受到人们的尊重。

瑞安女学第一人
——吴之翰

吴之翰（1876—1931），原名树湝，字子屏，清廪贡生，瑞安陶山桐溪人，后迁县城第三巷，1922年受聘为瑞安县立中学校国文教员。平生忧国忧民，为人刚正不阿，富有远见，勇于创新，仗义疏财，不惮劳怨，热心地方公益，尤其为地方近代女子教育事业做出了很大贡献，是瑞安清末民初的重要历史人物，被誉为"瑞安女学第一人"。《温州市志》《瑞安市志》有传。

吴之翰

在瑞安邮电北路一侧，遐迩闻名的德象女子高等小学堂（以下简称"德象女校"）的楼亭，至今还矗立街边，这座颇具西式风格的敢心亭，是德象女校标志性建筑，现为瑞安文物保护单位。德象女校是瑞安第一所近代女子高等小学堂，创办人吴之翰先生被誉为"瑞安女学第一人"。

吴之翰为晚清廪贡生，在维新运动和教育救国思潮的影响下，深怀兴学图强的决心，热心地方教育事业，兴办学校，为家乡百姓开蒙启智。1902年至1906年，他参与了三所小学堂的创办。1902年和饶方猷、周之冕在县城显佑庙（今瑞安玉海第二小学）创办西北蒙学堂。1906年春，在县城卫房宫（今瑞安剧院）创办毅武女子初等小学堂，接着又与萧仁果在县城小沙堤原玉尺书院创办德象女子小学堂，同年将女学蒙塾及毅武、宣文等女子初等小学堂并入，扩大学校规模，定名为"德象女子高等小学堂"，开了瑞安女子高小教育之先河。据《浙江教育官报》1908年刊载的《1907年全省学务统计表》统计，瑞安女学生人数达95人之多，名列全省之冠。

德象女校旧址

　　创办德象女校的困难之大，是后人无法想象的。旧时谓"女子无才便是德"，不赞成女子入学读书，尤其女子到了十二三岁谈婚论嫁的年龄，不可随便抛头露面，动员这些女孩入学，面临巨大的阻力。吴之翰不畏艰难，亲自登门家访，苦口婆心地说服女孩家长。其时，乡先哲孙诒让亦给予大力支持，把女儿孙韵箫送进德象女校入读，为世族世家子女入学起了榜样作用。

　　为鼓励更多的女孩入学，吴之翰办学不仅不收学费，还自行捐垫教习脩金，甚至自费购书本纸墨资助学生。他创办女学的初衷是："女之子者国民之母也，为国民之母，而无智识无学问以教养其未来之国民，亦何贵乎有此无用之母氏耶？"为鼓励女生学习毅武自强的精神，规定入校女生的名字中凡含有"莺、燕、花、柳"等字，均要改为"毅、武、强、华"。

　　他富有远见，注重女生的体育活动，特地聘请瑞中体操教员为女生上体育课，倡导女子要解放自身，还要为国家的富强贡献力量。他敢于打破"男女授受不亲"的旧习，力排众议，聘用10多名男教员在女校任教，曾撰写《论现在女学必须参用男教员之理由》一文。

1928年德象女校并入瑞安县立中心小学，创办22年来，毕业学生达千余人，培养了一批民国才女，为地方近代女子教育做出很大的贡献。

1922年2月，吴之翰受聘为瑞中国文教员，因学识渊博、思维敏捷而深受学生欢迎。据瑞中1929年毕业的中科院编审黄宗甄回忆，吴老师曾在敢心楼以夜校形式开办中文进修班，招收约30名瑞中学生，亲自执教，每周上课三个晚上，教学内容以《古文观止》为主，辅以唐宋八大家和清代桐城派的文章。学生在敢心楼既可进修还可寄宿，张之玉（张志玉，瑞中1928年毕业，革命烈士）当年也曾在此楼进修住宿。

吴之翰原居瑞安陶山桐溪，家境优渥，后迁居县城第三巷。思想开明，富有家国情怀。庚子事变后，与孙诒让、林文潜等共创"演说会"，每逢朔望日公开演讲国内外新闻，宣传维新救国，他时常滔滔不绝，以至力竭声嘶，日晏人散才归。他曾筹建"诗词改良会"，制止社会上演《摘樱桃》《鬼打贼》等淫戏和凶残戏曲，虽遭到地方恶势力的抵制，却坚持言人所不敢言，为人所不敢为，大有"虽千夫所指，吾独往矣"的豪气。

五四运动前后，他积极投身平民教育，创办半日制学堂，学生半天读书，半天做工，使失学的贫民子女也有机会读书识字。五卅运动时，他已年近六秩，仍满怀激情与青年人一起参加反帝斗争。当时米荒严重，不法奸商从飞云江偷运大米到海上高价出售，他带领学生阻拦奸商漏海粮食，查获后就地平价卖给平民百姓，因而激怒当地权贵向省政府诬告，遭到无端通缉。

吴之翰富而不奢，生活俭朴，热心公益，古道侠肠，凡有利民生的事都带头去干，筑桥、修路、办学校、兴水利，为民办实事不惜千金。为人敢做敢当，不顾风险，不避利害，坊间不少人讥笑他"憨"，对此他面无愧色，却对"憨"情有独钟，索性把自己捐建及自费建造的亭、台、楼、阁、社、园、池、桥等八处建筑都冠以"憨"字，并自号"八憨老人"。

宣统初年，西临西河的德象女校，因东西两岸没有桥梁，西岸学生必须绕一个大圈方可到校。为方便师生及民众的来往通行，他自费在校边建造了东通小沙巷、西通第三巷的桥梁，名为"憨桥"，邀请瑞安书法名家池志澂为之题联。

池志澂素来钦佩吴之翰情系桑梓的善行义举，欣然应允，但认为以"憨"名桥不大文雅，便将憨字拆为"敢心"两字，撰联云："湖上桥，桥上亭，亭上楼台，廿载经营，公真果敢者；壁中石，石中书，书中姓氏，千秋纪念，我亦有心人。"巧妙地把"敢心"两字嵌在上下联语最后第二字中，隐喻造桥者果敢、有心的初衷。吴之翰亦在《敢心桥记》中正名："是非具有果敢之心者不能，亦非具有敢人所不敢者不为也。因名其桥曰敢心桥。谓其亭曰敢心亭。"如今敢心（憨）桥荡然无存，但敢心（憨）亭及石壁对联犹在，成为后人敬仰的一处古迹。憨桥对联的来历，亦成为佳话在瑞安民间流传。

瑞安飞云渡是浙闽商旅必经之地，因管理废弛，1905年8月渡船失事，造成溺死13人的惨剧，一时地方哗然。吴之翰闻讯后挺身而出，发起创立"飞云江义渡改良会"并任会长，以不怕得罪人的勇气整顿飞云渡，制定新章程，革除旧弊端，完善义渡船工的选考制度，定期检查修理船只，捐建扩建南岸码道，并新建北岸待渡亭。经过改良后的飞云渡，便利了江上往来行旅，对城乡交流，繁荣瑞安经济起到了积极作用。

吴之翰性情耿直，刚毅正气，不畏怨谤，曾为自家正门、正堂、书房撰写以表心志的联语："任重道远；事修谤兴。""无我无人，憨痴顽诞；不忮不求，磊落光明。""招愚人怨，好弄笔墨；凛知事戒，勿报睚目。"

邑人深为敬佩吴之翰先生的正直刚毅、不惮劳怨、急公好义、乐济善施的精神，曾著文为其做生动的写照：

吴君贞心毅力之强，自不可及，十年来奔走地方日不暇给，席不暇暖。其一往无前之勇气，百折不回之耐力，真所谓千山万岳，一时崩坼而不以为意；怒涛骇浪，蓦然号鸣而不改其容。

中国音乐学术泰斗
——缪天瑞

缪天瑞(1908—2009),笔名穆静、穆天澍,瑞安莘塍南镇人,1924年瑞中(旧制)毕业。上海艺术师范音乐科毕业后,1927年在瑞中执教过音乐。历任温州师范教员、台湾省交响乐团副团长、《人民音乐》主编、中央音乐学院副院长、天津音乐学院院长,是我国著名的音乐辞书编纂家、翻译家、教育家,中国音乐教育事业开拓者、中国律学基础理论奠基人。著作有《缪天瑞音乐文存》等。《瑞安市志》有传。

缪天瑞

历经岁月沧桑及战乱动荡,瑞安中学保存的教师名录并不齐全,一些早期教师的大名因而湮没。原先只知道中国音乐学术泰斗缪天瑞先生系瑞中1924年毕业生,然而拜读过瑞中1929年毕业的中科院编审黄宗甄先生的《二十年代的瑞中学习生活》一文后,才知道缪老不仅曾是瑞中学子,还曾是瑞中的音乐教员。"一日为师,终身为父。"虽然他在瑞中教学时间并不长,学生却忘不了自己的老师。

缪天瑞是我国著名的音乐辞书编纂家、律学家、翻译家、教育家,也是中国音乐教育事业的开拓者和中国律学基础理论奠基人。他出身瑞安莘塍的名门望族,其缪氏家族屡出名人,如对数视力表的发明者、眼科专家缪天荣教授,国家环保局总工程师、环保工程专家缪天成研究员,复兴书局特约编纂、台湾师范大学缪天华教授等,都是各自专业领域里出类拔萃、声名显著的人物。

温州艺术学院绘画作品展览会（右二为缪天瑞，1927）

缪天瑞自幼失怙，由祖父和叔叔带大。祖父爱好音乐，擅长洞箫吹奏，经常与一些乐手在家中合奏，天瑞幼小的心灵深受影响。1914年就读聚星小学，音乐教员能弹会唱，使他接受了良好的音乐启蒙教育，培养了对音乐的兴趣。1920年考入瑞中就读四年（旧制），音乐和英语成绩特别突出。为支持他学习音乐，叔叔缪晁从学校借风琴、到日本购乐谱供他弹奏练习。在课余兴趣小组，他选修京胡和二胡，在严格的音乐训练及瑞安"胡琴圣手"郑剑西手把手的辅导下，其演奏技法进步飞速，对音乐艺术有了更深的理解。郑剑西先生十分看好他的音乐天赋，把自己拉奏的二胡送给他。

1923年6月年经瑞中音乐教师的推荐，他考入上海艺术师范音乐科，师从吴梦非、丰子恺、宋寿昌等，主修钢琴。1926年毕业后，先是回家乡在温中附小登坛施教，1927年到瑞中任音乐教员，继而创办过私立温州艺术学院，历任武昌艺校乐理、钢琴教员，江西省推行音乐教育委员会钢琴演奏员，中小学音乐教学视察员及《音乐教育》月刊主编。

1938年8月在温州师范任教，曾为该校校歌谱曲。后来赴重庆教育部音乐教育委员会参与主编音乐杂志《乐风》，担任过重庆音乐学院讲师，福建音乐专科学校教授兼教务主任，主教和声、对位、曲式、作品分析、钢琴等多门课程。1946年10月，受台湾省交响乐团邀请，任编辑室主任、副团长，主编台湾省首种音乐期刊《乐学》（双月刊）。

1949年国民党政权崩溃时，他毅然从台湾回到家乡瑞安。新中国成立后，他北上天津，担任刚组建的中央音乐学院研究室主任、教务主任，后来任副院长。1958年中央音乐学院迁往北京，他留下来组建天津音乐学院，并担任院长24年之久。1983年辞去天津音乐学院院长，任中国艺术研究院音乐研究所研究员、博士研究生导师，是改革开放以来国务院批准的第一批博士研究生导师。

他曾任《人民音乐》首任主编、天津市政协副主席、天津市文化局副局长兼河北省文化局副局长等职；并当选为全国人大第三、四、五、六届代表。1991年起享受国务院政府特殊津贴，1999年荣获文化部第一届文化艺术科学优秀成果特别奖，2001年获中国音乐家协会首届金钟奖，并获终身荣誉勋章。

缪老精通英、日、德三国语言，一生著述等身，著有《中国音乐小史》《基本乐理》等20多部，其学术代表作《律学》出版50年来四易其稿，为中国现代律学学科开创理论框架，成为这一领域的奠基性著作；主持编纂的《中国音乐词典》《中国大百科全书·音乐舞蹈卷》《音乐百科词典》等一系列卷帙浩繁的辞书，为我国音乐界第一批权威工具书，改变了20世纪初中国人无处查找音乐术语的窘境，在中国近现代音乐发展史上具有里程碑意义；系统翻译了美国音乐学家该丘斯的理论著作《音乐的构成》《曲调作法》《曲式学》《和声学》等，成为20世纪中国专业音乐教育领域中最初的教科书，为中国作曲技术理论的逐渐成熟和广泛传播奠定了基础，影响了几代学人。

缪老为中国音乐理论研究倾注了一生的心血，在近80年的音乐生涯中，早年大量翻译、编写音乐理论书籍，中年在律学研究上卓有成就，晚年主持编撰了数部大型音乐辞书，以其独特的建树，泽被几代音乐人，在中国音乐史上立下不可磨灭的业绩。他醉心专业，心无旁骛，兢兢业业，锲而不舍，耄耋之年仍笔耕不辍，汇集80年来几百万字的学术成果《缪天瑞音乐文存》，就是在期颐之年逐字修订、逐篇归类的。中国艺术研究院音乐所所长张振涛教授曾这样赞叹："望九之年的学者不多，望九之年还在写作的学者更不多，百岁高寿仍然笔耕不辍的学者就如凤毛麟角。而像缪天瑞这样已达百岁高寿还在跨入21世纪后的几年间写出十余万字的学者，恐怕真是独步海内、绝有无双了。"

2007年7月12日，《缪天瑞音乐文存》《百岁学人缪天瑞——庆贺缪天瑞百年华诞影集》首发式暨缪天瑞先生百岁华诞纪念座谈会在人民大会堂浙江厅举行，中央政治局原常委、副总理李岚清亲笔题写了"百岁学人缪天瑞"。

身为一代宗师，缪老一生淡泊名利，潜心治学，谦和自律，是后辈高山仰止的人生典范。他的长寿秘诀就是心胸豁达，以平和淡泊的心态对待生命中的每一天，即使面对"文革"的冲击，蒙羞打扫厕所五年，下放徐水农村拾粪积肥，也处之泰然，恬淡自如，心静似水。"人生朝露，艺术才是千秋"是他的人生感悟，也是他的人生写照。

乡愁是永恒的情结。缪老惦念家乡和母校，尽管50多年没有回过家乡，但对当年在瑞中读书的情景记忆犹新，曾满怀深情地说：

瑞中老师对我的影响很大，这是一所有光荣传统的学校，格外重视汉语、英语和数学等课程。我感谢瑞安中学老师对我的培养。当时，老师特别强调背课文，不论是汉语还是英语都要背，不管懂不懂，不懂也得背！还有英语的语法课，书中没有中文，我们仍是背。由于我在学校把背书当成了习惯，不觉得苦涩，因此英语基础比较扎实，21岁时就翻译了美籍俄国钢琴家、教育家列文的《钢琴弹奏的基本法则》一书，那是1929年。这比苏联翻译出版此书还早了50年，而且在国内一直发行了80年，至今仍有家长领着学钢琴的孩子，怀揣《钢琴弹奏的基本法则》一书让我签名。如果没有瑞安中学的基础教育，那是不可能有这本翻译作品的。所以，我是很感激母校的，人要有感恩的心。

穿长衫、留八字胡的文史老师
——周彧甫

周彧甫（生卒年不详），又字郁文，名鸿文，瑞安林宅人。博学多识，精通文史，瑞安图书馆协会发起人之一。1927年开始在瑞安中学任教国文、历史，担任过《瑞中校刊》总编辑，1928年在《瑞中》（创刊号）上发表《中国文学常识》。20世纪40年代在平阳中学、联立中学任教，是《浙江省平阳中学校歌》的词作者。毕生奉献于教育事业，名列"抗战时期温州部分名师"。

1927年孟春，大革命后的瑞安局势豁然开朗，一切都充满生机。1916年就已经在校任教的英语教员胡旭（哲民）被瑞中学生会推选为瑞中新校长。他年富力强，思想比较开明，拥护新文化运动，"新官上任三把火"，先后聘请了洪特民、林维猷、周彧甫、王懋生、缪天瑞、林炜然等一批德才兼备的新教师。

周彧甫，名鸿文，博学多才，国学功底深厚，精通历史知识，20世纪二三十年代在瑞中执教国文、历史，担任过《瑞中校刊》总编辑。1928年出版的《瑞中》（创刊号）上，出自他笔下的诗文有：《春雨》："几番瑟瑟复潇潇，路上行人魂欲消。云淡山明才露影，烟深柳暗又迷桥。龙孙长处新泥滑，鸠妇声中春意饶。日暮登楼穷远望，满江新涨碧天遥。"《鸟声》：

"角枕粲粲醉梦中，忽闻百啭小楼东。曾从帘外悲春暮，惯向枝头怨落红。一缕轻烟啼晓日，半天细雨唤清风。嘤嘤以把深情诉，惹却愁人恨未穷。"《和杨君游仙岩》："青螺数点列高岑，涧户萦洄石径深。山瀑频喧疑急雨，松风乍响讶鸣琴。幽禽无语出空谷，疏磬有声度远林。一片春光摩诘画，盈川应放短长吟。"以及《中国文学常识》等。

中国科学院建院耆老黄宗甄是瑞中1929届学生，他的国文老师就是周彧甫先生。黄宗甄在《二十年代的瑞中学习生活》一文中回忆说：

周彧甫老师每隔一周要我们作文一次，他批改评分后，按照得分多少的次序发还学生。我记得吴大勋等同学总是头几名，激发了同学们对学习国文的兴趣。少年时期读中学时，好老师是主要的，当然还需要本人的努力和天赋。

瑞中1936届秋季毕业的学生王治文撰写了《周彧甫先生的八字胡》，来怀念自己的历史老师：

当年除中、英、算三科为主要科外，其余都属次要科。在次要科中，我最喜爱的是历史，因我国五千年文化以及几十个朝代的兴亡成败故事，引起我的无限兴趣，其次就是周彧甫先生的教学方法更增加了我对历史课的爱好。

20世纪30年代母校教师大都属长衫族，而在长衫族中留有胡须者唯周先生一人耳。周先生外表严肃，不苟言笑，当时一站上讲台，先用锐利的双眼环视教室一周，然后两指捋一下胡子，轻轻咳嗽一声，室内顿时鸦雀无声，连最顽皮的同学也不敢做一个小动作。周先生教历史课不拘泥于课本内容，而是以讲故事的形式来诠释历史事件，说到激动处，捋胡子的频率越高。比如，讲历代的农民革命，从"苟富贵毋相忘"的陈胜，到"他年我若为青帝"的黄巢，再到闯王李自成，以及太平天国的洪秀全，引经据典，娓娓道来，台下津津有味、静寂无声。当时他的观点就很"新潮"，对待农民革命持肯定态度，有时还称之为义军，尤其在讲述李自成时更为详尽，把"冲冠一怒为红颜"的吴三桂指为汉奸，对太平天国内部的互相残杀深感惋惜，怒其不争也！

我觉得周先生的这种教学方法是可取的，能使学生易于理解便于记忆。

当然，这需要老师的"仓库"里有丰富的史料知识与扎实的文学功底。周彧甫先生以及他讲的无数民族英雄的故事，为我的人生增加了克服困难的毅力。如今一想到周先生，首先映入眼帘的便是他那一撇一捺、威武不屈的八字胡。

1930年9月，周彧甫和瑞安文化名人张扬、李笠、曾约、李翘等14人发起，建立了瑞安历史上第一个图书馆协会，也是当时全省唯一的县级图书馆协会，专门从事图书馆学的研究和联络从事图书馆界同人的感情，以促进图书馆事业的发展。

1936年1月在瑞中初中毕业的台湾中原大学教授李森南回忆：

我十几岁时，读书于瑞安初级中学。三年之间，国文老师四位。他们是林圣嘿、周彧甫、吴弭斋、蔡执盟四位先生。当时已流行白话文，课本头两年采用开明书店、北新书局印行的活页文选，第三年采用商务印书馆的完整教本。大概是林、周二位老师，教我们同学读鲁迅的《孔乙己》《白光》《老调子已经唱完》……

20世纪30年代末，平阳县筹创平阳中学，1941年5月新校舍大楼竣工落成。周彧甫曾执教平阳中学，至今仍在沿用的《平阳中学校歌》，就是当年由他和陈八孚共同作词的，歌词曰：

凤山之麓，弦溪之东，抗战时期诞生我平中。

艰难缔造，告厥成功，巍巍学舍，依傍黉宫。

萃多士于一堂，非惟科学之是攻。

三育并重，中西汇通。

行见，人文蔚起，械朴芃芃。

为国家之桢干，为社会之先锋。

1952年夏，在俞春如先生的组织下，他与宋慈抱、李孟楚、唐澄士、张宋颀等知名人士将搜罗到的私家书籍1万余册，进行翻晒、整理、分类、编目，为地方积聚了大批历史文献。

周彧甫先生毕生奉献于教育事业，《温州教育史志》将他列入"抗战时期温州部分名师"。

我国资深雷达专家
——王懋生

滋兰树蕙 瑞安中学前辈名师风采录

王懋生（1907—1977），浙江瑞安人，1923年瑞中（旧制）毕业。浙江大学1927年毕业后，曾任瑞中物理教员、瑞安电厂工程师。抗战期间，任国民党中央防空学校教官、贵州大学教授。新中国成立后任南京第720厂总工程师，被华东军区空军司令部评为创造模范，是资深的雷达专家，为我国雷达事业发展做出卓越贡献。1961年获朝鲜"千里马"奖章，1964年当选为第三届全国人大代表。《瑞安市志》有传。

王懋生

阳春三月，春意盎然，草长莺飞，鸟语花香。在一个风和日丽的上午，我与久违的老工友王建炯相约小聚，聊起他的父亲、我国资深雷达专家王懋生先生的生平，并逐件端详其先父的遗物：

中国人民解放军华东军区空军直属党委会1950年8月颁给王懋生的模范奖状；

中国人民解放军华东军区空军司令部、政治部1950年9月1日颁给王懋生的喜报，表彰他改进雷达提高效用，评为创造模范，并出席本部全军英模代表大会；

全国人民代表大会常委会1964年11月颁给王懋生的第三届全国人民代表大会代表当选证书，还有第三届人大代表出席证及代表的集体合影；

中国人民解放军空军1985年12月发给王懋生的起义人员证明书；

国营720厂1977年11月为王懋生所做的追悼词及讣告……

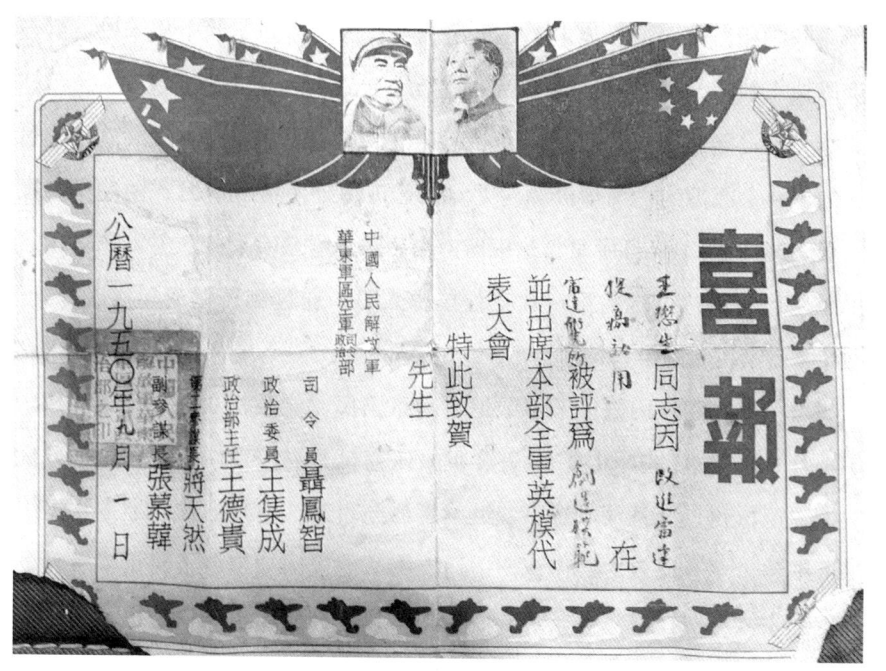

中国人民解放军华东军区空军司令部、政治部颁给王懋生的喜报

这些珍贵的遗物彰显了我国资深雷达专家王懋生总工一生的功绩和荣耀，不由人不肃然起敬。

王懋生祖辈系温州龙湾区永中街道殿前村人，清末时由李浦（今殿前村）迁往瑞安城关。他自幼聪慧好学，1923年以优异成绩从瑞安中学（旧制）毕业，考入浙江公立工业专门学校（浙江大学工学院），1927年毕业后，即被瑞中聘为物理、数学教员，其渊博的知识和精湛的教学技能，给学生留下深刻的印象。1929届瑞中学生黄宗甄对王老师的上课情景还记忆犹新：

王懋生先生执教物理学，解释各个定律和原则，凡涉及发明者创立者，也会提到这些物理学家的生平逸事，引起学生们的敬仰和学习兴趣。

翌年，他转任瑞安电厂工程师，是瑞安电力厂创始人之一。

20世纪30年代初，王懋生在杭州笕桥中央航空学校任教。抗战爆发后，调任国民党中央防空学校教官兼贵州大学教授，后在国防部六厅雷达研究所任工务组副组长，从事无线电技术研究。由于旧中国科学技术落后，工业基础相当薄弱，无线电工业更是微乎其微，作为无线电技术发展到新阶段标志的雷达技术，在当时几乎是一片空白，根本没有研制和生产雷达的能力，只能从事一些维修。1945年8月，日本投降后被国民政府接收过来的100余部雷达，均遭破坏，无一完善可用。1946年8月，国民党参谋总长陈诚训令："降日所缴雷达机器，交由第六厅负责整修，并计划运用。"王懋生作为雷达技术的第一代工程技术人员，通过刻苦钻研和实践探索，逐步掌握了雷达的维修技术。

由于国民党在内战中节节败退，南京国民党党政机关纷纷南逃。1949年1月6日开始，作为国民党重要军事研究机关的南京雷达研究所也分批次撤退至杭州，准备伺机行事，继续南撤至台湾。但是在杭州地下党组织深入细致、卓有成效的工作下，雷达研究所的爱国知识分子葛正权所长以及王懋生等一些技术军官，下决心要把雷达研究所留下来，为建设新中国出力。于是采用拖延战术，拒绝继续南逃，并积极开展护所斗争，将雷达整机、器材、文件资料予以封存。1949年5月3日杭州解放。5月4日，雷达研究所完整地被解放军接管，为新中国雷达事业保存了一批宝贵的人才和设备，从此我国雷达事业进入崭新的历史时期。当年11月，华东军区航空处南京办事处召开评功授奖大会，表彰雷达研究所职工护所功绩，总共有42人立功受奖，葛正权所长等二人荣立一等功，王懋生等6人荣立二等功，还有34人荣立三等功，同时宣布护所的职工按起义人员对待。

葛正权、王懋生等为新中国雷达事业所做的贡献，正如华东野战军七兵团教导团指导员、雷达研究所第二任军代表刘子真所说的："原雷达研究所人员起义，为我军保存了在当时极为宝贵的现代化雷达设备和新中国建设极其需要的雷达研究人员，并在此基础上组成我军历史上第一支现代化雷达部队，其功绩是不可磨灭的。"1983年10月20日，中国人民解放军空军政治部发文《关于伪国防部六厅雷达研究所人员按起义人员政策对待问题》，1985年南京市人民政府向原雷达研究所105名人员颁发了起义人员证明书。

新中国成立后，王懋生全身心投入国防建设之中，历任第一电讯技术研究所南京电讯修配厂工务组长、课长，技术监督科科长，四机部第720厂副总工程师、总工程师等职。他作风严谨，兢兢业业，勇于探究，热情支持新课题、新技术。解放初期，他对雷达进行技术改进，大大地提高了效用。1950年9月，被华东军区空军司令部评为创造模范，出席全军英模代表大会。

耿海军在《中国雷达：警惕而明亮的眼睛》一文中如此叙述：

1955年，我国自行设计的第一部雷达在南京雷达研究所诞生，主要设计人为王懋生、徐脉衍。这是一种P波段中远程防空警戒雷达，探测距离远，维修方便，工作可靠，1956年3月定型投产，命名为406型雷达，投入部队后深受欢迎，是20世纪50年代中国雷达部队的骨干装备。

王懋生是睿智务实的专家，特别重视技术创新理论，注重提高兵器的战术技术性能，在他的主持下，有关人员改进了514自动测角器，受到使用部队高度好评。在720厂，他被评为先进工作者，曾荣获三等功、四等功和二等生产奖。

作为总工程师，在科技创新的路上，敢为人先。20世纪60年代初，半导体技术在我国尚是年轻研究项目，他就十分重视半导体器件的应用，重视半导体技术的交流和探讨，率先在720厂开展电源半导体化研究与实践。电子计算技术在我国尚未广泛应用的时候，他就组织有关人员进行电子计算机的技术探讨，并牵头试制了波办计算机。

他工作认真，恪尽职守，作风正派，深入实际，对技术精益求精，为我国无线电及雷达事业的发展鞠躬尽瘁，为国防建设做出不凡的贡献。1961年获朝鲜"千里马"奖章，1964年当选为第三届全国人大代表，曾任中国电子学会江苏分会理事、第三届江苏省政协委员。

"四人帮"被粉碎后，王懋生不顾身患重病，在两个人的搀扶下参加江苏省万人大会，会后十分激动地写道："我应当竭尽绵力，再做科技工作……"令人痛惜的是，1977年10月22日，他因再次脑血栓合并肺部感染而溘然长逝。

720厂在追悼词中说："王懋生同志的逝世，使我们失去了一位能为国防建设事业服务的重要技术骨干，是我厂向国防现代化进军的一大损失……"

滋兰树蕙——瑞安中学前辈名师风采录

美术名师 画菊神笔——金作镐

金作镐（1906—1998），字仲坚，笔名云江，瑞安县城大沙堤人，上海新华艺术大学毕业，著名花鸟画家。曾任瑞安中学美术教师、温州师范副校长、温州市工艺美术研究所所长、温州市工艺美术学校校长、中国美术家协会常务理事、浙江美术家协会常务理事、浙江省工艺美术学会常务理事等职。国庆10周年受邀上北京天安门观礼，1960年被评为浙江省暨全国先进工作者，并参加全国文教群英大会。《瑞安市志》有传。

金作镐

"我能设计出五星红旗，从小受美术老师金作镐先生的启蒙教育，至关重要。"中华人民共和国国旗设计者曾联松如是回忆。

1928年，曾联松以优异成绩考入瑞安中学，在美术老师金作镐的教诲熏陶下，对书画发生了浓厚的兴趣，由此打下扎实的书法功底和美术基础。在瑞中，还有一些爱好美术的学生，如唐唯逸、郑鹍等，经过金老师的悉心指导并通过自身的努力，后来成了知名画家。

金作镐是著名的花鸟工笔画家，也是温州美术教育界、工艺美术界耆老。他在自述中说："我出生于瑞安一个喜欢收藏书画古玩，喜种花卉的家庭，祖父是私塾先生，母亲会画花样，擅刺绣，在这样的环境里耳濡目染，我走上了从艺道路。"

他幼时即酷爱习画，5岁便开始描摹家藏书画，受清代永嘉画菊名家黄芝芳的影响，14岁便能作四尺中堂花卉。后来师从瑞中美术教员、画家洪蓉轩，专习花鸟。民国十三年（1924）考入刘海粟创办的上海美专国画系，得到潘天寿、谢公展、张聿光等名家的亲授。上海美专因学潮影响停办后，转学至上海新华艺术大学续读，直至毕业。

毕业后先在温州女中任教，1928年受聘为瑞中艺术教员。他学贯中西，画技精湛，教学认真，经常告诫学生：若想完成一幅好作品，要善于构思，提高观察力，还要多读书，使神与形恰到好处。

1946年2月，他调温州师范学校执教。1956年温师升级为学院，越两年开办美术大专班，他任美术系主任，教授花鸟画，同时兼任温州市中学美术教研组大组长一职。1959年被任命为温州师范学院副校长。

1957年至1960年，他先后被评为温州市优秀共产党员、浙江省先进工作者、浙江省文教战线积极分子、全国劳动模范，光荣出席全国文教系统"群英会"。新中国成立10周年大典时，应邀赴京参加国庆观礼活动，登上天安门观礼台，受到党和国家领导人的亲切接见。其时，温州市教育系统提出"学

金作镐作品

金作镐创作中

习金作镐，人人争做劳模"的号召，他成为当时温州教育界人人崇仰的楷模。

在教书育人之余，他积极从事花鸟画创作。1957年创作的《东篱秋色》，参加在杭州举办的中国画展，与苏昧朔、方介堪、孙孟昭、戴学正、林晓丹等合作的巨幅国画《百花齐放》，在温州中山纪念堂展出，广受好评。这个时期，他的代表作有《梅竹双清》《菊花牡丹图》《紫藤春色图》《凌霄寿鸟图》《墨荷图》等，作品陆续参加全国、省、市美展，或在专业美术刊物上发表。

1962年，温州市为发扬瓯塑、瓯绣、黄杨木雕、石雕等传统工艺，成立了温州市工艺美术研究所，会集了金作镐、蔡笑秋、苏昧朔、方介堪、孙孟昭、戴学正、叶曼济等浙南地区最有成就、最有名望的书画家和工艺美术名家，由金作镐担任所长并兼温州市工艺美术学校校长。

研究所人才济济，创作繁荣，精品迭出，获奖频频，许多作品被国家收藏或作为赠品，成为当时温州对外交流与接见领导的重要窗口之一，曾接待过彭德怀、谭政、郭沫若等人。他创作的《百花飞燕图》《艳艳箱中菊》等大幅花鸟画稿,被制作成有温州特色的工艺品瓯塑大屏风和瓯绣大壁挂,陈列于北京人民大会堂浙江厅。《飞雀百花图》《白鹤玉兰图》被送往欧、非五国展出,还有一些作品参加全国工艺美术展览会及在北京、上海、南京、厦门等地展出,或赠送给外宾。

作为研究所所长和兼工艺美术学校校长,他坚持研究所与工艺美术学校相结合,积极开展教育教学和科研活动,为发掘浙南民间工艺美术做了大量的研究工作,培养了两届毕业生,对民间工艺企业在职人员进行辅导、培训,为温州的"瓯绣""瓯塑""艺雕""画帘"培养了一批工艺美术新秀,为浙南地区重点工艺美术企业输送了一批技术骨干人才。

金作镐美术教育和绘画60余年,前期主要从事美术教育工作,其画作受海派艺术的影响,作品注重笔墨意趣,色彩清新典雅。后期从事工艺美术研究工作,画作因受工艺制作限制,偏重形似,色彩上汲取东瓯民间赋彩,采用浓艳重叠,富有立体感。

他擅长画花鸟,尤善画菊,人称"画菊神笔"。为画好菊花,他在居室周围亲手种植各种各样的菊花,精心观察研究花朵含苞、待放、怒放以及正侧、俯视、向背等不同形态和角度,认真研究花托、花蕊、枝叶等各部分的不同结构。爱菊、种菊、赏菊、画菊,以菊为邻、为友为师,数十年如一日,注意观察,注重写生,先后勾勒过500多个品种,绘成3000多幅菊花画稿。他以"半工粗"笔法画出的菊花,颇含诗韵,潇洒典雅,或龙飞凤舞,或亭亭玉立,阔瓣如莲座荷花,细瓣像松针发丝,玲珑满目,巧奇天为,千姿百态,姹紫嫣红。其代表作之一《胜似春光图》,1964年为庆祝新中国成立15周年而创作,画面取毛泽东主席"不似春光、胜似春光"的诗意,作品充满生机、活力,表现了菊花傲风凌霜、玉骨冰心的高尚气质,令人赏心悦目。

他的画作笔墨流畅,格调沉雄秀美,画风严谨,功力深厚,技法娴熟,一花一木,皆雅致挺拔,潇洒明丽,不拘泥于国画的旧程式,洋溢着英姿勃发的时代精神。"文革"浩劫中,他被污蔑为"反动学术权威",画作受

"批判",被烧毁。他并不气馁,曾写下"怡情养性勤挥笔,再写黄菊二十年"的豪壮诗句,年近古稀时仍用坚强的意志、顽强的毅力,孜孜不倦泼墨作画,重新描绘"胜似春光"巨作,以"春风满面""金背牡丹""霓裳飞舞""天红地黄""十丈珠帘""赤线金钩""二乔斗艳""珠玲翠月"等名贵菊花入画,画中菊花傲霜挺立、凌寒盛开,正如一诗人所赞颂的"严霜知劲节,秋意胜春光",这也正是老画家不屈不挠精神的真实写照。

他为美术教育、艺术创作投入了毕生精力,一生作画不计其数,出版的作品有《花卉册》《菊花》等,遗作还有《万紫千红——百花系列》《百菊图》等。他不仅在教育和艺术领域业绩辉煌,留给人们许多美的享受;在待人处世方面,淡泊名利、无私奉献的精神和踏踏实实、清清白白做人的高尚品德,也是留给后人的精神财富。

金作镐先生堪称一代名师,获得过许多荣誉,曾担任中国美术家协会浙江分会常务理事,浙江省工艺美术学会常务理事,温州市第二、三届人大代表和政协委员,温州市文联委员,温州市美协二、三、四届顾问等,深受人们的尊崇。

春风时雨 ——唐敬庵 解惑追韩

唐赟（1908—1966），字敬庵，以字行，瑞安人。上海大夏大学肄业后毕生从事教育事业。1929年始在瑞安中学任数学教员，担任过总务（事务）主任、教导主任，大嵩分部、初中部主任等职。瑞安解放前夕曾到永嘉中学、建国高商等校任教，瑞安解放后重返瑞中。著作有《代数学讲义》《循环小数》。曾任瑞安县第二届人民代表，为瑞安县政协委员。1966年在"文革"运动中惨遭迫害，以死明志，含冤辞世，1979年获平反昭雪。《瑞安市志》有传。

唐敬庵

2007年11月24日，唐敬庵先生百年诞辰纪念会在瑞安中学隆重举行。这场瑞中校友自发组织的纪念会，与会者有瑞中领导和唐敬庵老师昔日学生及亲属200多人，大家汇聚一堂深切缅怀为教育事业奉献一生的唐敬庵老师，追思他高尚的师德品行和精湛的教学艺术。纪念会上分发了《解惑追韩——纪念唐敬庵先生百岁冥诞》纪念文集，《上海瑞中校友通讯》也特地增发了纪念专刊。

唐敬庵祖籍陶山唐宅山下，出身望族，后移居瑞安县城水心殿街。幼年聪慧好学，1925年瑞安中学（旧制）毕业后，就读温州中学高中部，1928年考入上海大夏大学（今华东师范大学）数学系。不久，因父病故，生计窘迫而辍学回乡。

1929年，受聘为瑞安中学数理教员，开始了为其奋斗终生的教育事业。

唐敬庵纪念文集《解惑追韩》

唐敬庵先生木刻像（原载《瑞中校刊》）

他是20世纪60年代的瑞中教师中校龄最长的一人，在瑞中曾担任总务（事务）主任、教导主任、大岺分部主任、初中部主任及数学教研组组长，几十年如一日，恪尽职守，勤勉履职。

新中国成立前夕，他和广大爱国知识分子一样，期盼建立团结、民主、进步的国家，反对国民党反动派的倒行逆施。当时瑞中校长虞执中秉承国民党当局的旨意，疯狂镇压学生民主运动，激起他的强烈不满，为此毅然拒绝校方的聘请，1947年7月离开了工作近20年的瑞中，辗转永嘉中学、建华中学任教。

1949年5月瑞安解放之后，瑞中广招贤才充实教师队伍，文教科项维新科长多次上门恳请他重返瑞中，出于对瑞中的深情厚谊，他欣然应允。新中国对教育事业的重视，使他信心倍增，以教书育人为天职，兢兢业业，任劳任怨，深受领导器重和学生爱戴。1952年当选为瑞安县第二届人民代表。1956年被推选为瑞安县政协委员，并多次被评为先进教育工作者。

1966年5月，"文革"风暴席卷全国。其时，一些不明真相的人对

欢送同学参加军校,唐敬庵前排右一（1951）

他日夜批斗、百般污蔑,在无端毁谤的凌辱下,7月11日他含冤投河,决然以死抗争,讨回原本属于自己的尊严。他在遗嘱中留言:不白之冤,一定会水落石出。粉碎"四人帮"后,终于阴霾散尽,春回大地,1979年1月17日,瑞安县教育局为他召开平反昭雪大会,推翻了一切污蔑不实之词,洗净污秽,恢复名誉。

唐老师在瑞中执教了一辈子（只有两年在外校教学）,30多年如一日,为教育事业恪尽职守,乐育菁莪,可谓桃李满园,德高望重。他仅有大学肄业学历,但是通过刻苦自学,数学造诣颇深,曾出版过《代数学讲义》《循环小数》两本专著,教学业绩亦有口皆碑。学生们深深记得:唐老师讲课思路清晰,推理缜密严谨,善于应用提示、启发、分析的方法,由浅入深、耐心启发,逐步诱导同学们打开思路,把推理严密的几何和逻辑严谨的代数讲得清楚明白、风趣易懂,没有枯燥乏味之感,常有豁然开朗的喜悦。一些学生说,就是因为喜欢唐老师的课,而喜爱上了数学这门学科。瑞中1942届初中学生沈美英在《忘不了我的母校》中回忆:

我的代数、几何、三角都是唐老师教的,他教了我们整整三年,是一位兢兢业业的好老师。他虽然有点大舌头,但讲起课来,非常清楚易懂。他批改作业也非常认真,如发现问题,马上把同学找去,不厌其烦地一而再,再而三地讲解,直到那位同学完全弄懂为止。如果发现是一般同学易犯的通病问题，他就把这个问题搬到课堂上详细讲解清楚，使同学们都受益。他是一位永远不知疲倦的老师。

瑞中1941届学生、中科院上海药物研究所研究员曾衍霖说：

唐老师在黑板上画圆，有一手独特的本领，先点出圆心，然后大笔一挥，一个很规范的圆形便出现在我们面前。画圆不依靠圆规，可以体现他对教学业务的钻研精神。

作为传道授业解惑的师者，唐老师矢志教育，治学严谨，备课一丝不苟，作业坚持面批面改，全批全改，常在学生作业本上做眉批，指出错的原因，赞扬好的解法。如遇学生求教，总是有问必答，还在房间里备有一块小黑板，边演算、边讲解，直到学生弄懂题目为止，因而身前身后经常围拢学生，仍乐此不疲。在瑞中完成初、高中六年学业的中科院院士孙义燧在《唐敬庵先生，深切怀念您》中回忆说：

我在初中时学习比较好，数学也学得不错，这跟唐先生的高水平的教学和对我的热情关心和帮助分不开的。记得，我每次做完习题后，都是直接到唐先生的宿舍由唐先生当面批阅，并指出哪些题目做得好，哪些做得不很好。有些题目我认为已经做得不错了，但唐先生有时会给我指出更好的解法，这一点对我的教育很大，当时也受到很大的震动。我想，我为什么想不出唐先生指出的更好、更巧妙的解法呢，深深地感到自己的确学得不是很好，并经常以此事鞭策自己。

"学高为师，德高为范。"唐老师宅心仁厚，平易近人，爱生如子，亲密无间，时常为有困难的学生慷慨相助，使不少学生铭感肺腑，终生不忘。如1951年入校的初中生伍龙，因父母双亡成为孤儿，生活全无着落，又因家庭成分问题，无人敢于收留，面临失学流浪的困境。唐老师得知其遭遇后，以极大的爱心，力排众议，为之申请争取到甲等助学金和减免费，并时时给予关心鼓励。伍龙后来考上重点大学，在《大仁大德唐老师》一文中深情地说：

唐老师就像再生父母，及时为我撑起了头顶的那一片天！他无微不至地关怀学生，大仁大德不胜枚举，真是人人敬仰的好老师。

唐老师为人正直，淡泊名利，勇挑重担，不计得失。1941年4月瑞安沦陷，为避日寇侵扰，瑞中在文成创建大峃分部，赵熙为分部主任。赵熙辞职后，王超六校长便将分部重任委托给唐敬庵，面临重重困难，他毫不推辞，迎难而上，毅然将儿子汝贤也迁到分部就学，全身心地投入学校管理之中，创造了较好的学习环境，使大峃分部成为抗战时期瑞中学生安心学习的大后方。

1946年2月，初中部主任胡经舒（今虚）辞职，金嵘轩校长请唐敬庵继任此职，他又毫不犹豫地接过重担，不仅教学、训导一手抓，还照常兼教数学课。新中国成立初期，为了培养工农学生，他接受了夜校教学并兼任班主任，身兼日夜班的双重教学任务，经常忙碌到深夜而毫无怨言。他勤奋踏实的工作精神，令人可敬可佩！

唐敬庵老师为教育事业奉献一生，"时雨春风，解惑追韩"，就是他毕生的精彩写照！

滋兰树蕙 教泽宏深
——黄质中

黄质中（1903—2002），字文斌，瑞安永丰街人，1923年瑞中（旧制）毕业后，考入上海艺术师范大学，1928年毕业于上海法科大学法律系。历任海宁、金华、温州、玉环等地中学教员。1929年、1949年两次应聘为瑞中教员，曾任瑞安县教育局局长，当选为瑞安县临时参议会参议员、瑞安县第一届参议会参议员。新中国成立后，连续四届当选为玉环县人民代表兼县人民委员。名列温州教育史馆"现代教育著名教师选介"，入选《温州当代人物》。《瑞安市志》有传。

黄质中

世纪老人黄质中先生93岁时曾手书一副自勉联："得失塞翁马，襟怀孺子牛。"这副联语是他期颐人生的写照，也是他松龄鹤寿的秘诀。

黄质中，字文斌，出生于清光绪二十九年（1903），家中世代务农兼工，三个哥哥都继承父业，从事农务兼泥水匠，且精于绘画和雕塑，这种手艺当时在民间盛行，因而颇有名气。他从小在家耳濡目染，无师自通，也能画画，会雕刻。苦于家境清贫，迟迟未能上学，后来经父母节衣缩食及三个哥哥的资助，才送至县立高小就读，毕业时已17岁了。

为了将来有个好出路，他放弃学手艺的打算，投考了瑞中。在周宗翰（小苓）、张棻（次石）等名师教导下，进步神速，成绩名列前茅。平时除课堂上认真学习外，每逢星期六下午，与王茂生、林去病、陈明达、郭演九、陈楚淮等同学相约集中座谈，讨论有关时事及各科学习心得，获益匪浅，1923年以优异成绩毕业于瑞安中学（旧制）。同年，考入上海艺术师范大学，立志发奋苦练，遨游艺术殿堂。在一次师生作品展览会中，他创作的《无量寿佛》和《秋菊》两幅国画，深受徐悲鸿和陈抱一两位名师的青睐，得到推选并获奖。

1924年暑期，因家庭遭受劣绅的欺凌，被平白无故勒索了100多银圆，三位兄长深受刺激，认为弟弟学艺术不会有多大出息，轮番劝其"改行"，以便博得"一官半职"，为家庭争气。黄质中无奈放弃自己喜爱的绘画艺术，在当年秋考入国立自治学院（后改名国立政治大学），改学政治与法律。

黄质中素来思想进步，家国情怀浓郁，在校积极参加学生运动。1925年春，上海日本纱厂工人顾正红被枪杀，导致群情激愤，纷纷罢工罢课以示抗议，五卅惨案由此爆发。随之学校放假，濒于瘫痪状态。他与大部分同学因此转学上海法科大学（后改名上海法政学院）。1928年暑期大学毕业后，经同班同学史良的介绍，进入国民革命军政治人员养成所学习。由于军阀混战，养成所被解散，他应聘为海宁县中山中学教务主任。

1929年春，他回家乡受聘为瑞中教员。5月被浙江省教育厅委任为瑞安县教育局局长。为尽快提高瑞安的教育质量，他一方面举办"县小教暑期讲习会"，聘请教育名家谢冰秋、陈纯白老师主讲，以提高教员的教学水平。另一方面改进学校工作，重新部署人事，因而引起部分守旧派的不满。他深感办事棘手，便辞去局长职务。翌年，应省立金华中学聘请，由此在金中任教了13个年头。

1942年夏，日寇侵犯金华，学校被迫解散。他从战火中逃出，徒步从金华经武义、宣平到丽水，然后雇船顺瓯江东下抵温州，再回家乡瑞安。其时，全家大小十余人的生计，全赖他一人维持。翌年春，他受聘在省立温州中学执教历史、地理，课余持其法政大学毕业时获准的律师资格，开办"黄文斌律师事务所"，每星期风尘仆仆来往于温州、瑞安之间，一边教书一边为人办案，以求全家的温饱。

他教书育人，爱生如子；爱国爱乡，主持公道。在瑞安中学就读时，即与林去病（中共瑞安首任县委书记）、陈明达、郭演九等思想进步的同学要好，与守旧派水火不容。后来林去病遭国民党当局通缉时，他曾资助林去病20银圆，帮其隐蔽。在温中任教时，当学生运动领袖安邦遭受学校当局开除威胁时，黄质中立即与几位教师挺身出面担保，使安邦学业不辍。作为执业律师，他以为民伸张正义为宗旨，公正办案，坚持为维护正义据理力争，为民申冤。他曾承办令全国瞩目的北洋工学院学潮诉讼案，站在学生一方仗义执言，深受民众的赞扬。

1946年、1947年，他先后当选为瑞安县临时参议会参议员、瑞安县第一届参议会参议员。因多年从事教育工作，深感教师生活清苦，他向大会提出"提高教师待遇改善生活案"和"慰劳教育界老前辈董仲璇、刘法道两老师案"，两案一经提出，便得到议员一致通过，并同意各致慰劳金一万元。翌年，他又提出"慰留瑞安县立中学金嵘轩校长案"，亦获得参议会通过。

新中国成立后，他再次应聘为瑞中教师。1950年被指派参加省中教讲习会学习，学习结束后，受温州专署委派任玉环县一中（楚门中学）教师，直至1963年5月退休。他忠诚于教育事业，教学认真负责，兢兢业业，多次被评为先进工作者，荣获嘉奖，担任过校工会主席，从1955年开始连续四届当选为玉环县人民代表兼县人民委员，1959年作为玉环县唯一的教师代表，被选派赴省总工会疗养院疗养。

黄质中一生崇尚勤俭，安贫乐道，以博览群书、泼墨挥毫自娱。自奉俭约，不抽烟，不喝酒，每每领到薪水，只留下一点零用钱，其余全部作为家用。他严以治家，教子有方，以朱柏庐治家格言为座右铭，要求子女熟记于心，作为立身处事准则。每逢暑假回到家中，便督促子女早起背诵英语，上午朗读《古文观止》，午饭后练习毛笔大字，下午交一篇作文或日记，其余时间阅读古典小说或世界名著，使子女从小打下科学知识和文学素养的良好基础。子女都受过高等教育，且多就读国内重点大学，毕业后成为国家栋梁，人称"科技世家"。

黄质中对母校瑞安中学一往情深，1996年瑞中百年校庆时，他撰贺联云："前哲披荆斩棘，谱写千秋创业史；后学继往开来，乐见百年展宏图。"2010年，其儿子黄本华（中国铁道部电气作局总设计师、勘测设计院总工程师，瑞中1941级学生）和黄本诚（中国空间技术研究院北京卫星环境工程研究所副所长、北京航空航天大学博士生导师，瑞中1955届高中毕业）为促进瑞安文化建设，实现黄氏先辈遗愿，发起并筹措资金100万元，在其父亲的母校并两度任教的瑞安中学，设立"永丰七黄"奖学金，每年取息奖励瑞中高一、高二年级成绩优异的学生，和优秀生中家境清贫的学生。

教泽宏深，桃李芬芳，毕生奉献教育的黄质中名列温州教育史馆的"现代教育著名教师选介"，入选《温州当代人物》。他退休之后，昔日学生不忘师恩，经常有人远道前来登门拜望。曾在楚门中学读书的知名女作家、省作家协会主席叶文玲曾专程赴瑞安看望恩师，并动情地说："没有黄老师的勤勉训导，我不会有今天的500万字作品。"2001年黄老百龄华诞，时任瑞安市市长钱建民亲自为他赠送亲笔题写的"教泽宏深"匾额以示祝贺。

诲人不倦的硕学通儒
——陈燕甫

滋兰树蕙　瑞安中学前辈名师风采录

陈燕甫（1864—1947），名琮，以字行，世居瑞安东门丰湖街。清廪生，瑞安的硕学通儒，1893年心兰书院26名创办人之一。国学功底深厚，毕生从事教育，曾任温州中学、瑞安中学国文教员，一生培养众多人才，声誉卓著的有数学家苏步青、古文字学家戴家祥等。《瑞安市志》有传。2000年，其外孙鲍士旦、鲍景旦在瑞中设立"陈燕甫文科奖教奖学基金"，以缅怀先人，激励后学。

陈燕甫

　　陈燕甫，清廪生，瑞安硕学通儒，光绪十九年（1893）心兰书院的26名创办人之一。国学功底相当深厚，精通先秦文献，兼及《论衡》《文心雕龙》《史通》《文史通义》等，且崇尚科学，喜爱天文、数学，对梅文鼎的《梅氏丛书》、徐光启编译的欧几里得《几何原本》及《墨子·经上》《墨子·经下》的光学、力学原理非常入迷，有较深的研究。乡人赞誉：所有几何、三角、代数乃至物理、化学，一看就懂，一用就会。

　　作为科举制度下的知识分子，他思想前卫，辛亥革命后，曾响应孙中山先生"耕者有其田"的主张，一度在沙塘底建住宅亲自种田，其独特的个性昭然可见。

　　一生矢志教育，以传道授业解惑为业，先后在省立十中（温州中学）任国文教员近20年，博学多才，满腹经纶，除英语、体育、手工、图画之外，天文、历史、地理、数学、物理、化学、动植物、修身等课程都可随时开课，且见解深刻独到，人称"一代奇才"。每逢上课，学生一见他拿着点名册的身影，就争先恐后拥进教室，聚精会神地听讲。不论上什么课，他都胸有成竹，激情洋溢，表情丰富，语言生动，有很大的吸引力和感染力。他倡导多读多记，敢于批评章太炎狂妄自大，梁启超淹博不专，胡适之质美未学……师生们对他的渊博学识和教学能力敬佩不已。

燕甫先生具有传统文化铸就的学人风骨，为人处世个性突出，正直侠义，疾恶如仇，敢怒敢言，不怕得罪人，深受人们敬重，也为权贵奸佞所畏忌，受人暗算排斥。因仗义执言，常当众称道黄人望、洪岷初、刘次饶、朱隐清等前任校长知人善任，被温中时任校长解除聘约。对于劳苦大众，又特有感情，一次在街上看到一个男人因家庭贫穷无奈卖妻，当场便拿出自己一个月的薪金予以救助，避免了一个家庭的破碎。

1921年他被温中解聘回家，瑞中国文教员林涤夫爱才惜才，希望表舅燕甫先生能"得天下之英才而教之"，便把一心想学国学的瑞中学生戴家祥推荐给他作为受业弟子。燕甫先生与戴家祥见面时，赠其八字"勤能补拙，俭可养廉"。

燕甫先生的教学与众不同，除阐述各家学说之外，还加以综合比较，根据各历史背景，分析其精华所在。对课文亦不逐章逐句详解，而是吃透作者写作意图，按自己的理解，深入剖析。戴家祥曾以自己亲身感受，在《怀陈燕甫先生》中如此回忆：

我向陈老师学的主要是先秦文献，时间在晚饭后八至十点，四年时间，计有二十二部子书，再加《论衡》《文心雕龙》《史通》《文史通义》，只是《黄帝内经》说自己搞不懂，推荐我向吴子霖先生请教。陈老师对我的教学方式，概括起来有四方面，把作者的某篇关键，加上密接的旁点；把具有最大说服力的警句，加上密切的旁圈；把自己的心得体会，用小楷写在书眉；另外把那些最突出的警句，随手抄录在小本子上，又在警句中意想不到的单字旁，加上三角符号，以便有一天在自己的写作上派着用场。总有说来，他的全部精力，用在备课方面，并没有对我逐章逐句地讲解。我呢，主要是得力于他的圈圈点点。陈老师运用这四方面的方法方式，把作者的意图完全吃透，用他自己的话讲，叫作"读得入脏"。现在回想起来，体会到真正过目不忘的人，是不存在的，道理或许就在这里。我由衷感谢他老人家，他那种把困难留给自己，把方便让给别人的高尚品德，深深地感动了我。

1925年清华大学开办国学研究院，聘王国维为导师。瑞中（旧制）毕业已有深厚国学基础的戴家祥，闻讯后决定投考，但遭到家人反对。陈老师素来崇仰王国维的才学，极力支持戴的志向，特地为其撰写推荐信。因军阀开战交通受阻，戴未能赶上当年的第一期招考，在1926年第二期招考中终于遂愿，成为国学大师王国维的关门弟子。

清华国学研究院入学条件极高，报考者大多是学有所成的青年学者，应届大学生也很少，而以中学学历报考的戴家祥，招考成绩排列第七名，这可谓奇迹，完全得益于陈老师的教学实力。当时研究院的考卷题目，几乎都在陈老师讲课范围之内，其渊博学识及精湛见解，由此可见一斑。戴后来声名卓著，成为华东师大教授、博士生导师、《金文大字典》主编，被誉为"金文研究第一人"。

1997年戴家祥在瑞中设立"林涤夫帮困基金"，以报答林涤夫介绍他成为陈燕甫受业弟子之恩；在给燕甫先生外孙鲍景旦信中说："我之所以能够考取清华大学是你外公一手栽培的，我能够走进你外公门下是得力于林涤夫先生。"

燕甫先生后来曾任瑞中国文教员，为国文教育尽展其才。直至七八十高龄时，仍在家设帐教学，以育人为乐，享誉乡里。当年的瑞中学生余振棠回忆：

1942年暑期，我和同学到陈先生家补习古文，每天上午去读两小时。开始时是跟陈先生读《史记》，后来应我们要求又读《昭明文选》。陈先生博学多才，我们要学什么书，他便教什么书，要读哪一篇文章，他就教哪一篇文章，他不用备课，随时都能把通篇文章讲解得清清楚楚。记得教《文选》里的《海赋》时，文中连续几十个字都是水字旁的，也只有在字典才能看到的冷僻字，陈先生都能一口气一字一音琅琅地读了出来，并做了详

清代阮元用过的砚台

尽的解说。这时已七十八岁高龄的他，若不是功底深厚，少年时熟读熟记是绝对做不到的……陈先生对我的影响很深，他那博闻强记的学习态度、诲人不倦的教师风范和与人为善的道德情操，为我的治学、教书、做人树立了活生生的榜样。

燕甫先生教泽绵长，桃李满园，声誉卓著的有数学家苏步青、古文字学家戴家祥等。2000年10月，其外孙鲍士旦（南京农业大学教授，瑞中1948届高中毕业）、鲍景旦（华东理工大学教授，瑞中1953届高中毕业）兄弟俩遵其母嘱，将祖屋折价12000美元捐赠给瑞中，以外祖父名义设立"陈燕甫文科奖教奖学基金"，以缅怀先人，激励后学。

2016年11月，鲍景旦校友向瑞中捐赠了外祖父燕甫先生收藏的清代乾隆进士阮元（伯元）用过的砚台，这方砚台长19.8厘米，宽12.4厘米，高3.2厘米，砚背刻有曾任湖广、两广、云贵总督，体仁阁大学士阮元的铭文：予自得之，如玉如金，千秋之下，谁与知音。丙辰仲春下浣日，阮元识。当年燕甫先生慧眼识珠，高价购得并珍藏的名家砚台，今日在百年名校绽放怡人的墨香。

矢志报国的体育先驱——蔡屏周

滋兰树蕙——瑞安中学前辈名师风采录

蔡屏周（1895—1959），名平庄，字镜清，号屏周，瑞安县城西门街人。1916年瑞安中学（旧制）毕业后留学日本东京高师体育系，1922年毕业归国。1930年受聘为瑞中体育教员。历任国立武昌大学、暨南大学、北京师范大学体育系教授，成都大学体育系主任，中华全国第四届、第六届运动会总裁判长。曾获国际远东游泳大赛第二名，专著有《体育运动与教学》《游泳训练法》等。《瑞安市志》有传。

蔡屏周

　　蔡屏周出身乡绅望族，其父蔡鸿初开有"蔡正和山货行"，家业殷实富裕。他从小聪颖好学，就读瑞安中学时，读书格外认真，各科成绩均名列前茅。少年时期正值清末民初，列强入侵，民众贫弱，中国人被称为"东亚病夫"，他争强好胜的性格深受刺激，同时也滋育了"强身健体，振兴民族"的信念。为此，他积极参加强身健体活动，如跑步、打球、游泳等。在瑞中运动会上，曾获得100米、200米和500米赛跑第一名，学校曾为他戴上大红花，敲锣打鼓送其回家。

　　他对中国武术更是兴趣浓厚，每逢寒暑假，都安排时间去拜师习武，先后拜过10多位拳师，学过北拳、南拳、五行拳、十二抬腿等武艺，练就一身武术功底，立志要在体育方面干出一番事业。

　　瑞中毕业后，作为家中独子，他不顾家人反对，不去继承殷富的家业，却毅然要去日本留学攻读体育专业。1916年9月，他东渡日本，先在东亚高等预备学校学习了一年多的日语，1918年3月官费考入东京高等师范学校体育系，实现了自己的留学初衷。

留学期间，他发奋学习，刻苦锻炼，在田径、球类项目上颇有建树，尤其是游泳、跳水方面成绩显著，多次在日本国内举行的运动会上获得奖项，崭露锋芒。他代表中国参加在日本举行的东亚运动会，获得游泳第二名，为当时中国罕有的国际赛事中获得名次的运动员。他优美的跳水姿势照片，被印在日本当年发行的邮政明信片上，照片下方写着"中国蔡君"，不仅名闻日本，在国内也引起较大的轰动，上海《申报》等报刊均有大幅报道。在京求学的瑞中校友周予同闻讯后，撰诗《蔡君东瀛夺魁赋》以贺："飞雁东瀛报喜来，翻飞健影跃高台。英姿焕发扬波起，豪气凌云破浪开。热血男儿雄心在，赤诚游子济时才。届时雪刷'病夫'耻，切盼中兴汉室恢。"

1921年暑期，蔡屏周回乡度假，与留日同学金嵘轩及周予同、李笠、林炜然、洪特民等一起创办"知行社"，倡导"知行务实"，联络瑞安进步青年，宣传民主思想，施行普及教育，以"知行图救国"。他积极宣传健身强体、增强民众体质、重视学校体育的重要性，时常到大操场为民众表演投标枪、跳高、单杠等体育竞技示范动作，并明确表示将以体育教学作为自己的终身志向。为了扩大宣传影响，他毅然在众目注视下，单身横渡激流滚滚的飞云江，成为瑞安游泳横渡飞云江第一人，一时传为美谈。

1922年，他以优异成绩毕业于东京高师体育系，毅然谢绝留日本当游泳教练或体育教师的高薪聘请，不留恋日本富裕的生活条件，决意回国执教体育，圆其体育强国之梦。1923年，他应聘为国立武昌大学体育系教授，开始了追求已久的体育教学生涯。

满怀着对体育教育事业的赤诚，他以崭新的教学方法及扎实的体育竞技功底，将健身强体、为国争光的理念贯穿于整个教育教学过程，以令人耳目一新的教学风格和令人信服的教学效果，获得校方及学生的欢迎和好评。

1924年年底，他被上海暨南大学特聘为体育教授。在教学中，他坚持因人施教，善于总结提高，在《教育杂志》《中华教育界》等刊物上发表了《体育教学》《体育与民众健康》等论文，为我国体育教学的理论研究拓开了新路。

1926 年，他接受北京师范大学的聘请，担任该校体育系教授并兼任附中的体育主任。1928 年，他受聘为中华全国第四届运动会总裁判长，该届运动会 1930 年在杭州举行，受大会筹备会的邀请，他南下杭州参加筹备工作，为运动会的顺利召开做了大量的工作，也取得了不凡的成绩。

运动会结束后回到家乡瑞安，其时留日老同学胡哲民在瑞中担任校长，为加强师资力量，正在广揽名师，在胡校长的诚挚邀请下，为回报母校的培育之恩，他欣然受聘为瑞中体育教员。赫然有名的大学教授到初级中学授课，有人说是大材小用，他依然专心致志、毫不马虎，讲课生动活泼，示范动作规范精美，富有实效的教学，深受学生喜爱，学生下课后经常围聚在他的住处，聆听他讲述有关体育知识和体育趣闻。之后又承教育家金嵘轩的推荐，到温州省立第十中学任体育主任，任教了一个学期。

20 世纪 30 年代初，在国立成都大学首任校长张澜先生再三邀请下，蔡屏周应聘担任了成都大学体育系主任并兼国立成都师范大学体育系教授。国立成都大学、国立成都师范大学、公立四川大学三校合并为国立四川大学后，他继任四川大学文学院体育系主任。在此期间，撰写出版了《体育运动与教学》一书，这是他多年对体育运动认识和教学经验的总结，成为当时国内体育教育的参考书。

1935 年 10 月，中华全国第六届运动会在上海举行，他再次受邀担任总裁判长，并参加筹备组织工作，担任田径跑道及游泳池的设计和监造。运动会闭会后，他担任游泳指导员，培养了一批出类拔萃的游泳运动员，不仅在国内比赛中取得好成绩，有的还参加了国际比赛。他也被聘为远东国际运动会裁判，并撰写了《游泳训练法》一书。

抗战期间，因其父去世，他从四川辗转回乡治丧、守孝。此后时局动乱，交通阻滞，他与四川大学失去联系，未能重返教坛。在无比忧虑之中，曾吟诗以抒心怀："关山如许烽烟阻，雾雾朦胧促白头。热血男儿空自负，豪情壮志欲何求？都江水堰川流冷，丞相祠堂不胜愁。度日如年常忆旧，梦魂几次戏猕猴。"

1941年"四一九"瑞安沦陷后，他不顾威逼利诱，严正拒绝参与地方维持会，为避骚扰，举家到山区避难。抗战胜利后内战爆发，连年的战乱阻止了他重返大学教坛的行程。

新中国成立前后的一段时间里，他主要从事著书与书籍翻译，内容大都与体育尤其是与游泳有关，可惜定稿后没有机会出版。年近花甲时，他仍壮心不已，写信给时任中华人民共和国副主席的老友张澜先生，要求继续任教，为体育教育事业贡献余生。张澜先生把他推荐给浙江大学，在与浙大接洽过程中，因受相继而来的"运动"影响，最终未能遂愿。

1959年12月12日，蔡屏周带着病痛和遗憾撒手人寰，享年65岁。临终前写下一诗："多事之秋缠病身，平生夙愿已沉沦。泳书几本今犹在，留待他人好问津。"

"文革"浩劫中，他珍藏的留学及任教大学的照片，以及运动会奖章、奖品和著作、书稿、藏书等，荡然无存，令人惋惜不已。

淹通群籍 多才多艺
——李逸伶

李逸伶（1880—1946），名篝，号闲云道人，居瑞安县城浦后街巷石山房。晚清温州府学生员。1909年毕业于浙江两级师范学堂优级博物科。历任温州中学、温州师范学校、温州女中、瓯海中学、瑞安中学、浙南中学等校生物教师30年。一生淡泊明志，多才多艺，通群籍，精韵律，善剑术，擅医药，专生物，工于诗。著有《李逸伶诗集》《药林随笔》等。《温州市志》《瑞安市志》有传。

李逸伶

1949年4月，著名文献学家、时任私立江南大学教授的李笠先生，为《李逸伶诗集》作序，序中云：

乡前辈李逸伶先生，自幼聪明过人，凡文史、韵律、百氏之书，一经过目，辄洞识其要。淹通群籍，且善剑术。精研博物学，其余《诗经》《楚辞》中，草木、虫鱼、鸟兽之熟习，如数家珍。沉浸昆曲弹词，郢事多能，洞箫吹奏尤独步于东南；与同好者组有"乐群社"，使瑞安城内常闻丝竹之声。诗才英发，出句天成，有名家之风。又擅岐黄之术，曾悬壶以济世。先生纯朴笃恭，雅好自然。笠小时曾师之，故深知其为人。

李笠教授的序言为我们揭示了一位淹通群籍、多才多艺、纯朴笃恭、雅好自然的旧知识分子形象。

李逸伶名篝，出身书香世家。清乾隆三年（1738）太高祖李光斗中武科亚元后所建的李宅大院，有水榭歌台之胜，取"拳石频堆起泰山"之意，称"卷石山房"。李逸伶便居住于此，这是清代以来瑞安老县城内最具文化内涵和文化意境的一处私家园林。占地面积虽然不大，却是一方清幽天地，有假山岩洞，亭台水榭；有水池石桥，香花绿树，设置"醉月坪、留云洞、咏锦池、听松楼、洗砚亭、锦屏岩、卧溪桥、读易庐"八景，尽显江南园林的秀丽美色。

在良好育人环境和家风的熏陶下，李逸伶自幼聪慧过人，16岁即考取秀才，青年时执教县城西北小学和东南小学，名列"瑞安十才子"的李笠、陈逸人都是他西北小学的学生。其时西学东渐，洋务运动兴起，清廷在福州创办福建陆师学堂，青年从军风气甚盛。李逸伶赴闽投考，名列榜首。闽籍学生因被浙江人夺去榜首，群情哗然，要求重阅试卷。主事者将考卷寄请经学大师孙诒让审核，认为公正无误，风波始告平息。然而，李逸伶感觉自己为人狷介，非军人之才，便离闽回乡。

后来他转往杭州，就读于浙江两级师范学堂优级博物科。宣统元年（1909）毕业后，应聘为浙江省立第十中学（温州中学）博物、国文教员，任教十年，培育了六届学生，声名卓著的有郑振铎、李超英、叶溯中、梅仲协、夏承焘、伍叔傥、苏步青等。在此期间，他还以擅长的岐黄之术，创设慧济医学社，招收生徒，讲授中国医药之学，为温州地区培养了很多中医师。

离开温州中学之后，他曾在永嘉、瑞安两地悬壶行医，为民治疗疾病，因其精通中医，擅长草药，深受百姓的信任。他志趣高雅，闲时或沉浸于昆曲研究，或弹琴歌唱自遣，或远出家门，游览各地名胜，足迹走过杭州、南京、苏州、普陀山、雁荡山等地，撰写了不少游历诗作。其间，还执教过温州女子中学。

1931年，李逸伶受聘为瑞安县立初级中学博物教员，薪金按钟点计费，每小时银圆五角，每周上课约10小时，以此维持全家俭朴的生活。他的生物教学，从不照本宣科，而是结合本地物产，深入浅出，既条理清晰容易领会，又生动活泼引人入胜，深受同学们欢迎。他经常在星期日带着对生物有兴趣的学生，出县城沿锦湖至愚溪，或到万松山、滴水岩一带采集标本，随采随介绍其名称性状用途和所属科名，激发大家学习生物农学的志趣。

1934年他辞离瑞中，居杭州西湖广化寺，以拉琴书画度日。回乡后深居不出，在卷石山房开馆，教授国文和医学，学生中有曾联松、许世铮、林汝贤等。

1935年，受聘为温州师范学校农业教员。其时，瑞安重修县志，特聘他编写物产门，他查阅文献，下乡采访，认真负责，必求翔实。对瑞安动植物、矿产分门别类，列出表格，注以拉丁文，尤其对林木、农作物、家禽家畜，按形态特征、用途产地，记述详备，为温属各县修志者所学习借鉴。

1939年2月，他在永嘉瓯北中学任生物教员，之后再次到温州中学担任生物、国文教员。"四一九"日寇进犯，永嘉、瑞安沦陷，温中师生疏散至青田水南，他亦随校西迁，写下《"四一九"避寇行》长歌，刊载于温州中学校刊。1943年告老退休后，闲居瑞安碧山，以寺为家，布袜青鞋，一箫一剑，授徒自给，意态晏然。

他平生尤喜琴棋书画、习武舞剑，洞箫吹奏技艺纯熟，堪称瑞安第一，时人甚为仰慕。他曾与瑞安名流陈鲁夫、王岳崧、洪炳文、项崧等人共同

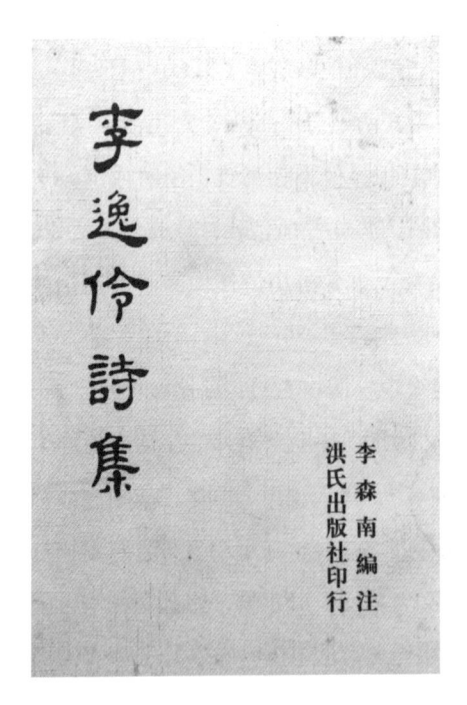

《李逸伶诗集》

创办业余音乐组织"乐群社",即民间所称的"弹词班",使瑞安城内常闻丝竹之声。

李逸伶淡泊明志,素以培育英才为乐,教学联系实际,注重观察与实验,对学生关怀备至,学生如有错误,他即当面指出,晓以做人的道理;学生如遇病痛,他施展医术,开几味中药让学生口服便能康愈。课余常以诗文自娱,弹琴击剑自遣,间以行医济世,游历山水。他安于清贫,性情高傲,旷达率真,拙于求人。有自述诗云:

吾生无他事,读书绍箕裘。吾生无他好,任性汗漫游。我生无他长,为学乐忘忧。吾生无他短,不恒承之羞……楚狂为伴侣,惠施为朋俦。凤歌笑孔子,蝶梦赏庄周。自我作今古,任人呼马牛。

李逸伶通群籍,精韵律,善剑术,通医药,又工于诗。著有《怡情雅集谱》《药林随笔》《月季谱》等。他早在少年时代,就诗才惊艳,崭露头角。此后诗伴人生,无间冬夏。其《李逸伶诗集》集诗240多首,有纪游、写景、叙情等佳作,诗才英发,出句天成,情景交融,俨然名家。1936年瑞安探花楼修复后,邑中能诗善文之士在楼旁隙地筑屋三间,在此结社吟诗赋词,诗社名便采用了他的取名,曰"陶社"。他曾赋探花楼诗一首:"探花遗迹已成陈,骚客留题墨尚新。科举功名身外物,礼经笺注袖中珍。青青草色寒侵幌,卿卿虫声静撩人。为写两行诗句在,也教博得十年尘。"

1932年,为纪念瑞安主簿、南宋著名诗人陆游,邑人将主簿署址改建为"瑞安公园",重建放翁亭、陆公祠等,并取陆游《泛瑞安江风涛贴然》诗之词语,名桥、池、阁、厅,曰:仰青桥、明镜池、蓬莱阁、一帆厅。李逸伶欣然为放翁亭撰写楹联云:"旧址筑新亭,故国犹留乔木在;小城临古渡,诗人谁继放翁来。"苦于当时家贫无钱付梓,此联直至他仙逝都没能上柱,成为其毕生的心结。

2004年11月7日,经瑞安市政园林管理局批准,李逸伶第五子、台湾中原大学教授李森南专程返乡,将父亲70多年前为放翁亭撰写的楹联,悬挂在瑞安湖滨公园桂雨榭亭柱上,遂了父亲的心愿。李逸伶先生的在天之灵,一定会感到莫大的欣慰!

民国时期的瑞中第五任校长——王锡涛

王锡涛（1908—1969），字伯川，世居瑞安县城小沙巷。1934年夏毕业于浙江大学农学院园艺系，8月任瑞中校长。1936年当选为瑞安县教育会理事长。1939年2月辞去瑞中校长后，在金华农校、温州师范学校、温州七中、温州四中等校执教，曾任瑞安师范校长，义乌、瑞安教育科长等职。《瑞安市志》有传。

王锡涛

自1912年许藩首任瑞中校长开始，民国时期的瑞中历任校长共有10人，王锡涛为第五任校长，也是上任时最年轻的校长。

1934年8月，刚从浙江大学农学院园艺系毕业的王锡涛，即被省教育厅任命为瑞安县立初级中学校长。当时不少业内人士感到迷惘，瑞中系清末大儒孙诒让创办，是一所有30多年办学历史的县中，在浙南颇有影响力，人们对校长人选寄予厚望，他能行吗？

能出任瑞中校长，王锡涛或许适逢其时，机遇所致。1934年4月，叶溯中刚上任浙江省教育厅厅长，便在省内推行职业教育，计划将瑞中改制为瑞安县初级农科职业学校，且办农校急需一位懂"农学"的领导；再者1934年2月10日，瑞中图书室被顽劣的退学生纵火焚烧，造成重大损失，

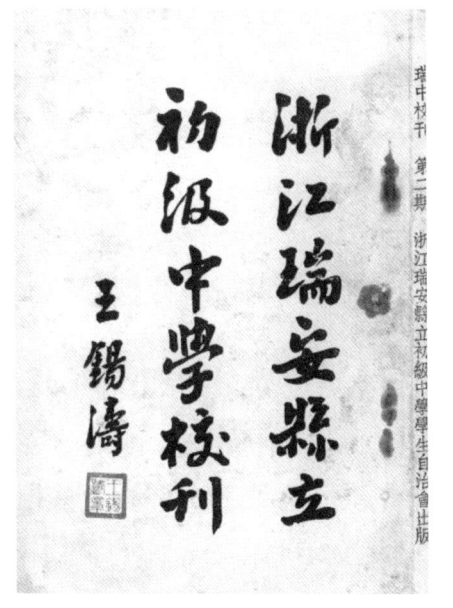

王锡涛为1938年瑞中校刊封面题签

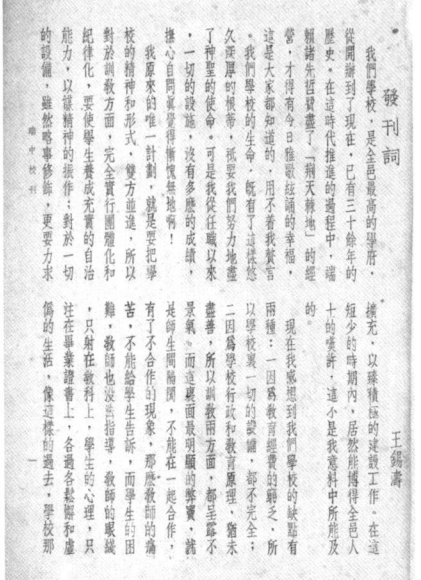

王锡涛撰《瑞中校刊》发刊词

胡哲民校长于 7 月引咎辞职，校长之位刚好空缺。

风华正茂的王锡涛并非初出茅庐，曾在温属女子中学和民立中学担任过教员，任职瑞中后兼教化学、博物课。瑞中 1939 年毕业的陈霖还记得，曾听过王校长讲解动物课、植物课、化学课。他讲解清晰，深入浅出，同学们上课时听得津津有味。

王校长上任伊始，即邀约浙大同学郭枢、孙祥复共同筹划学校改制事宜。1934 年 12 月，省督学张行简为瑞中改制专程来到瑞安，会同教育部门实地考察，并拟订改制具体方案，撰写了《瑞安县立初级中学应行改进意见》，计划从 1935 年秋季开始，每年招收农职科学生 1 个班，初中招生减少 1 个班，逐步将瑞中改制为初级农科职校。但此方案遭到瑞安各界人士的极力反对，再因叶溯中卸去厅长职务，瑞中改制之议也随之夭折。

学校改制虽没有成功，王校长在瑞中任职期间，并没辜负人们的期望，为学校的建设与发展做了不少工作：聘请学养深厚的青年教员如王超六、王剑生、许世铮、唐唯逸、项季荪等充实师资队伍，提升全校的整体教学水平；不定期邀请名流学者，如北大教授林损、复旦教授周予同、留日学生督学陈次博等做专题报告，为师生拓宽视野，增强见识。

健全管理制度，确定每学期月考三次、大考一次，严格考试纪律，明确奖惩办法；规定周一至周五下午第三节为活动时间，全员参加体育锻炼，并组建班级篮球和排球队，定期举行班际比赛，增强学生体质；举办全校演讲比赛，培养学生叙事与说理的口才；每年秋季组织学生赴乡间野营七天，培养学生独立生活能力和爱好自然的情趣。

不断扩大办学规模，从接任时5个班170多名学生，到1938年发展到7个班340多名学生，学生人数增加了一倍。办学条件也得到了改善，重建图书室，发动教员寄存图书，共筹书1446册，挂图88张，并逐年添购图书共2000多册。为解决校舍不足，1937年建立募捐委员会，制定《瑞安县立初级中学募款建筑校舍办法大纲》，面向校内外募捐，共募国币700余元，第二年秋利用捐款兴建建筑面积约400平方米的西式教学楼，北大教授林损受邀为教学楼取名"勤思楼"，并撰《勤思楼碑记铭》。

《瑞中校刊》自1928年出版创刊号后，未再继续出刊，在王校长的支持下，1937年、1938年《瑞中校刊》第一、第二期相继刊出。他亲笔为1937年6月15日出版的《瑞中校刊》第一期题签刊名，并致发刊词阐明创刊的主旨：

我们学校的缺点有两种：一因教育经费的穷乏，所以学校里一切的设备，都不完全；二因学校行政和教育原理，犹未尽善，所以训教两方面都呈露不景气。而这里面最明显的弊窦，就是师生的隔阂，不能在一起合作，有了不合作的现象，教师的痛苦，不能给学生告诉，而学生的困难，教师也没法指导，教师的眼线，只射在教科上，对学生的心理，只注在毕业证书上，各过各松懈和虚伪的生活，像这样的过去，学校哪里有成绩，学生哪里会进步呢？要救济这弊害，根本的办法，就是以师生合作努力研究改进的计划。我们适应这个需要，所以创办本刊，来改进不良的环境，来振刷我校的精神。

七七事变后，瑞中即行实施战时教育，制定《瑞中战时教育大纲》，建立战时教育促进会，举办国防讲座，补授战时教材，讲解防空防毒知识。出版抗日刊物《新声》，组织演出队、歌咏队、演讲会，演出《放下你的鞭子》《义勇军进行曲》等抗日文艺节目，创办民众夜校、识字班，掀起抗日救亡的热潮。

1938年，他指派时任国文教员陈超作词，音乐教员董玉衡选曲，编制《瑞安中学校歌》，这是瑞中的第一支校歌，歌词为：

云山霭霭，云水苍苍，东南邹鲁，文物之邦。

惟我瑞中，源远流长，先知先觉，永念毋忘。

时雨春风，惠我无疆，深思力行，好学毋荒。

青年之责，图存救亡，振兴民族，为国争光。

在抗战的烽火岁月中，这支校歌犹如凝聚人心、振奋精神的号角和旗帜，对培养学生爱国爱乡爱校情操，激励学生抗日救亡斗志，起到不可估量的推动和鞭策作用。

王校长主政瑞中四年半之久，虽经费支绌，但办学有方，管理有序，在社会上享有较高的美誉度，受到各级督学好评和县政府传令嘉奖。1936年瑞安县教育会成立，他当选为理事长。1937年12月省教育厅厅长许绍棣在《视察报告》中评述："校长王锡涛办事干练，任职以来对于校务设施颇多改进，在经费困难情形之下，犹能撙节度支、建筑校舍，实属难得。校舍布置支配较前合理。学生学业成绩考查，较前注意。课外运动，已能全体参加。"1938年7月23日，《浙瓯日报》报道：

瑞安中学自王锡涛氏长校以来，对于校内教务、行政诸端、力图改进，学生人数因而激增，校舍时感不敷，连续于念四年及今年夏季，在经费节馀项下并募捐所得，全数提出建筑校舍二座，顿改旧观。且自"七七"发动抗战以还，于不妨碍课务原则下，尽力领导学生在后方从事抗战工作，并出版刊物多种，以广宣传。现在继续刊行者，为该校师生合编之《新声》半月刊，附《瑞安新报》发行，每逢月之一日、十六日出版，除按期随报赠送阅者外，闻再添印若干份，以备外埠各界索阅或交换云。

《瑞安市志》记载了这样一件事：1938年初冬，瑞安大沙巷口发生火灾，家住小沙巷的瑞中王校长，见灾民家中搬出的物资一时无处堆放，即派人拆开卓公祠校舍围墙，以操场作为堆放地，又派学生巡逻守护。事后，街坊纷纷赞扬王校长关怀灾民的善举。

1939年2月，王锡涛以"心力交瘁"为由辞离。此后，历任瑞安师范学校校长，义乌、瑞安教育科长，乐清县建设科长等职，执教金华农校、温州师范学校、温州七中、温州四中等校。

桃李不言 下自成蹊
——项启中

项启中（1911—1986），又名启钊、起中，世居瑞安城关申明亭巷，1927年毕业于瑞安县立初级中学。1934年夏上海大夏大学数学专修科毕业后，历任瑞安中学、瓯海中学、温州师范、温州六中的数学教师，曾任温州高级工业学校校长，温州市第二、三届政协委员。著作有《初中算术》《初中代数学》。

项启中

南堤项氏系瑞安县城望族，族人从事教育教学者众多，如1897年创办浙江省最早外语学校——瑞安方言馆的项湘藻、项崧兄弟；1902年与林调梅创办瑞安东南蒙学堂并任监督的项方昕；1903年与业师马相伯创办中国第一所私立大学震旦学院的项骧；还有台湾大学数学系主任项黼宸、温州高级工业学校校长项启中、瑞安中学校长项维新等，这应与其家族的家风家训有密不可分的内在联系，亦是家风文化的潜移默化使然。项启中弟妹共11人，有7人服务于教育界，其父项鸿畴（吾田）宣统元年（1909）瑞中毕业，曾任瑞安私立南堤小学的首任校长，堪称教育世家，深受人们的崇敬。

项启中1927年毕业于瑞安县立初级中学，后来考入上海大夏大学数学专修科，1934年夏季毕业，同年8月应聘为瑞中数学教员，从风华正茂到白发苍苍，在教育界勤勤恳恳工作了39年，桃李满天下，春晖遍四方，是一位受人尊敬的好老师。

在瑞中，他兢兢业业，事必躬亲，曾任校经济稽核委员、升学就业指导委员，热情服务于学校，服务于学生。瑞中勤思级学生（1939年毕业）项竟说："班主任项启中老师爱生如子，对我这个班长关怀有加。"

项竟的同班同学陈霖在《中学时代的读书见闻》中回忆：

项启中老师是我们勤思级班主任，教了我们三年数学。他讲课逻辑性强，重点突出，讲解清楚，同时嗓门开阔，同学们都能听懂，批改作业很仔细，错误处都用红笔改正。平时对待同学和和气气，一旦训斥又似雷霆震怒。他是慈师，又是严师，我们都很敬爱他。

陈霖、缪天成等勤思级同学都还记得：一次勤思级全班同学出游温州头佗寺，大家玩得尽兴，傍晚回城时误过轮船班期，项老师和同学一起在帆游公路上，拦住了一辆长途汽车。他一上车即慨然付了10多元钱，为全班同学买了车票。那时，他月工资仅40多元。时光知味，岁月沉香。76年之后，他的学生、我国第一代环保专家缪天成老先生还念念不忘地说："我特别感恩曾经的班主任项启中老师，我会一直怀念他。"

最令勤思级同学记忆犹新的是，在勤思楼西侧教室举办的毕业离别会。在项老师的组织策划下，会议"前奏曲"是26位同学全体起立唱《毕业歌》，这是1934年上海电通公司拍摄的第一部电影《桃李劫》的插曲，陈瑜（田汉笔名）作词，聂耳作曲。歌词为："同学们，大家起来，担负起天下的兴亡，听吧，满耳是大众的嗟伤。看吧，一年年国土的沦丧。我们是要选择'战'还是'降'，我们要做主人去拼死在疆场。我们不愿做奴隶而青云直上。我们今天是桃李芬芳，明天是社会的栋梁，我们今天是弦歌在一堂，明天要掀起民族自救的巨浪。巨浪、巨浪，不断地增长，同学们，同学们，快拿出力量，担负起天下的兴亡。"当唱到"一年年国土的沦丧"之时，大家痛感大好河山上履痕累累，油然而生"倭寇未灭，何以家为"的愤慨；当唱到"同学们，同学们，快拿出力量，担负起天下的兴亡"之时，每个人都热血沸腾，期盼早日报效祖国，振兴中华。

会后，全班同学齐赴申明亭巷项老师家中，送去项骧先生书写的横批，由全班同学签名后赠老师留念。项师母亲自下厨，精心烹制菜肴，备了三桌辞别酒宴请学生。同学们三年同窗初次同桌欢聚，人人欢天喜地，那浓浓的师生情谊，让每个同学都深受感动，留下难以忘怀的记忆。

余振棠系瑞中初中1942届毕业生，项老师是他的代数启蒙老师。他在《我的两位启蒙老师》中说：

项先生讲课诙谐生动，通俗易懂，特别是在重点内容和关键地方，用手指紧敲讲台，引起同学们注意。有些比较顽皮的同学反映说，项先生的指鼓，使我们这些不喜欢数学的学生也能把重点内容记住。项先生忠诚教育事业的精神和高超的教学方法，使我终生受用不尽。

最令余振棠感激万分的是，1957年他因政治运动丢掉了教书的工作，在以阶级斗争为纲、"左"道之风鼎盛之时，许多人对他避而远之，曾执教他的项老师却挺身而出，以坚持实事求是的精神，为他仗义执言，并以老资格的教育家身份，向温州市教育局推荐余振棠到温州二中教书，这在当时要承担多大的风险啊！

抗日战争爆发后，沪杭一带相继沦陷，温沪、温甬海运被日本侵略军封锁。当局迁都重庆后，温州与内地陆路交通受阻，导致中学教科书短缺。项启中急教学之所急，急学生之所急，在繁忙的教学工作之余，埋头疾书，编写了初中数学教科书《初中算术》（一年级用）和《初中代数学》（上、下册），用粗糙的新闻纸铅印成书在温州出版，解决了战时教科书匮乏的困难。20世纪40年代前期，浙南一带的许多中学生，都是用项启中老师编写的数学课本获取了数学知识。直至1945年抗日战争胜利，温州水陆交通恢复后，他编写的数学课本才逐渐淡出。

1940年他从瑞中转到温州瓯海中学任教，曾任分部主任（校址设在马屿常宁寺）。1948年至1949年，担任温州高级工业学校校长。其时在校教师中有地下党员胡显钦、徐恭恕、马骅、黄震瓯等，使工校成为地下党的秘密活动据点，项校长心照不宣，并在暗中给予保护。1949年8月调温州师范学校任数学教师兼教研组组长，1957年8月在温州师专任数学教学法教师，曾任温州市第二、三届政协委员。1962年调至温州六中任教，直至1973年退休。

甘为人梯育桃李。项启中老师德高学富，为教育事业辛勤耕耘，鞠躬尽瘁，奋斗一生，引领一批批学生走进数学的殿堂，如红烛燃烧了自己，照亮了别人。学生陈霖在《勤思楼畔忆瑞中》一文中如此叙说：

启中师微驼的后背，清瘦的身躯，黑中夹白的头发，被香烟熏得焦黄的细瘦手指，一双模糊的眸子，从来没有散发明亮的光芒。新中国成立前法币贬值，家务累重，贫病交迫的教学生涯，磨垮了他的健康。1985年，我去温州拜访他，见面时，他已是颤巍巍的老人了，背驼得跟弯弓差不多，眼神比以前更凝滞了，眼白部分也充满黄色。头发几乎全白了，还有些凌乱，面色苍白还带着些浮肿，他诉说解放前在温州那一段痛苦的教学生涯，白天上完四节课，晚上又赶去夜校上几节课，回到家里，骨架像散了一样颓然扑在床上……胃溃疡、肺气肿是那时染上的。

1986年9月，项启中老师在温州逝世，子女护送骨灰回瑞安安葬，勤思级同学6人，沉痛地在东门车站恭迎骨灰盒，阵阵哀乐，深沉地悼念项老师，祝他安息！

懿德高风 泽惠桑梓
——王超六

王超六（1909—1991），名毓榛，以字行，居瑞安县城市心街。1925年毕业于瑞中（旧制），1934年上海光华大学文学院毕业后，返乡从事教育事业，历任瑞中教员、教务主任、校长。1942年创办瑞中高中部，是瑞中发展史上里程碑式人物。学识渊博，精通文史，为浙江省文史馆馆员、温州市人大代表。著有《瑞安近百年大事记》《解放前的瑞安中学》等。《瑞安市志》有传。

王超六

在绿荫葳蕤的瑞安中学"籀园"，屹立着瑞中高中部创办人王超六先生的铜像，这是为庆贺瑞中建校110周年，由南京、杭州、上海三地瑞中校友会联合倡议而塑造的，寄托了莘莘学子对王超六校长的深切缅怀之情。

王超六1925年毕业于瑞安中学（旧制）。1934年从上海光华大学文学院毕业后，不留恋都市的繁华生活，也不追求宦途的高官厚禄，毅然回乡致力于桑梓教育事业，毕生以"教育救国、储材树人"为天职，乐育英才，桃李盈门。

他熟读诗书，博学多识，理念先进，在瑞中先后任教过公民、历史、地理、语文、英文，教学认真负责。瑞中1941年初中毕业的著名邮政专家周臣孚说：

王先生教我们公民，他白白的脸，笑眯眯的容，轻轻的话语，文绉绉的风范，以及条理清楚又风趣的讲课，使我们一群刚从小学毕业的初中生，无不被折服、倾倒……

1937年9月,他升任教务主任。1939年3月被省厅任命为校长。其时正值抗战爆发的第三个年头,山河破碎,时局日艰。他上任伊始,便面临最大的难题:卓公祠校舍已无法容纳全校9个班级445名学生,且周边民房密集,校舍根本无法向外扩展。

面对困境,王校长知难而上,不畏辛劳,经多方勘察,择定西北镇小较场为瑞中发展之地。此处住户稀少,较偏僻荒凉,但依山傍水,环境清幽,有较好的发展空间。经报县政府批准,小较场节孝祠被改建为瑞中分部校舍。此后,王校长奔走呼号,动员师生及社会贤达募集经费,分部校舍逐渐从节孝祠向周边扩展,由此奠定了瑞中的基业。

1941年4月19日凌晨,日寇在瑞安登陆,县城沦陷,百姓仓皇逃离,四处避难。王校长率部分师生翻山越岭,经过几天的辗转跋涉到达文成大峃。为使学生在战乱中不荒废学业,他经过实地查看,计划利用大峃的瑞安战时补习中学校舍上课。当得知大峃山区学生到县城上中学的重重困难以及当地民众迫切要求创办中学的意愿时,他毅然决定将因办学条件不合格,未经省教育厅备案的瑞安战时补习中学并入瑞中,创办瑞中大峃分部,使战乱中的瑞中有安心教学的大后方,也终结了大峃没有中学而读中学难的历史。

"四一九"事变瑞中横遭洗劫,损失惨重。县城解放后,他亲率员工日夜抢修,不到半月就恢复上课。在时局动荡之时,他恪尽职守,提出以"敌来我散,敌退我聚"的方式组织教学,为避免白天遇敌机袭击,把上课时间调整为下午五时至晚上九时,他坚持每晚逐室巡视督查,若见学生稍有倦怠,便谆谆教导,"从炸弹下抢来的时间,大家都须倍加珍惜"!听者无不肃然起敬。

1942年,抗战进入危难关头,烽火漫天,硝烟遍地,百业凋敝,物价飞涨,而教育经费却连年削减,学校生存举步维艰。时局如此动荡,维持办学现状已相当不易,王校长认为:"值民族存亡之秋,海防前哨之区,职责弥重,应付倍艰,蚊翼邱山,时虞隙越,……深憬教育立国之大义,储材树人之天职。"他殚精竭虑,除竭力维持学校正常运转外,还苦心擘画创建高中部。因为当时温州地区仅省立温中设有高中，各县的初中毕业生都无法就近升学。

经他努力筹措，1942年7月，省教育厅批准瑞中建立高中部，升级为完全中学，施行初、高中各三年的"三三"学制，校名改为瑞安县立中学，成为当时温州地区第一所县立完全中学。这无疑是瑞中发展史上的重大里程碑。

王校长主政期间，因国难当头，办学经费捉襟见肘，师生生活相当困苦，幸有他煞费苦心，不辞辛劳，四处筹募，"或乞怜公门，或托钵题缘，或此挹彼注，或私囊垫亏"，才使瑞中度过这一段艰难困苦时期。特别是瑞安沦陷之时，他力排万难，带领师生辗转乡村，先后在陶山碧山、文成大㘰创建分部，在仙降常宁寺设立临时校舍，力保瑞中在战乱中弦歌不辍。

他宅心仁厚，爱生如子。每当响起敌机空袭警报，他总是不顾个人安危指挥学生全部进入安全处所才最后离开学校；他曾将自家储用的3000斤

王超六先生纪念文集（2009）　　　　王超六纪念文集《菁莪集》（1992）

大米接济学校食堂，以解师生缺粮的燃眉之急；他深感学校图书资料不足，慨然将家中珍藏的岳父项骧先生留学美国时购置的整套哈佛丛书，以及游学英、德、法、比等十余国采集的名著珍本，连同书柜捐赠给刚刚落成的瑞中己巳图书馆。

当时县立中学与省立中学的教师待遇相差悬殊，瑞中要招聘高水平的师资难度很大，全凭王校长礼贤下士，多方延揽，"或函电交聘，或登门恭请，或以公谊相感召，或以私情相邀"，一些名牌大学毕业生、留学归来的有为青年及本地饱学之士，受他身体力行的诚心所感动，云集瑞中，荟萃一堂。为能招聘来自省立中学的客籍教员，王校长还自掏腰包发给补贴；对于家境贫寒的教员和交不起学费将被迫辍学的学生，也经常拿自己薪金予以资助。他的懿德高风，师生有口皆碑。

1943年7月，超负荷工作而身心疲惫的王校长向瑞安县政府提出辞呈，师生闻讯，大为震惊，纷纷挽留。全校8个学级全体学生联名致省教育厅厅长代电，恳祈俯顺舆情，明令慰留，以维护地方教育。在当局及学生的殷切慰留之下，他打消了辞职念头。第二年夏天，因学校经费屡遭层层克扣，寅吃卯粮，告贷无门，他最终还是无奈辞去校长职务。瑞安县县长许学彬兼任瑞中校长，但并未坐镇学校，也无暇顾及校务，他虽已辞去校长职务，还得以校务委员会主任之名，承担大量的校务工作。

瑞安和平解放后，他思想开明，以实际行动支持新中国的建设。土改前夕，将家中所有田地、出租的房屋和店面捐献给政府；抗美援朝时，又捐献家中古玩和金银首饰，用以购买飞机大炮支援前线，并鼓励在瑞中就读的大儿子参加中国人民志愿军，为保家卫国尽力。

1950年9月，他担任瑞中教务主任。1954年，当选为瑞安县第一届人民代表会议常务委员。1958年6月，在温州师范被判处管制三年、开除公职，被迫离开教育岗位。身处逆境，他仍胸怀坦荡，荣辱不惊。1978年得以平反恢复名誉。1982年增补为瑞安县第四届政协委员，又接连当选瑞安县（市）第五至第七届政协常委。1985年当选为温州市人大代表。

王超六先生学识渊博，精通文史，对瑞安历史文化了如指掌。1983年，被省政府聘任为省文史馆馆员。晚年仍兢兢业业，笔耕不辍，编撰了《瑞安近百年大事记》《解放前的瑞安中学》等大量的文史资料，以口碑与史料相结合，熔遗史逸事与重大事件于一炉，留下许多弥足珍贵的地方文史资料。

> 黉宫九十浙江稀，求友嘤鸣喜贺词
> 惨淡经营依旧日，先辉缔造出新时
> 文章道德寒窗夜，货殖波涛一局棋
> 多少才华何处是，琼瑶报国最先知
>
> 瑞安中学九十周年校庆纪念 王超六 一九八六年十月

王超六为瑞中九十周年校庆贺诗

敢说真话的报人——王剑生

王剑生（1909—1946），谱名克燊，名沉，字剑生，以字行，瑞安城关西门街人。1932年毕业于上海江南商学院经济系，曾任杭州《正报》编辑主任，《阵中日报》主笔，主持过《今报》《阵中日报》编辑工作，为人正直，学识广博，文笔犀利，被誉为"敢说真话的报人"。1935年、1945年两次受聘为瑞安中学国文、地理教员。编著有《几何学ABC》，翻译的《赛珍珠》一书陆续在报上连载。《瑞安市志》有传。

说真话是一种美德，一种正气，然而执着地说真话也并不容易！因为说真话需要勇气与胆识，有时还要付出一定的代价。民国时期，瑞安《今报》《阵中日报》编辑王剑生先生作为一名报人，却坚持无私无畏，素以说真话而著称，敢于为道义直言发声，受到世人的赞颂。

王剑生的先祖系永嘉千石王氏，康熙年间迁居瑞安小沙堤。父亲王肃卿，字致同，光绪三十年（1904）九月官费留学日本，在东京加入光复会，后来追随孙中山先生参加同盟会，从事革命活动，为推翻帝制、建立共和，奔走呼号，不遗余力。中华民国临时政府成立后，当选为国会第一届众议院议员。抗战前夕，应福建省主席陈仪的邀请，担任省政府秘书长。他曾资助外甥曾省、曾勉赴法国留学，使之分别成为我国著名的昆虫学家和柑橘学家。

王剑生，名沉，以字行，幼承庭训，聪慧好学，受到良好的基础教育，

王剑生著作《几何学 ABC》

1932年毕业于上海江南商学院经济系。他酷爱文学，才思敏捷，文笔俊逸，大学毕业即投身新闻事业，曾在杭州《正报》任编辑主任，负责副刊与电讯文字工作。民国二十四年（1935）受聘为瑞安中学国文、地理教员。翌年，他与孙延晨、洪辛苏等在《瑞安新闻》副刊《人间样本》栏目中，以生动幽默的笔调，刊文揭露社会上的坏人丑事，颇有社会影响。

抗日战争爆发后，随之杭州陷落，《正报》流迁到金华继续出版。随后金华失守，《正报》的人员及器材散尽，王剑生回到家乡瑞安。他与部分地方人士与群众团体，在瑞安创办了《今报》和《阵中日报》，受聘担任主持编辑工作。他疾恶如仇，不畏权贵，敢于仗义执言，以《吕青天传》为题，在《阵中日报》副刊上，揭露当时瑞安县县长吕律迫害瑞安进步青年，以及在碧湖训练团建班的丑恶行径，使吕律县长哑巴吃黄连，苦在自肚里，敢怒不敢言，亦令大快人心。人们称誉王剑生为"敢说真话的报人"。

他为人正直，学识广博，文笔犀利，针砭时弊，享誉报界。《阵中日报》

迁至温州后，他仍任主笔，经常主持正道，在报刊上撰文大声疾呼，痛斥泛滥成灾的色情枪杀电影及文章。同时，还积极参与社会公益、民众福利等事业。

1945年8月，应瑞安中学校长、教育家金嵘轩先生的邀请，再次受聘为瑞中国文教员。因其文学功底深厚，教学认真，言语诙谐，深入浅出，学生对他深为敬佩。

王剑生博学多识，才华横溢，擅长文学创作和报务，与鲁迅、许钦文等文学界名人有文字交，经常通过书信讨论新文化。对于数学与翻译，他也有浓厚兴趣，22岁就编著《几何学ABC》一书，1931年2月在商务印书馆出版初版本。1935年7月，在ABC丛书社出版第四版，由世界书局印刷发行。他翻译的《赛珍珠》一书，在报纸上陆续连载，博得读者好评如潮，人称"新文坛健将"。当时文坛名士郁达夫书赠他的联语中有"薄有文章惊海内"之句。

由于长期昼夜颠倒的报人生活和晚上通宵工作，赖以纸烟提振精神，再加上工资菲薄，长期营养不良，体质衰弱，王剑生终因患肺结核吐血医治无效，英年早逝，仅37岁。其子王勋1946年瑞中初中毕业，后来成为重庆医科大学公共卫生学院教授、硕士生导师。他虽然常年远离故土，但怀乡之情浓郁，每逢清明回乡省亲祭祖，总会拨冗到瑞中校园，给学校创办人孙诒让及老校长王超六的雕像敬献花篮，以寄托对母校和师长的感恩之情。

土壤是一切生物的母亲

——许世铮

许世铮（1916—2008），字一楷，居瑞安水心街许宅。1933年瑞安县立初级中学肄业，1936年毕业于苏州农业专科学校农艺科。抗战时期曾任"瑞安战时青年救国服务团"总干事。1936年秋开始在瑞安中学、杭州安定中学、丽水湘湖师范、瑞安简易师范学校、文成中学、瑞安农校、高楼中学、莘塍中学任教，从事农业生物教学40多年，著有《许世铮文稿》，入选《温州当代人物》。《瑞安市志》有传。

许世铮

一章一节，一字一句，一山一水，一草一木，一人一事……《许世铮文稿》无不包含作者对家乡的浓烈情怀，寄托作者眷恋故土与私衷。因此，当我们捧读《文稿》之际，只觉得阵阵乡风扑面而来，缕缕乡情缓缓潜入心扉。

《许世铮文稿》确是正宗的瑞安文化土特产。

许先生说"土壤是一切生物的母亲"，但愿每个人都把故乡的热土比作自己的"母亲"——这也许正是《文稿》的"弦外之音"吧。

……

以上摘自作家杨作雨为他的老师许世铮先生撰著的《许世铮文稿》所作的序言。

《许世铮文稿》由瑞安市科协和生物学会编印，载文60多篇，写的都是有关家乡瑞安的人与事，充盈着乡土气息，可见作者对家乡的一片赤诚深情。他还曾向瑞安博物馆捐赠家藏的林则徐书法条幅四幅，以及猫头鹰

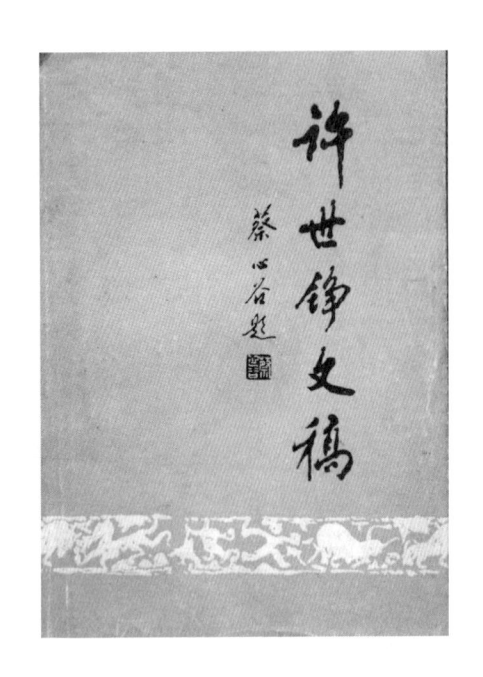

《许世铮文稿》

等生物标本的佳举，裨益地方教育。

　　许世铮出身书香之家，父亲许藩（介轩）是瑞安学计馆的首批学员，1900年参加温州所属六县的算学会试，成绩名列第一，被瑞安普通学堂总理孙诒让聘为助教，后被公费派送日本留学，回国后担任瑞中数理教员，1912年任瑞中首任校长，办学颇有建树。

　　许世铮幼承家学，喜爱读书，1933年从瑞中肄业，考入浙江大学农学院，后转至江苏省立苏州农业专科学校农艺科就读，1936年秋毕业后，应聘瑞中执教生物农业课。1937年在《瑞中校刊》第一期发表《改进吾国农村刍议》。

　　抗战期间，他积极投身抗日救亡运动。1937年8月，参与并发起筹建"瑞安战时青年救国服务团"，曾任总干事。团结外地回乡的大、中学生和瑞中师生及瑞安爱国青年，开展抗日宣传，发动民众募捐等抗日后援工作。1938年秋"青救团"发展至800多人，并在阁巷、高楼、珊溪等地建立分团，掀起爱国救亡运动的高潮。

　　1939年冬，国民党反动派发动第一次反共高潮，瑞安县县长吕律下令取缔"青救团"。翌年1月,他因积极组织抗战宣传,被国民党瑞安县政府视为共产党嫌疑分子,强令瑞中不得续聘,迫使他离开瑞中。

离开家乡后,他先后在杭州安定中学、丽水湘湖师范任教,直至1942年国民党县长吕律卸任后,才返回瑞中任教博物、劳作。1946年,他调任瑞安简易师范学校教导主任。瑞安和平解放后,积极投身新中国的建设,和管嗣康等发起筹建瑞安中等学校教职员联合会,担任临时主席。

1949年调文成中学任教。1957年"反右"时,被打成"右派"分子,历经反复批斗,工资降级,并贬到南田农高。1959年摘掉"右派"帽子后,先后在瑞安农校、高楼中学、莘塍中学任教,直至1979年冤案得以平反,同年退出教坛。

从事农业生物教学40多年,他淡泊明志,不慕名利,以兴学育才为己任,爱好广泛,知识面广,博闻强记,对花草虫鱼、鸟兽树木、水产品、中草药等名称,滔滔不绝,如数家珍。教学认真负责,条理分明,深入浅出,并重视通过实践提高学生的动手能力,在学校开辟园地,经常组织学生去锄地、种菜、点豆、种麦、施肥、收获,带领学生有时到野外采集标本,边采集,边讲解名称、科属,有时去捕捉昆虫,制成栩栩如生的标本,或钉在纸板上,或装进玻璃瓶里,陈列于仪器室。每年初夏,举办一次劳作展览,向社会公开展出同学们制作的标本实物,以及培育的花草虫鱼、收获的谷物种子等,以激发同学们学习生物农业的兴趣。他的学生、著名旅美学者倪志凌曾赠联"学子亦莘莘,郁李秾桃须作育;教人岂草草,青毡绛帐几艰辛"以赞颂许老师的恩泽。

瑞中1940届毕业生、江苏沿海地区农科所研究员洪光斗在《回忆许世铮先生》一文中说:

我在许先生的循循善诱的熏陶下,在母校就读时就蕴藏了学农的志向。1943年从高中毕业后与瑞中同学朱杞华两人结伴考取了英士大学农学院。毕业后我一直在江苏从事棉花科学研究工作近五十年,为开拓苏北植棉事业,发展江苏棉花生产,尽了绵薄之力。1984年曾受到江苏省人民政府给我晋升两级工资的奖励。

人们不应忘记，在连年饥荒的年头，文成种植的蕉藕曾挽救了不少人的生命，这救命蕉藕的推广人就是许世铮老师。1952年，他凭着专业的敏感和兴趣，从友人处带回马来西亚植物蕉藕，俗称藕芋，经过几年的精心培育，后来在文成县大面积推广，全县蕉藕年产量达千万斤，为抗御20世纪60年代初期的大饥荒发挥了重要作用。他继而在《农业科学通讯》上撰文，介绍新高产作物蕉藕及其栽培技术，促进了蕉藕在全国的推广。如今蕉藕栽培技术被列入文成县非物质文化遗产目录。他对推广农业新技术情有独钟，20世纪70年代中期撰文介绍草菇种植技术，80年代中期撰文介绍巨峰葡萄栽培技术和青蟹养殖技术，有力地促进了新技术在本地的应用。

"土壤是一切生物的母亲。"他把家乡这片热土比作自己的"母亲"，以深厚的家国情怀，无私地奉献自己的智慧与才能。努力钻研农林水产技术，编写科普小品，先后发表于《人民日报》《文汇报》《中国青年报》《浙江日报》《浙江科技报》《温州日报》《新瑞安报》和台北《温州会刊》等报刊，介绍温州著名特产杨梅、瓯柑、马蹄笋、子鲚、龟脚、青蟹、蛸蠓、香鱼、鲥鱼、赤虾的由来、性状及种植、养殖、捕捞的技术，宣传家乡的土特产，开展科技推广，推动了土特产的生产和销售。

"莫道彩笔随老去，佳作偏映夕阳红。"许世铮先生晚年担任瑞安政协文史委员，致力于地方文史的挖掘和研究，为促进家乡的精神文明建设做了不少工作，曾在《历史人物与温州》《温州日报》《瑞安文史资料》和台湾《温州会刊》上，撰文介绍瑞安先贤名人的业绩，弘扬他们报效祖国的精神。他的《孙诒让选派教员出国留学》为研究孙诒让思想增添了浓浓的一笔；《瑞安最早的罐头厂——太久保》揭开了浙江罐头工业初始的面纱；《清末瑞安的留日学生》《抗战时代的瑞安青年抗日救国服务团》颇具文史价值；与林福华合著的《瑞安水产志》介绍了瑞安水产动植物130多种，其学识之博、阅历之深，令人敬佩。

他以教书育人为毕生职业，忠诚教育，心如磐石，关心学生，平易近人，生活俭朴，深受学生的爱戴，桃李遍天下，不愧为瑞安文教界的老前辈。

温州研究中国美术史第一人
——唐唯逸

唐唯逸（1915—1989），又名伟煜，字魏臣，号微翁、集云山民，瑞安陶山碧山人，1935年瑞安中学毕业，浙南著名画家。1937年上海新华艺专国画系毕业后在瑞中执教美术，历任瑞安县文艺工作者协会副主席，瑞安（平阳）师范等学校国文、美术教师，平阳昆阳工艺美术厂画师。1937年在《瑞中校刊》发表《我国历代绘画之概况》，被誉为温州研究中国美术史第一人。《瑞安市志》《平阳县志》有传。

唐唯逸出身书香世家，祖父唐黼墀清光绪十五年（1889）中举，曾与康有为、梁启超等各省举人"公车上书"，议变法，震惊天下。父辈中有三人于1904年至1906年留学日本。

唐唯逸6岁入私塾，读书很是用心，特别喜欢画画、雕塑，11岁就成为誉满陶山一带的"神童"。他的美术启蒙老师是出身温州名门望族的母亲，后来又拜师于"浙南四支笔"之一的书法家项廷珍门下，专攻《郑文公碑》，汲取蕴涵，勤学苦练，书艺日进，为书画艺术打下坚实的基础。

澄江小学毕业后，他在家自修，一边温习古文，一边以书画自娱。1930年8月以优异成绩考入瑞安中学，在美术教员、花鸟工笔画家金作镐的精心辅导下，技艺大进，毕业后就成为上海新华艺专国画系学生，迈进了国画艺术的殿堂。

在上海新华艺专,他先后受到俞剑华、潘天寿、黄宾虹、徐悲鸿等名家的教诲,并在潘天寿、黄宾虹等大师的指导下,专攻花鸟画,通过探索实践,另辟蹊径,走出一条具有自己特色的写意花鸟画路子。在学画的同时,他对中国美术史也特别感兴趣,坚持聆听、研读俞剑华、潘天寿所授的"中国绘画史"课程,并做到学有所思,学有所悟,学有所获。其时,陈烟桥校友在校园推广新兴木刻,他积极参加相关的活动,也喜爱上木刻和木刻青年导师鲁迅先生。鲁迅逝世后,他怀着崇敬和哀痛的心情,与校友一起参与一系列悼念活动。

1937年1月,唐唯逸从艺专毕业,原计划去世界艺术中心巴黎的欧洲艺术学校深造,因抗战爆发,只得返回家乡在瑞中担任美术教员。到校不久,他就将撰写的《我国历代绘画之概况》,发表在当年6月出版的《瑞中校刊》上。这篇文章仅2000多字,却高度概括了我国绘画文化的发展脉络,突破明清书画史家热衷于记载生平和作品流传的局限,通过对自上古至清代代表画家及绘画发展变化特点的概述,阐释绘画发展脉络与因果联系,可谓独具新意,前人所无。由此,奠定了他在温州地区研究中国美术史的先驱地位。

1937年,抗日烽火燃遍中华大地。8月,瑞安筹建"瑞安战时青年救国服务团",他以炽热的家国情怀,积极参与筹备活动,当选为副秘书长兼宣传科长,经常带领宣传队、演讲队上街宣讲、演出。其时,正值温州木刻运动蓬勃发展时期,他肩负使命,创设版画组,以木刻漫画为宣传抗日的武器,团内百余幅巨型布漫画大多出自他的手笔。在学校操场东墙上,他以丰子恺漫画的笔法画了一幅彩色巨型的捐献寒衣图:一群身穿童子军服、系有瑞中标志领巾的女同学在制作寒衣,有的裁剪,有的缝制,有的折叠,有的打包,准备将寒衣捐献给前线浴血战斗的将士。

他不仅自己精心创作了《人畜同殃》《家破人亡》等木刻作品,还组织学生参加新兴木刻运动,创作了大量反映战时生活及揭露日军暴行的作品,从不同角度反映当时的民众疾苦,为底层民众呐喊,产生很大的社会反响,宣传效果显著，为瑞安抗战木刻运动的开展起到引导推动作用。在1940年11月温州抗战木刻漫画展上，被评为"木刻优良者"。

他的《人畜同殃》《家破人亡》等木刻作品，构图饱满有力，刀法流畅娴熟，描绘了在日寇铁蹄践踏下，家园满目焦土，人畜纷纷逃离的悲惨景象。著名版画家赵瑞椿赞评：

唐唯逸是同时代木刻家中出类拔萃的一员。他的作品在主题上均是表现鬼子的侵略，人民的苦难，体现时代最强音。对木刻语言的把握，也堪称同时代木刻家中最佳者。

在瑞中任教近十年，他热心教学，爱护学生，和蔼可亲，平易近人，课堂语言深入浅出，生动风趣，粉笔板书整齐俊秀，对有美术天赋的学生，因材施教，热情辅导，如抗战时期的学生郑鹍、郑熹、张树云、陈兆复等，在他精心指导下，坚持创作宣传画，绘制抗日画册，艺术创作兴趣与绘画技能均得到很大的提高，后来都走上了艺术道路。学生成为国内及国际有声望的美术家后，仍念念不忘当年的启蒙老师。书画家郑鹍在悼念文章中说：

《唐唯逸书画集》

唐唯逸画作《松龄鹤寿》

  唐先生在瑞中任教，除教吾图画外，还教吾书法，他教书法从拿笔入手，以笔、锋、劲三方着力，使吾终身受益。先生喜国乐，二胡独奏堪称一绝，余音缭绕，使人神往。先生擅律诗，题画诗更具特色……

  1949年5月瑞安解放，6月瑞安文学艺术工作者协会成立，他成为协会首批成员，国画作品入选瑞安县第一届画展。1950年至1951年，他担任瑞安文化馆文物保护员，为保护和抢救旧书画和古籍做了大量的工作。1964年，郭沫若先生视察瑞安，对瑞安县文物保护和抢救成效甚为赞赏。

  1952年至1955年，调任瑞安初级师范学校（后改为平阳师范学校）美术、语文教师。1956年调平阳鳌江中学任教。1958年3月，因受亲戚案件牵连，被错判入狱，1971年年底才重获自由。1973年进入平阳昆阳工艺美术厂担任画师，忙于生计，每天在鸭蛋壳上作画，只有在业余时间才能在纸上作画。1984年终获平反，一生坎坷，受尽磨难，但追求艺术的脚步始终没有停止。恰如其好友苏渊雷撰句、校友唐云亲书以赠的评价：极绚烂时归平淡，不矜持处见功夫。

  他自幼研习诗书画，受过现代高校的教育，并得到名师指导，具有良好的人文素养，文学功底深厚，善于借物写情，以书入画，笔墨富有情趣，作品直抒胸怀，寓意深邃，借此寄托自己的爱憎与意愿，是一位集诗、书、画、音乐、木刻于一身的浙南著名书画家。《平阳县志》赞其：工国画花鸟，尤喜松鹰，兼通书法、诗词。

2012年出版的《唐唯逸书画集》，共收录书画作品84幅，画作格调高古，飘逸大气；书法功力深厚，线条厚重；诗文情感细腻，气魄雄强，可谓诗、书、画"三绝"。他善画仙鹤、雄鹰、博古及各类花卉，不论何种类型的作品，都苦心打磨，力求整体纯真、清净和明丽的画面境界。1980年创作的《松龄鹤寿》，是一幅极具视觉冲击力的经典之作。画面中八只仙鹤一字排开，仙风道骨，姿态各异，其布局疏密得当，透出苍茫、浑厚、质朴、自然的气息，给人以清丽生动的韵味，引人入胜，令人叹为观止。美术家陈志元赞称："苍茫、浑厚、质朴、自然。"作品分别被国家、省级有关单位及海外华侨、港台同胞所收藏。

滋兰树蕙 — 瑞安中学前辈名师风采录

严谨求实 师者风范
——项桂荪

项桂荪（1908—1970），名山荪，以字行，瑞安南堤街人。留学日本获早稻田大学政治经济学学士、日本东京帝国大学法学学士双学位。1937年8月任瑞中地理教员、教务主任，在《瑞中校刊》发表《从石油重要性说到日本侵略战》。历任温州师范教员，台湾中国医药学院教授、图书馆主任。译著有《最近世界各国政治组织》，被列入商务印书馆出版的《万有文库》。

项桂荪

    项桂荪出身书香门第，父亲项葆桢为清廪贡生，曾任两广方言学堂和师范学堂的历史、地理教员，1934年任瑞安县修志委员会主任，主持瑞安民国《瑞安县志》的编纂工作。家有藏书楼名"染学斋"，民国末年时，藏书达三万余卷。

    项桂荪天资聪慧，好学善思，博览群书，学识渊博，就读于日本东京帝国大学和早稻田大学，成绩优秀，拿到法学和政治经济学的双学士学位。他曾翻译熊川千代喜的《最近世界各国政治组织》，1933年被列入商务印书馆出版的《万有文库》，还有译著《日本之财阀》《日本之政党》在日本研究社出版。

    留学归国后，1937年8月被瑞安中学聘为地理教员，翌年兼任《瑞中校刊》编委会编辑导师，在当年3月出版的《瑞中校刊》（第二期）上，发表《从石油重要性说到日本侵略战》，以翔实的数据和分析，阐明石油资源的重要性，以及日本发动侵略战争在石油储备量的缺乏，和英美两国应当

《瑞中校刊》编委会导师暨委员合影（1937）

采取的态度。

  1940年，他担任瑞中教务主任之职。作为一名海归的知识分子，他有浓郁的家国情怀，面对日寇的侵略，认定国家有难，匹夫有责，每个人都要为图存救亡出力。他是这样想，也这样踏踏实实地去做的。1937年，瑞安南门建造了一座飞云亭，下层设座席，作为飞云渡旅客待渡处所，亭的上层设书报阅览室。室内布置雅致，书报俱备。每至晚上，灯光通明，人们都来此阅览书报，掌管阅览室的便是项桂荪老师。他放弃晚间休息在此负责管理，向读者介绍书报种类和陈列情况，布置整理，忙个不停，并想方设法弄到宣传抗日的书籍刊物，供人们阅览，宣传抗日救亡，增强人们的抗战斗志。1940年6月，日寇飞机轰炸瑞安南门大码道，飞云亭及沿路40多间商店被夷为平地，他在此三年购置的图书也被付之一炬。

  学生眼中的项老师乃谦谦君子，文质彬彬，对学生亦礼貌有加，进教室时总是向学生深深鞠躬。暑天在课堂讲课时，身穿用苎麻布做的白色中式长衫，瑞安人称"苎长衫"。他很怕热，长衫裹身常大汗淋漓，频频用手帕擦汗，他认为上课必须穿长衫，若穿短式中衣进课堂是不礼貌的。在办公室休息时若脱下长衫，上课铃声一响，总是先穿上长衫，然后才走进课堂。

他的地理课教学别有特色，在校内外颇有声誉，许多学生至今仍记忆犹新，回味深长。瑞中1941届初中毕业的著名邮政专家周臣孚回忆说：

项老师从日本归国，执教初中，可谓屈才，但他丝毫没有轻视初中教学的情绪。相反，他在教我们地理课时，态度谦虚，认真负责，风度文雅，平易近人，不像现在有些高学历的同志那样，争高不就低，不愿意做较低岗位的工作。

项老师教地理的最主要方法是边讲边练，每讲完一个省的地理风貌之后，总要我们用统一的图画纸绘出该省的地图，并要用水彩绘色。对于省界、国界，他要求特别严格，除用铅笔画出弯曲的界线外，还要用不同的颜色明显地描绘一圈。画错界线，就要扣分。当时我们不理解为什么项老师教地理如此重视界线，后来才明白，界线是非常严格的事，如属国界，事关国家主权，多少国家之间的纷争，都由此而起，甚至引起国际上的战争。项老师这种一丝不苟的精神，既教会学生学到地理知识，又教会学生严格处事及认真负责的工作态度。

说也奇怪，项老师所教的地理知识，我在离开母校后马上就用上了。那是1941年春季，我刚从母校毕业就去投考邮局。在旧社会考邮局，地理是必考课程。因为邮局遍布全球，邮政网络纵横交错，邮件上的各地名又五花八门，无所不有，如果邮局人员地理不熟，不论做生产工作或管理工作，势将一筹莫展，故考邮局时对考地理要求很高。项老师刚好给我扎实的地理知识，使我考这门课时几乎不费力气，顺利地考进了邮局。

与周臣孚同届的同学何宗镠对项桂荪老师的独特地理教学方法亦深有同感：

项老师给我们上中、外地理课，他很重视学习中的手脑并用和培养动手能力。那时地理课本的编写，都是根据政区，一个省、一个国家为一个章节。项老师每教完一省一国的教材后，就要我们仿照书本上的插图（行政区图），放大绘制一张着色地图。年年如此，从不放松。所以学生课后要绘制地图，就得仔细查看地图上的山脉、河流、港口、城市、交通线及四境（四周接壤的地区），这样既培养动手的能力，又能起巩固知识的作用。我读书时对绘制地图很感兴趣，所以中外很多地名至今稔知熟记不误。

瑞中1942届初中学生孙师敬在《闲谈母校轶事》中说道：

项老师教地理有个特点，每教一省地理必叫同学画一幅该省的地图，这对我们大有益处，因为一幅省地图除要画出四境外，还要画出主要城市、山脉河流、铁路公路，甚至还要画出物产分布状况；又因为是自己动手画过的，印象深刻，所以有助于记忆。项老师对画地图要求严格，线条必须清晰，注字必须端正，位置必须准确，还必须要着上水彩颜色。评分等级分为A、B、C、D四等，D等是不及格，我画地图总是画得不好，河流没有按照位置和数量画，认为一个地方河流到处有，于是随便画上许多大小蚯蚓、着色犹如女人脸上搽糊了胭脂、贴几个红饼似的，评分当然是D等不及格。后来我向画得好的同学学习，先在课本的地图上打小格子，再在所画的图画纸上打大格子，然后按格子放大，所着的颜色省界边缘涂浓些，中间涂淡色，画起来虽比以前好多了，但也只能得C等或B等。

项老师教学认真，对学生要求也相当严格，1946届高中学生何仲麟也在《当年瑞中二三事》中回忆：

记得有一次地理课发还试卷，有同学将宁沪铁路（今沪宁铁路）沿线城市填错了位置。项老师眉头一皱，态度很严肃，又很诙谐地说："常州几时搬到无锡的南边了？我怎么一点儿都不知道！"他下课时再三叮嘱，切记城市是不能随便搬家的。地理的课外作业是画地图，当时根本没有平行放大尺，他教我们先在地图上画格子，再在自己的作业纸上相应地画格子，格子画得越小，城市在对应的格子中的地域越正确。做这个作业真是小心翼翼，不敢怠慢，唯恐"失之毫厘，差之千里"。白手画地图真是培养学生耐心、细心、不怕烦的好办法。

从上述学生回忆中，可以看到项老师严谨求实的教风及别具一格的教学特色。他后来任温州师范教员和台湾中国医药学院教授，1970年在台湾病逝。

杏林翘秀 医术济世
——洪天遂

洪天遂（1904—1981），名演，瑞安江溪新渡桥村人。浙江公立医药专门学校毕业，留学日本东京帝国大学医学部获研究员职称。归国后担任军医、医院院长、教授、主任医师、军医处处长、军医署少将主任等职。1956年被评为一级教授。精通内科、外科、感染科和皮肤科，曾创建瑞安、平阳的县立医院，为首任院长。担任过瑞中校医、卫生课教员。通德、日、俄、英四国语言，对中国传统诗词造诣亦深，著有《遂园吟稿》等。《瑞安市志》有传。

洪天遂

洪天遂是20世纪从瑞安走出的一位名医。他天资聪慧，博闻强记，过目不忘，有逸群之才。因自幼生长在乡村，目睹农村的贫穷和缺医少药之苦，深印于心。1921年从浙江省立第十中学（温州中学）毕业后，违背了父亲（时任西湖警察分局局长）的期望，不去报考政治院校，而是以"不为良相，愿为良医"的抱负，考入浙江公立医药专门学校。在学医过程中，勤奋刻苦，认真学习人体解剖学、组织胚胎学、病理生理学、药理学、诊断学及内外科学等有关课程，成绩一直名列前茅。

1925年9月，他以优异成绩考取公费留学日本名额，在东京帝国大学医学院青山外科教研室学习，仅两年就获得研究员资格。1927年学成归国，从此走上"科学救国，医术济世"的道路，先后担任黄埔陆军军官学校少校军医，国民革命军总司令部第八后方医院院长，山西医学专门学校、河北大学医学院教授，教育部医学教育委员会师资研究员等职。

1935年2月受教育部委派，他与颜福庆一起把私立上海医学院改建为国立上海医学院，院址从吴淞口迁到枫林路，规模也随之扩大，还筹建了附属的上海中山医院。他亲任上海医学院研究员、解剖学教授，并亲手创立解剖学研究室，成为解剖学教研室首任主任，为外科学教学奠定了基础。

1937年抗战全面爆发后，他回到家乡瑞安参加瑞安抗日委员会，以自己一技之长开设救护训练班，负责培训战时救护人员。10月瑞安第一所官办西医医院——瑞安县立医院在县城卫房宫（现瑞安戏院）创办，他任首任院长，同时兼任瑞中校医和卫生课教员。一名留学归来的教授、研究员，在一所县级初中担任校医，有人以为是"大材小用"，但他没摆半点架子，坚持热心地为师生提供医疗服务，并以先进的教学理念，向学生传授医学卫生知识，使瑞中学生首次接触显微镜，其精湛的医学知识和技能，让师生敬佩不已。

1938年瑞安霍乱流行，民间称为"大传年"，流行面广、死亡率高，人们谈"霍"色变。为及时掌握疫情，防止霍乱进一步蔓延，在他的主持下，成立了县防疫委员会，在各区设检疫站，组织医疗力量对病人实施隔离医治，避免交叉传染。由于预防积极、抢救及时、措施得力，很快就控制住疫情，确保了一方平安，受到家乡人民的交口称赞。温台防守司令部所设的时疫医院亦聘他担任医务主任。

1939年8月，第九战区卫生署电召他担任第九战区后方医院院长，但因长沙战火失去联系，半途而返。返回后应平阳县徐用县长的聘请，在平阳龙山塔下宫和文明书院，创办平阳县立医院并任院长。1941年5月，他在金华担任军政部军医署驻闽浙卫生人员训练所高级教官，后兼任大队长，亲自编写教材，为抗日第一线培养了一批外科、骨科、灼伤科等急需的医务人员，为战场的救死扶伤发挥了重要的作用。

1943年，日军为挽救败局，公然违反《日内瓦公约》，实施毁灭人性的细菌战，在浙西南一带投放鼠疫细菌，致当地无辜平民大量死亡。当时报道云："浙江鼠疫流行颇剧，见患鼠疫者，十无一生。此病阖家死亡甚多，传染之捷，如风如电。"可见鼠疫之祸严重至极。国民政府征招洪天遂出任浙江省医疗防疫大队大队长一职，受命后他迅速率领防疫大队奔赴浙西南疫区一线，冒着生命危险深入丽水、金华山区各个乡村了解疫情，向群众不厌其烦地宣传防疫知识，同时采取严格的隔离措施，阻止了鼠疫进一步扩散。当时疫区因日军封锁口岸造成药物奇缺，群众缺乏卫生知识，政府投入经费有限，再加上当局的腐败，给防疫工作带来重重困难，但他任劳任怨、不遗余力，率领队员为控制疫情做出了卓著的贡献。

1945年7月，他调任青年军208师军医处一等正军医主任（上校）。1947年被任命为军需署主任，少将军衔。这年冬天，洪天遂闻到了内战的火药味，便以自己不适宜军队工作为由，毅然请长假回乡。1948年，因原208师师长黄珍吾的盛情邀请并推荐，他担任了南京首都警察厅专员，主管全厅的卫生工作，并兼任警察总医院院长。

1949年5月，洪天遂随首都警察厅和警察总医院撤退到宁波。其时，国民党宁波守军以一个营的兵力留守发电厂待命，准备安置炸药在撤退时引爆。地下党组织动员洪天遂以当时首都警察厅专员的身份，协助做好宁波国民党守备营的策反工作。他义不容辞地接受了这项艰巨而危险的任务，秘密接触守备营营长，申明大义，说服其率部起义，保卫了发电厂免遭破坏，为解放宁波做出了很大的贡献。

同年6月，南下干部李铁锋在丽水遭土匪伏击，身中六弹，生命危在旦夕，刚好洪天遂路过丽水，经人推荐，他毅然决定留在丽水，在极为简陋的条件下，施展高超的医术，为伤员实施外科手术，经其精心治疗，伤者获得康复。后来李铁锋担任温州专员公署副专员、温州地委书记，多方寻找当年为其抢救治伤的医生洪天遂，以感谢救命之恩，并表彰他的崇高医德和精湛医术，在浙南一时传为佳话。

新中国成立后，他先后在丽水、北京、安徽从医，曾任丽水县人民代表、政协常委委员，芜湖市农工民主党常委。1956年在皖南医学院被评为一级教授。1958年秋，他因在国民党政府工作的历史，再加上秉性耿直，敢于讲真话实话，对时政弊端大胆抨击，被错划为"右派"分子，1961年被下放到安徽庐江县白湖农场劳动改造。身处逆境他并不气馁，利用劳动之余的时间，孜孜不倦地把几十年的医学实践整理成医学专著《外科学》，可惜如今散佚。

1976年他回到瑞安，在瑞安人民医院、瑞安城关医院坐诊。1979年拨乱反正，获得平反，恢复名誉。同年，当选为温州市农工民主党常委。1980年，以76岁高龄被推选为瑞安政协第四届委员。

洪天遂毕生从事医务及教学工作，数十年如一日，虚怀若谷，慈悲为怀，淡泊名利，平易近人，把救死扶伤作为自己的天职，医术高超，精通内科、外科、感染科和皮肤科，凡向他求医，贫富贵贱一视同仁，特别对一些贫病交困者，更是关怀备至，送医送药，被一些贫苦民众视为救命恩人。

他勤奋好学，博学多才，通德、日、俄、英四国语言，对中国古典文学和诗词造诣亦深，晚年是瑞安云江诗社社员，著有《遂园吟稿》两卷。

学而不厌 教而不倦——张楷

张楷（1906—1989），字则民，祖籍永嘉，居瑞安丽岙梓岙。国立浙江大学教育系毕业。历任温州师范学校、瑞安中学、温州中学教师，执教过教育学、国文、英文、算学等课程。1938年2月始在瑞安中学执教国文和乡村教育，曾在《瑞中校刊》发表《教育的意义》，出版的著作有《教育概论》《乡村教育》《教育实习》等。

1986年10月，瑞安中学迎来建校90周年庆典，这是新中国成立以来，瑞安中学第一次举办隆重的校庆活动。20世纪30年代曾执教瑞安中学、时年80岁高龄的张楷先生，满怀激动的心情赋诗《九十周年瑞中校庆》，诗云："忆昔全民抗战时，讲帷邀共卓公祠。青毡愧负英才望，卑论难襄世道熙。君我至今头尽白，聪明虽减志无移。欣逢母校九旬庆，曳杖思来参祝仪。"以此思怀昔年与王超六先生等在瑞中的共同经历，这首诗被选载于《瑞安中学建校九十周年校庆纪念册》。

张楷老师毕业于国立浙江大学教育系，思想前卫，学识渊博，治学严谨，潜精研思，对教育学、心理学颇有研究，文字功底深厚，下笔成章，著述甚丰，先后出版的著作有《教育概论》（正中书局出版）、《乡村教育》（商务印书馆出版）、《教育实习》（正中书局出版），合著有《家庭教育》《教育心理辨正》《教育心理学与教育》（正中书局出版），编著的《教育学》曾作为师范学校教材。

他为教育事业倾毕生精力，兢兢业业，传道授业解惑，历任温州师范学校、瑞安中学、温州中学教师，执教过教育学、国文、英文、数学等课程，循循善诱，诲人不倦，弟子三千，桃李满园。

1938年2月，张楷受瑞安中学聘请，担任国文和乡村教育的教员。他风华正茂，家国情深，与进步师生打成一片，到瑞中之后即在《瑞中校刊》第二期发表《教育的意义》一文，诠释什么是教育和教育的作用。在抗日救亡运动中，他与时任教导主任王超六等瑞中爱国师生共同创办了以宣传抗日为宗旨的半月刊《新声》，每月逢一日、十六日出版，随当时的《瑞安新报》一起发行，除按期随报赠送阅者外，还备外埠各界索阅或交换。《新声》的主要内容有：半月来的时事汇述，半月来的战场分析，日本军国主义的侵华简史，有关抵制日货的报道等，深受读者的喜爱。《新声》共发行了21期，后因《瑞安新报》停办随之停刊。

张楷老师给学生留下深刻的印象。瑞中1939年1月春季初中毕业的朱杞华校友在《读〈通讯〉，念恩师》一文中说：

大约在初二时，张师开始到瑞中任教，担任乡村教育一课，此课程与升学考试无关，但张师的言传身教，令我们在课堂中不敢轻视这门课程。张师经常穿一套既干净又整齐的黑色中山装，个子不太高，剪平头，戴近视眼镜，是一副标准老师的打扮。在课堂中，他口若悬河，旁征博引，同学们毫无枯燥乏味之感，极为难得。张老师律己甚严，不烟不酒，他还告诉我们一些养生之道，每日保持多喝开水的习惯，认为既可以补充体内的需要，又可以加速胃内不洁物的排除，令我印象非常深刻。

与朱杞华同班的同学陈霖也在《勤思楼畔忆瑞中》中回忆：

初中临毕业的最后一学期，王锡涛校长聘请了浙大教育系毕业、家住丽岙镇的张楷（字则民）老师教我们国文课。他三十多岁，西发，戴眼镜，常穿一套三个口袋的中山装，细巧身材，轻言慢语，"可谓彬彬君子者矣"。他编著过一本厚厚的书，名《乡村教育》，商务印书馆出版。王校长特别为此每周增加两节乡村教育课，里面有一系列统计数字，他讲解时如数家珍，我们听得昏昏欲睡。他所授国文课，我们却听得津津有味。他的逻辑性强，释义清楚，由词义、篇章结构讲到主题，顺理成章，一气呵成。

我还深深记得，他曾抽出课末几分钟，向我们介绍世界文学名著《少年维特之烦恼》，并抄下郭译本写在卷首的几句歌德的名诗：

青年男子谁个不善钟情，

妙龄少女谁个不善怀春，

这是人性中的至圣至爱，

啊，怎么从此中有惨痛飞迸？

他说在浙大求学时，深宵读此书至维特热恋绿蒂而自杀所留遗书时，曾为此悲剧主人公洒下同情之泪。我是第一次听到国文教师介绍19世纪德国伟大的哲学家、文学家歌德的名著……

1946届瑞中高中毕业生何仲麟校友在《瑞中学习生活回忆片段》中说：

每周一上午的纪念周会上，行礼如仪后，校长常邀请校内外老师、名流做报告。有一次由张楷先生做有关心理学的演讲，他把学术性较强的心理学讲得通俗有趣，同学们兴趣盎然。他说外界的刺激会使睡着的人产生关联的梦境（大意）。譬如：用灯芯草在睡着的人嘴边抚弄，可能会引起那人梦见吃索面。开始大家专注听讲，礼堂鸦雀无声，由于张先生举例生动有趣，气氛顿时活跃起来，有的同学不知不觉地鼓起掌来。张先生对心理学深有研究，说话幽默，深入浅出的演讲引人入胜，至今历隔五十年，我仍记忆犹新。

张楷与王超六先生是同学亦曾同事，两人志同道合，交谊甚深，都十分珍惜在瑞安中学共同度过的岁月。1989年张楷辞世时，王超六甚为悲伤，撰写了两副挽张楷则民兄联："同学友谊，历年六十；著书教文，弟子三千。""春节未晤，大桥未游，昨吊唯逸，今哭则民，昊昊苍天何太酷；老成凋谢，琴剑俱杳，君醒黄粱，我悲白发，潇潇夜雨不胜情。"读后令人唏嘘不已。

精通文史 称誉"书橱"
——唐澄士

唐澄士（1898—1975），名溥，又名俊清，字澄士，以字行，瑞安碧山镇山下村人。上海大夏大学毕业，历任上海浦东中学、温州中学、瑞安中学、文成中学、杭州化工学校教职。积极参加地方文献的搜集、整理、编纂工作，1956年至1962年任省文史馆馆员。著作有《陆九渊》，其《陆象山哲学》文稿毁于一·二八沪淞战火，其他文稿也毁于"文革"初期。《瑞安市志》有传。

唐澄士

瑞安陶山碧山镇山下村村北有座小山，名曾山。在曾山南麓，有一座瑞安历史名人故居，主屋为两层五间的楼房，坐北朝南，属晚清建筑，建筑工艺可圈可点，特别是有些柱、檩、椽，构造独特，是别处难以见到的。这就是唐澄士故居，系其父亲唐兆庚所建。

唐家是陶山四大文化家族之一，是典型的耕读之家，诗书传世。唐兆庚，字尧臣，系瑞安名流，曾补县学生员，后因屡试未酬，便放弃科举，在乡村创办书院，聚徒讲学。后来和一批开明乡绅共襄义举，共捐出学田300余亩，以支持家乡办学，颇有声誉，被推举为"澄江两等小学堂"第一任校长，继而被推选为浙江省第一届参议员。

唐澄士年幼时体弱，但天资聪颖，好学不倦，过目成诵。自浙江省立十中（温州中学）毕业后，因身患疾病，先后十年足不出户，在家边休养边自学，以书为友，手不释卷，苦读《十三经》与《二十四史》及历代诗文大家文集。他是一个十足的书痴，一见书就入迷，乡间流传他"腾不出手端点心"的笑话：

唐澄士是个勤学之人，每天读书至深夜，用人会给他送来一碗点心。一天，用人有事要回家一趟，于是提早烧好一碗点心放在锅里，吩咐他饿了自己去端。到了深夜，唐澄士肚子饿了，便提着灯去灶头端点心，他用一只空着的手去揭开锅盖，热腾腾的点心香气扑鼻而来，但无法端起。他埋怨说，我现在一手提灯，一手握锅盖，又怎么去端点心呢，这死阿妈不是在捉弄我吗？

这个有着大智慧的读书人，做出如此让人啼笑皆非的事，一直在乡间流传至今。

唐澄士病愈后考入上海大夏大学文科哲学系，其博学及勤勉的精神为李石岑教授所器重。1919年毕业后曾在上海浦东中学、浙江省立第十中学（温州中学）、温州师范学校任教。新中国成立后，执教于文成中学、杭州化工学校师资进修班。一生读书、教书、著书，系瑞安的通儒。

1941年毕业于温州师范学校的台湾中原大学教授李森南在《青年求学在温师》中说：

三年级时，我们的国文老师是唐澄士先生，瑞安陶山博爱山下人，身材魁梧，有点像金陵大学教授卢冀野。同学们告诉我，唐老师30多岁才毕业于大夏大学，大家都佩服他的毅力。唐老师致力于古文，读书甚多，同学们称他为"唐书橱"。他对我似有所偏爱，给我作文评分很高，有一次评语是"能脱前人窠臼，堪称压卷之作"。抗战期间，瑞安县城沦陷，我的父亲避寇陶山区，田间闲行曾到他家。在他的书楼中，挂有横笛一支，信手拈来，吹奏一曲，雅乐飘飘，陌上草薰……

1938年、1944年、1946年、1950年唐澄士曾四次在瑞中执教国文。他乃饱学之士，博览群书，精通经史，无所不知，人们若遇疑问都会向他请教，尊称他为"书橱"。1939届学生陈霖在《勤思楼畔忆瑞中》中这样回忆：

唐澄士先生是我初中年代第三位国文教师，我们尊称他为"书橱"。方方的脸庞，平顶的头发，两撇短短的八字须，冬天穿长袍，夏天穿纺绸衣裤，借住的玉海楼中堂楼上摆满古籍。他待人温良，有长者之风。澄士师讲课时，旁征博引，引人入胜。如讲解陆游《示儿》一诗，即举《书愤》做比较文学的讲解，抒发爱国主义的教育。他又长于训诂学，旁及瑞安方言。他曾解释"酿禾"之义，说"酿"者酝酿也，"禾"者稻禾也，"酿禾"就是盛夏时节培育稻禾的雷阵雨。我听了几十年后，还深深感到故乡瑞安方言遣词之美呢……

新中国成立后，唐澄士积极参加社会活动和地方文献的搜集、整理、编纂工作。1952年夏，在瑞安政协社会工作组组长俞春如先生的组织下，他和宋慈抱、李孟楚、张宋颀等人将搜罗到的一万余册私家书籍，进行翻晒、整理、编目，为地方积聚了一大批历史文献。

他学识渊博，早年著有《陆九渊》一书，还有《陆象山哲学》经商务印书馆编辑审查通过后，已预付他150银圆稿酬准备出版，但因一·二八沪淞战事爆发，上海商务印书馆仓库被日寇焚毁，其著作原稿亦在战火中灰飞烟灭。

1963年唐澄士先生被聘任为浙江省文史研究馆馆员，他勤奋编写文史资料，著述颇丰，但在"文革"初期，其书籍文稿被当作"四旧"没收清理，连寄存在浙江省文史馆的稿件也尽毁无存。

唐澄士能文能诗，撰联对仗工整，用典自如。曾为同事、省立十中（温州中学）物理教员张之潮先生撰挽联云："学成自瀛海归来，欣看西湖桃李，东浙弦歌，济美三千留遗爱；运厄比孝标加酷，剧怜伯道无儿，中郎有女，绵延一脉慰孤魂。"还曾为温州中学著名的数学教师陈叔平撰挽联云："太邱道广，通德门高，堰坫重东瓯，看他年丹荔黄焦，俎豆存千秋，化身百万畴人学；陶潜樽空，桓荣帐在，风怀追北海，痛此日素车白马，心丧孚遐迩，执绋六千君子军。"

1996年，唐澄士之子唐伟栻（曾任瑞中国文教员）、伟坚兄弟俩搜罗劫后的父亲残存遗稿，印为《抱拙园诗文录》。在此摘录唐澄士老师《和钟芷芬五十述怀》二律，以示纪念。

一

喧呶扰攘眼中过，落俗纷纷只逐波。
宦海浮沉云出岫，名场诗酒哭当歌。
戚君风木思亲切，触我蓼莪抱恨多。
天若有情天亦老，寄言伯敬怅如何。

二

大患何曾累此身，祇应蝴蝶梦魂亲。
春风桃李清阴满，夜月江湖乐事陈。
如日方中才半老，有锥可立未全贫。
羡君潇洒言怀句，遐想葛天以上民。

音乐人生 始终不渝

——邹伯宗

邹伯宗（1915—2007），浙江龙游人。早年就读于上海立信会计学校音乐班，师从冼星海、吕骥等名家。抗战爆发后，曾任永嘉抗日自卫会宣传队副队长、永嘉音协理事长，为抗日救亡做了大量的文化宣传工作。1939年、1943年两次受聘为瑞中音乐教员。从事音乐教育工作40多年，三次担任温州市音乐家协会主席，被称为温州新兴音乐的开拓者之一，入选《当代温州人物》。

邹伯宗

2015年12月26日，邹伯宗先生100周年诞辰纪念活动在温州市新工人文化宫举行，温州文化界、音乐界、教育界400余人，共同缅怀温州新兴音乐的开拓者之一、音乐教育家邹伯宗先生。

邹伯宗十几岁时从老家龙游来到上海，在恒丰绸厂当工人。1936年，被杨树浦路临青职中聘为音乐教员，并加入上海文化界救国会，走上音乐道路，与音乐结下不解之缘。

受救国会推荐，他成为上海立信会计学校音乐班学员，班级负责人是吕骥，教员是冼星海、何士德等著名音乐家。冼星海不仅教识乐谱，并教导学员要以音乐为革命武器。他也向冼先生立下誓言，终生为革命音乐贡献一切，并付诸行动，投身抗日救亡歌咏运动。

1937年5月，上海第四区丝织业产业工会发动罢工，他作为工会常务理事与工会骨干数十人被巡捕房抓捕，并以妨碍治安罪判刑6个月，直至

邹伯宗诞辰 100 周年纪念集《闪亮的音符》

八一三战事爆发才提前释放。他离开上海到金华参加"新生救亡团",担任抗日宣传队副队长。1938年又辗转永嘉(温州),担任永嘉抗日自卫宣传队队长,编印了大量具有战斗性和感染力的抗战歌曲,指导民众开展歌咏活动。在他的倡导组织下,温州歌咏活动迅猛发展,先后成立了抗敌歌咏队、吼声歌队、青年歌队等民众抗日歌咏队,歌咏所需的音乐资料均由他提供,因而花去了大部分薪金,他却得意地说:"论物质生活,我是个穷光蛋;论拥有音乐资料之多,我却是个大富翁。"

他全身心投入抗日救亡运动,成为温州歌咏运动的号召者。1939年1月,当选为浙江省音协永嘉分会理事长。3月18日组织举行"永嘉县各界联合歌咏大会",参加者达2000多人。他亲自担任小学生合唱队、永嘉抗日会宣传队、县党部抗战歌咏队等三个团队的歌咏指挥。

1939年8月,受聘为瑞中音乐教员。他把音乐课堂打造为救亡歌咏的阵地,选用《延安颂》《游击队之歌》《流亡三部曲》等抗战歌曲为教材,建立歌咏队、演剧队、民歌队和指挥训练组,组织学生唱抗日歌曲,演抗日话剧,开展群体歌咏比赛。当时,参加兴趣小组活动的学生约占全校学生数的三分之二。

1941届初中学生何宗镠对邹伯宗老师当年的任教情景有这样的回忆：

抗日战争进入艰难的岁月，校里出现一位中年人，他穿戴朴素大方，精神焕发，气度不凡，举止潇洒，他就是音乐老师邹伯宗。在音乐课上，教我们唱抗日歌曲，一遍一遍不停地唱歌谱、歌词，短短细细的指挥棒在手里不停地挥舞。高亢、洪亮、圆润的歌喉，加上有力的动作，他上课很能吸引人，使人不会厌倦。记得一个天气晴朗的下午，邹老师将全校十多个班级学生都集中在礼堂里，每班学生站成一个方块，十多个方块排成一个马蹄的队形，举行歌咏比赛。每班学生都唱几支抗战救亡歌曲，班班他都亲自指挥，当十多个班级唱毕，他已累得面颊绯红，额角渗汗。这样的活动在当时是很有意思的，既提高了学生的抗战意识，又丰富了课余生活。在教育并不被国民党政府重视的年代里，邹老师如此热情宣传抗日，如此辛勤歌唱实在难能可贵。

此情此景，当年的学生周臣孚也是记忆犹新，在回忆文章中写道：

1938年至1940年，我在瑞中学习期间，学校对音乐课非常重视，请来像邹伯宗那样著名的音乐教员。他思想进步，歌喉嘹亮，教学认真，方法独特，既教歌唱，又讲乐理，更教思想。他收集了大量聂耳、冼星海等名人作的抗战歌曲，原原本本地向学生讲解，给幼小的初中学生的心灵里播下了爱国家、爱民族，同仇敌忾的种子。

他教唱时，炯炯目光和神色，随着歌词的不同而变化，当教唱《延安颂》时，严肃而神往；教唱《游击队之歌》时，自豪而欢快；教唱《流亡三部曲》时，隐隐含泪，不时发出愤怒的火花。通过他每节课的教唱与讲解，群情激愤，抗战情绪一浪高过一浪。

抗战期间，邹伯宗先后在《浙瓯日报》《老百姓》等报刊上发表革命音乐论文、音乐知识及技巧等方面的文章38篇；为《温州日报》编写副刊《歌与剧》二三十期；创作20多首歌曲，收集3000多首抗日歌曲，编印《抗战歌咏集》和《青年歌刊》等音乐教材10多本，参与编写《抗战歌声》《抗战新歌》等7本，与胡今虚合编《抗战歌声》第四集，共收编抗战歌曲95

首，1939年12月交给丽水会文图书社印刷出版，面向全国出售。据资料记载，《抗战歌声》一至四集共发行三万册以上，为全国各地抗战救亡歌咏运动的蓬勃发展，提供了殷实的曲目教材和坚实的精神食粮。

邹老师在回忆《抗战歌声》第四集选歌中有这样一段故事：

选取的歌曲中有一首叫作《延安颂》，歌词内容包括描绘景物的抒情色彩，歌颂雄伟国土的炽热情怀，叙述千百万青年的同仇敌忾，和全国军民的抗战决心，预示着胜利的光辉前景，确实是一首好歌，但延安是革命圣地，歌颂革命圣地的歌曲在国统区是不允许出版推广的，我又爱不忍释，不得已，便设法改头换面，将歌名改为《中华颂》，歌词中"啊！延安，你这庄严雄伟的古城"改为"啊！中华，你这肥沃广大的国土"。另将结束句的歌词"你的名字将万古流芳，在历史上灿烂辉煌！"改为"你的旗帜正在到处飘扬，在世界上灿烂辉煌！"这样一改之后，这首歌在国统区就通行无阻了。

1939年冬，国民党反动派发动第一次反共高潮，瑞安县县长吕律下令

邹伯宗工作照　　　　　　　　　　　　邹伯宗著作《抗战歌声》

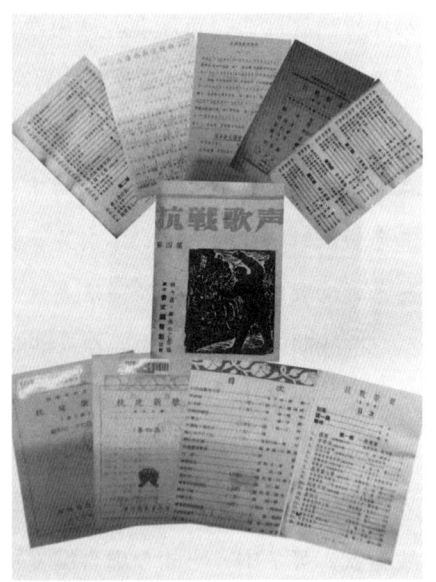

取缔青救团，瑞中学生抗日救亡工作队也被勒令解散。1940年1月，邹伯宗因积极宣传抗战，被国民党瑞安县政府视为共产党嫌疑分子，强令瑞中不得续聘，直至县长吕律卸任后，1943年2月才重返瑞中任教。他被列为"抗战时期温州部分名师"。

20世纪三四十年代，他先后在浙南各地的学校任音乐教员。1941年至1944年，与李凌合编《儿童音乐》面向全国发行，开创了中国儿童音乐杂志出版之先河。

新中国成立后，他在温州师范、温州四中、温州五中和温州七中等学校任教，三次担任温州市音乐家协会主席。1954年至1978年，他连任温州市音乐教研大组组长达24年之久，谱写歌曲100多首，负责主编各年级音乐教材100余册；创制推广"五线谱认调板"，并获得专利，解决了学生只能学会15个调中3个调的难题。

邹伯宗毕生与音乐结下不解之缘，在回眸60多年的音乐生涯时说："我想如今可以告慰冼星海老师了，因为当年我曾向冼星海老师立下誓言，此生献给音乐事业。而我始终没有忘记，始终未改初衷，这是我感到欣慰的……"

温州教育名家——陈逸人

陈逸人（1897—1984），名骏，又作陈俊，以字行，居瑞安县城西北镇，1913年瑞中（旧制）毕业。自学成才，学识渊博，为"瑞安十才子"之一。历任瑞安孤儿院主任、上海商务印书馆编辑及温州中学、宁波中学、瑞安中学、永嘉济时中学、温州师范、温州师院等校国文教师，曾获夏丏尊先生纪念基金颁发的第一届奖金。新中国成立后，当选为温州市政协第一至三届常委。《温州教育志》有传。

陈逸人

　　瑞中一个多世纪的办学历程，以"甄综术艺，以应时需"为宗旨，弦歌不辍，乐育菁莪，英才辈出，群星璀璨，被誉为"人才的摇篮"。在耀眼夺目的办学业绩背后，是一支名师荟萃的教师团队，他们披肝沥胆，言传身教，铸就了这所历史名校的灿烂辉煌。从《瑞安中学教职员名录》中，我们可看到：民国初期的"瑞安十才子"中，薛钟斗、李笠、宋慈抱、陈逸人、李孟楚5人曾任瑞中教员。

　　陈逸人出身贫寒家庭，1913年从瑞中（旧制）毕业后，坚持刻苦自学，每晚必点一盏油灯攻读典籍，直至灯油耗尽，方掩卷入睡，此举被乡里传为佳话。民国初期，他和李笠、薛钟斗、宋慈抱等家乡俊彦经常相聚谈艺，酬和诗词，文才猛进。乡间将他与洪锦龙、薛钟斗、周予同、李笠、宋慈抱、伍侗、李翘、郑剑西、许达初并称为"瑞安十才子"。

　　1921年陈逸人与金嵘轩、周予同等人共同创立瑞安第一个进步社团"知行社",倡导"知行务实",施行普及教育,以"知行图救国",去实现救国济世的夙愿。1922年他任瑞安孤儿院主任。1925年至1932年任上海商务印书馆编辑兼国文函授教员。此后曾在宁波中学、福建省立中等学校师资养成所、温州中学、温州师范等校执教。

陈逸人老师的高足、南京大学著名教授赵瑞蕻在论著《诗歌与浪漫主义》的编后絮语中说:

1934年春,我在温州中学高中部二年级(我那时18岁)读书时,学校领导为了使同学们在课外多读点书,根据各自的兴趣,开展学术活动,便成立了两个组织,一个是自然科学研究会,一个是中国文学研究会……中国文学研究会是由我们的国文老师陈逸人先生直接指导的……他学问很好,对中国古代文化、训诂学、古典文学、社会学、民俗学都有研究,造诣甚深。他特别重视学生的语言文学基础、写作能力,而且鼓励我们多读古书,他甚至要我们在课余读完《史记》的列传,说一辈子会有用的。

1934年,温州中学高中学生组织中国文学研究会,陈逸人担任指导师并亲自兼主编,出版过大型期刊《中国文学》。在6月的创刊号上,他率先以伊仁为笔名发表《中国古代的"波尔打吃"》和《中国古代的图腾崇拜》。在9月出版的第二期上,又用鲁君的笔名发表《傩与戏剧》。一所普通中学能出版这样一种大型学术专刊是极不容易的事,当时曾引起浙江省教育界的重视和关注。《中国文学》后来被中科院列为学术期刊论文索引编目。

著名农史专家游修龄在回忆中说:

陈逸人是我高中时期(1936—1938)的国语老师,有一种旧文人的高傲之气,上课时很严肃,当然很认真负责。他上课时很喜欢一边讲一边在课台桌后面走来走去,做手势,黑板字写得很大,字体飘逸,恰如其人。他编语文教材的方式,不采用规定的教科书,而是用自编的铅印活页教材,直排像古书那样,每课若干页,到学期结束可以装订成册。他把教材分为两类,一类是大号字,是课堂上必讲的,另一类小一号字,分量较多,是供课外阅读的。比如他上《庄子》的《齐物论》,课外阅读就附庄子的《秋水》《天下》篇,让你自己去看,去钻研。你不去看,不提问,他也不管。这是一种正确的因材施教方式。他给你打开扩大知识面进行自学的机会，你不想学也可以，课堂上已经为你提供了最起码的知识了。

陈老师思想进步，正义感强，热情支持学生爱国运动。据温州市前市长胡景瑊在《一二·九前后温中学生运动》中回忆，1935年12月12日，温州中学学生救国会成立大会，到会表示支持的有四位老师，陈逸人老师便是其中之一。

1938年下半年，他到温州师范学校任教。当年的学生张宪文在《三年负笈 刻骨铭心》中回忆：

那一年，教我们国文的老师是新来的瑞安人陈逸人先生。他早岁负瑞安通才之誉，对中国古代文化、训诂学、古典文学、社会学都很有研究，是一位学者，后来在温州中学等校任教，著称于省内。他教学不拘一格，不为课本所限，特别重视学生的语言、文学基础和写作能力的训练，于课文之外，常给我们选授《庄子·天下》篇等诸子百家的文章，并结合讲解学术源流和语法修辞等问题……

他博学多才，教学一丝不苟，坚持因人施教，对学有余力的学生指定通读《汉书》《史记》《典论·论文》和《文心雕龙》等有关篇章。他曾这样指导学生说：读汉魏六朝文除《文选》外，还当娴习《水经注》《洛阳伽蓝记》和《颜氏家训》，这三部书，不仅文字好，且涉及历史、地理、典章和名物等许多学问，读它可以丰富知识，开阔胸襟。

在温州师范学校工作时，他为《温师校歌》撰词：

东海之滨飞云浒，有原野焉辟精舍。日出而作，我们要荷锄南亩；日入而息，我们还把卷讲肆。普及小学教育，推进农村建设。主此抗战建国期中，更要修养到个个是文化战士，民众先锋。

著名音乐家缪天瑞为之谱曲，可谓珠联璧合，相得益彰。

1940年，他受聘于瑞安中学，担任过国文教员及图书管理员。他的讲课丰富多彩，每个章节都仿佛在学生面前打开一扇窗户，让他们看到一个斑斓的别样世界，因而深受学生爱戴。后来他返回温州中学任教。1947年，荣获夏丏尊先生纪念基金颁发的第一届奖金国币150万元，该奖金是奖励从教十年以上，且有优良成绩的中学国文教师，首届获奖者全国仅有二人，获此殊荣，实属不易。

1956年，他调到温州师专中文科执教现代汉语和古代汉语，学生姜嘉镳在《"瑞安十大才子"之一陈逸人先生——我家两代人的恩师》中回忆：

> 那时他给我们上课早已年逾花甲，但背脊挺拔，目光炯炯有神，板书构架严密，笔锋犀利富有神韵。他精通四书五经以及司马迁的《史记》等典籍，常列举名言分析古汉语语法……他一生清贫，上无片瓦，下无插针之地，唯对图书爱之如命，一旦相中典籍，即不惜重金倾其所有购置，据陈先生公子陈召南（原温州医科所副研究员）回忆，共有藏书24箱，每年逢霉天之后，必亲自操劳翻晒，并催促子女协助。这批藏书是他宝贵的精神财产，可惜在他离世后，不知流失何方。

新中国成立后，陈逸人加入中国民主同盟，曾任温州市政协第一届至第三届常委、文史工作组副组长，在政治协商、民主监督和参政议政中，积极发挥自身的作用。1964年在温州师范学校退休。

"他一生致力于教学，培养人才，勤奋正直，风光霁月，在我们温州文教界是一位很有影响、享有盛誉的教师和学者。"赵瑞蕻教授曾如此动情地说。

李翘和《屈宋方言考》

— 李翘

李翘（1898—1963），又名孟楚，字炜仪，瑞安仙降杏垟村人。系慎社、知行社、瓯风社社员，《瓯风杂志》编辑，名列"瑞安十才子"和"永嘉七子"之列。1940年在瑞中执教国文，历任省立十中国文教员，中山大学、安徽大学、河南大学文学系副教授、教授。专攻《楚辞》，著有《屈宋方言考》《老子古注》等。1950年被推选为瑞安县政协委员，1956年被聘为浙江省文史馆馆员。

李翘，字孟楚，出身名门，父亲李芑乃浙南名流，清末廪生。科举废除后，致力于诗词书画，精通医术，人称"妙手神医"，为晚清药物学家。民国初当选为浙江省第一届省议会议员，历任瑞安县参事会参事、县视学等职，著作有《养拙斋诗文集》《东瓯本草》《医书提要》等。其弟李翊，曾任瑞中英文教员、中国海事专科学校副教授。

李翘幼承家学，好学能文，毕业于杭州第一中学。1920年参加梅冷生发起的温州文学团体"慎社"。同年，与周予同、金嵘轩、李笠等人在瑞安发起组织"知行社"，倡导"知行务实，知行合一"，以"研究地方情形，尽瘁公益事业，以图社会进步"为宗旨，推行普及教育及宣扬新文化活动，举办平民夜校、平民阅报所、话剧团等。

民国初期，熟读诗书、饱富才华的李翘，与瑞安及温州文坛一些爱好古典文学的青年才俊，以文会友，同声相应，同气相求，谈书论诗，吟咏唱和，逐渐形成一个青年文士群体，深受乡人敬重。人们把他和洪锦龙、周予同、李笠、宋慈抱、薛钟斗、伍俶、郑剑西、陈骏、许达初并称为"瑞安十才子";江苏如皋名士、瓯海关监督冒广生在《寿陈子万丈七十》诗中,点名将他和宋慈抱、薛钟斗、夏承焘、李仲骞、陈仲陶、李乐臣合称为"永嘉七子"。

1933年11月,陈谧、林庆云等发起组织"瓯风社",创办时共有16位社员,均为当时温州各县学界名人,李翘名列其中。翌年1月《瓯风杂志》创刊,6名编辑成员均是温州地区的精英人物,李翘为编辑之一。创刊号问世后,各界好评如潮,如《浙江省图书馆刊》评论云:"快读一过,辄觉内容美富,诚不负东南文物旧邦。""是志发凡起例,颇称完善,内容亦甚精纯,印刷装帧尤为古雅可爱。"赞誉之词,不一而足。

李翘后来担任过天津交易所秘书,浙江省立十中、厦门集美师范的国文教员,中山大学、安徽大学、河南大学等高校的副教授、教授。1935年担任《瑞安县志》编委会征集股股长。1940年任瑞中国文教员。1950年被推选为瑞安县政协委员,积极参与本地古籍图书的整理和编目工作。1956年被聘为浙江省文史馆馆员。

他博学多识,涵蕴众流,一心专攻《楚辞》,执着于古楚方言的发音与流变研究,倾力于屈、宋以来的各类方言原典与方言学著述,著有《屈宋方言考》《楚辞天问管见》等,以《屈宋方言考》负有盛名。《屈宋方言考》是一部怎样的著述呢?从《温州日报》瓯网刊载的肖伊绯撰写的《〈屈宋方言考〉:楚方言著述中的"翘楚"》一文中可以得到解读。

《楚辞》是继《诗经》之后,对我国文学具有深远影响的一部诗歌总集,运用楚地的方言声韵,叙写楚地的山川人物、历史风情,具有浓厚的地域文化色彩。自汉代到清代,在《楚辞》方言注释上做出重要贡献的学者,先有汉代王逸《楚辞章句》之发端,中有宋代洪兴祖《楚辞补注》和朱熹《楚辞集注》之承接,后有清代戴震《屈原赋注》之余响。无论章句或补注,无论集注或辑注,皆是以现时代语言译解古代语言之诠释,皆是以一己之知见洞悉古人真意之努力。在漫长的一千余年间,这些学者虽然在《楚辞》研究上做出了自己的独特贡献,但他们的著述却不着意于古代语言本身,不是专门归纳、探究《楚辞》方言的。直到李翘撰成《屈宋方言考》，从方言角度阐释《楚辞》音义，溯及方言源流，才有第一部考释《楚辞》方言的专书。

方言学观点认为，上古南方汉语只有楚语，原说非汉语的吴越江南各地最初也是被楚国收服的，原始吴语也应由楚语分化。而李翘以为《楚辞》作为上古楚语原始文本，是可以用统计学方法加以筛查和取样的，得到的有效样本越多，越能趋近吴语始于楚语之分化这一假设；得到的有效样本比较研究做得越透彻、越丰富，吴语的上古源流将越清晰、越明确。

李翘从温州方言中遗留的"楚语"成分获得启迪，长期致力于语言样本的收集、辨析与经典文本的比较研究，认为屈原的作品吸收了许多民间口语，具有鲜明的楚方言特色。据他考证，屈原作品中用到的楚方言数量不止王逸《楚辞章句》所确定的21个词汇。他梳理和列举出68个楚方言词汇：芰、药、宿莽、卉、苏、棘、蟋蟀、蝇、蚊、稀、阊阖、潭、濑、梦、坛、闲、堁、轪、辀、汦、蔽、棋、筊、篿、长铗、键、襛、睸、堵敖、灵子、娃、媭、

李翘著《屈宋方言考》　　　　　　　　　孙诒泽为《屈宋方言考》题签

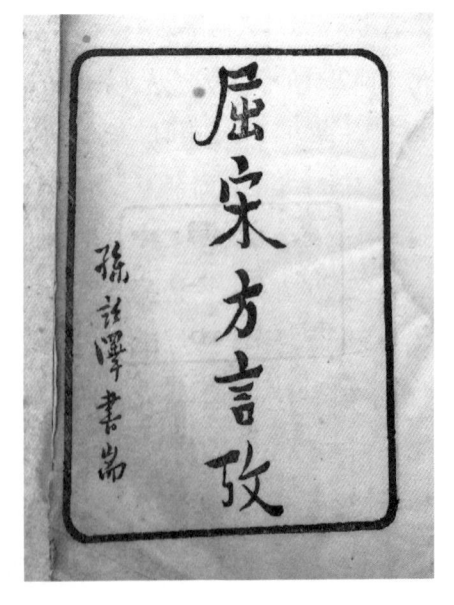

逐、修、陂、搏、俔、遥、謇、嬺、嬾、窃、贪婪、汨、远、掩、唉、凭、爽、家、独、纫、搴、宅僝、咳、掩、费、羌悼、爱、逞、媱、嬉、遭、睇、阘、矞、些，其中有名物类词汇，有形容词，也有动词等。国学大师郭沫若在《屈原研究》中也曾列举了24个词汇，还不及他的半数。

1925年，李翘以《屈宋方言考》为书名，交由芬熏馆刻板刊行。瑞安书法家孙诒泽为之题签"屈宋方言考"五字，字体端方朴拙又饶有奇趣，正好概括了李翘本人特立独行的治学旨趣。

《屈宋方言考》作为李翘正值盛年的代表作，也是楚方言研究著述中的"翘楚"。虽然《楚辞》中的方言可能远不止这些，但从李翘所列举之例，已经可见其一般情形和楚方言的特点，可谓具有集前代研究大成之功，又复有李氏本人的沉思冥搜之力，至今无人能超越其皇皇68个上古楚言词汇发掘之纪录。后来研究温州方言、吴越方言、楚地方言者，均从《屈宋方言考》中得到不少教益。

李翘曾师从国学大师林损（公铎）学习《老子》，著有《老子古注》二卷。这本研究老子的著述，不及《屈宋方言考》负有盛名，但无论是《屈宋方言考》，还是《老子古注》，李翘所执着的并非什么文风词境的文艺学视角，而是严谨得近乎刻板的方言学研究，专心致志追觅"古"字，在"国故"的僻壤里孜孜以求。这种慕古之心和治学精神，是相当难得的。

李翘还擅长骈文。著名学者宋慈抱在《邵心侠哀词》一文中曾写道："吾乡自光宣以降，弦歌辍响，国学湮微，士大夫趋势利之途。然落落寡合，宁伏案而终身稽吉者，固不乏人，以慈抱所躬逢，如李笠之经史小学，李翘之骈俪文辞，薛钟斗之搜罗乡邦文献，杨则刚之治金石目录，虽欲谓之末学，不能也。"

由此可见，李翘的骈文，且一定很有特色。可惜他的骈文作品现在皆已失传。

"百姓音乐家"
——侯家声

滋兰树蕙 瑞安中学前辈名师风采录

侯家声（1916—1988），浙江平湖人。福建音乐专科肄业。曾在遂昌县民众剧场、青田民众教育馆工作。1941年2月应聘为瑞中音乐教员，运用歌咏、戏剧等文艺形式组织学生开展抗日宣传。抗战胜利后，在平湖县民众教育馆工作。新中国成立后担任平湖师范学校、嘉兴秀州中学音乐教师。系浙江省音乐协会理事、中国民主促进会嘉兴市委主任委员、政协嘉兴市委常委。名列"抗战时期温州部分名师"。

侯家声

　　2005年7月，《温州日报·党报热线》的记者来到瑞安中学校办，要求协助查寻《永远忘不了这4·19夜》的词曲作者。事情起因是：平阳县有位75岁的老人杨乃杲先生，小时候从姑妈那里（姑父杨德屿20世纪三四十年代在瑞中执教），学会了瑞安沦陷时的一首抗战歌曲，这旋律一直长留心间。时隔64年之后，他依然记忆犹新，唱得慷慨激昂，但不知道歌曲作者是谁，便通过《温州日报·党报热线》刊登《一首抗战歌萦绕心头64年，老人寻找当年词曲作者》一文，希望在纪念抗战胜利60周年之际，能找到歌曲的作者。

　　刚好我对这首歌曲有所了解，随即给出了答案：这首歌名《四月风》，词曲作者是当时瑞安中学音乐教员侯家声。1995年，瑞安有关部门在编写《抗战胜利50周年纪念册》时，收录了这首歌的歌词，但未收集到曲谱。我为《党报热线》记者提供了以往瑞中校友对这首歌的回忆文章。第二天

《温州日报》刊发了《"一首抗战歌萦绕心头64年",引出瑞安中学抗战史话》的文章,不仅了却了杨乃杲老人的心愿,也最终为抗战歌曲《四月风》配上了曲谱。

1941年4月19日瑞安沦陷,日寇在城乡奸淫掳掠,百姓受尽蹂躏。5月3日,日本侵略军撤退后,四散的师生才重返家乡再回校园,面对疮痍满目的家园校园,群情激愤,纷纷要求参加抗日救亡运动。为了声讨日寇暴行,团结更多民众参加抗日救亡运动,中共地下党员、学生项景文动员时任瑞中音乐教员侯家声,秘密创办《熔炉》歌刊,谱写纪念"四一九"的歌曲。

侯老师满怀愤慨,彻夜未眠,谱写了以"四一九"日寇登陆瑞安为背景的《四月风》,也称《四月的夜》,歌词为:

这里是惨淡的江边,这里是茫茫的一片,记得是一个深夜,那是四月的夜,春风吹断了这四月的夜。江里的风啊,凄凄吹掉了故乡的美丽,但是,我们在这里生,在这里长,难道甘心让家乡沦亡?愿意做一世的牛羊?不,我们要高唱反抗!反抗!反抗!把敌人赶出飞云江,把敌人赶出鸭绿江,要重新建造一个美丽的故乡。

这首悲愤激昂的校园抗战歌曲,写出了瑞中人的骨气,也唱出了瑞中人抗战到底的志气,此后成了瑞中新生第一堂音乐课首学的歌曲,不仅全校师生人人会唱,在瑞城四隅也广为传唱。

这年暑期,侯老师还组建了"时代歌咏队",参加队员不仅有瑞中学生,也有小学音乐教员和爱好音乐的社会青年,其中女队员占了三分之二。每天下午,他率领歌咏队员冒酷暑集中练唱《在太行山上》《黄河大合唱》《游击队之歌》《黄水谣》等抗战歌曲,还组织队员走向街头为民众教唱抗战歌曲,让激昂嘹亮的歌声回响在瑞中校园及街头巷尾。

在侯老师的引导下,潘剑霞、吕齐、林杰等一些进步学生成立了瑞中歌剧队,他亲自任导演,精心指导,在全体演员的通力合作下,首演的抗日独幕话剧《吉夕》在仲容文化馆成功公演。随后,歌剧队又上演了《晚香玉》《锄奸》《火炕》等剧本,大大激发了学生及民众的抗日救亡斗志,产生了较大的社会反响。他还支持陈翠兰、张汝桂（后和侯老师结成伉俪）等进步学生，组织读书会，阅读《浙江潮》等进步书刊，撰写学习心得体会，发表在秘密小报《熔炉》上。鼓励她们利用三八国际妇女节、五一国际劳动节等纪念日，上街散发、张贴"坚持抗战，反对投降""坚持团结，反对分裂"等内容的传单、标语。他对瑞中的抗日救亡运动起到了一定的推动作用，在瑞中抗战史上留下精彩的一页，名列《温州教育史志》"抗战时期温州部分名师"。

侯家声是家中的长子，母亲睿智聪慧，喜爱唱歌，曾经用无数美妙动听的乡间民歌，温暖并熏陶他幼小的心灵。在家风的沐浴下，稍稍懂事的他，就喜欢听母亲唱《烟花女子告阴状》，跟着母亲学唱《采桑歌》《种田山歌》《摇船歌》，播下了音乐梦的种子。就读中学时，就暗下决心，长大要当个音乐家。后来得知福建音乐专科学校在浙江招生的消息时，毅然决定赴福建报考，因家境贫困，他决然把自己唯一的毛线衣给卖了，以凑足路费。

在福建音专，他夜以继日、如饥似渴地学习乐理、作曲、练声、弹琴，绝不轻易放过任何学习时间，积极利用每一个课堂视唱、钢琴演奏的机会，苦练技艺，其苦学劲头和拼命精神给老师与同学们留下深刻的印象。然而，终因战乱和家境贫困而被迫辍学，只拿到福建音专的肄业证书。

抗战期间，他在福建永安亲身掩护过抗日志士、共产党员陈宗谷同志，也曾为抗日战士送过药品和衣鞋等物品。在遂昌民众剧场、青田民众教育馆、瑞安中学、丽水县曳岭区工作时，满怀爱国激情，坚持参加抗日救亡运动。20世纪40年代，他利用自己的一技之长，先后在瑞安、杭州、金华等地举办10多场二胡独奏音乐会，普及中华民族传统音乐，受到广大民众的欢迎。

新中国成立后，他在嘉兴（平湖）师范、嘉兴秀州中学任音乐教师，直至退休。他一直坚持音乐创作和参加辅导演奏活动，在报刊发表器乐合奏曲20余首，音乐作品有《南湖颂》《劳动之歌》《丰收歌》《送粮》《没见过这样的年轻人》等。其中《南湖颂》（组歌）在嘉兴地区会演时获奖；《送粮》被浙江省歌舞团歌唱家叶彩华唱红了半个浙江，1992年文化部举办全国民间音乐舞蹈比赛，胡小娥选唱《送粮》获得"群英奖"；改编的民歌《黄浦太湖结成亲》《毛主席像红太阳》（与人合作）灌制成唱片。人们感动于他的精湛艺术才艺，很接地气的音乐创作，以及浓郁的家国情怀，赞誉他为"百姓音乐家"。

侯家声老师曾任浙江省音乐家协会理事，中国民主促进会嘉兴市委主任委员，政协嘉兴市委常委。他始终把培养音乐人才当作自己的事业，创办了"幼师音训班"和"幼儿钢琴训练班"，传授自己的音乐才艺。大儿子侯小声在他的音乐事业感召下，进入上海音乐学院作曲系学习，师从桑桐、邓尔敬等乐坛名师，发表各类歌曲等音乐作品近千首（部），获全国一等奖12次，被称为饮誉沪上的民族音乐家。三儿子侯小雄坚信：音乐离不开创作，父亲是我的标杆。率先在嘉兴开办以他个人名字命名的工作室，创作了一批在浙江，乃至在全国有影响力的音乐作品，成为蜚声全省的自强音乐家。"乐坛侯门三杰"成为浙沪音乐界的佳话。

笃学勤思 爱国怀乡
——李森南

李森南（1919—2005），瑞安县城浦后街人，1936年毕业于瑞安县立初级中学。1941年温州师范毕业后，在瑞中大峃分部执教动物课。1949年7月定居台湾，1970年淡江大学英文系毕业后，任台湾中原大学、台湾浸信会神学院国文副教授、教授。著有《杜甫诗传》《山水诗人谢灵运》等。曾任台湾瑞中校友联谊会会长，入选《当代温州人物》。《瑞安市志》有传。

李森南

瑞安县城浦后街原有一处清代以来最具文化内涵与意境的私家园林，名"卷石山房"，占地面积虽不大，但置有"醉月坪、留云洞、咏锦池、听松楼、洗砚亭、锦屏岩、卧溪桥、读易庐"八景，假山岩洞，亭台水榭，水池石桥，玲珑端秀，俨然一方清幽的天地，尽显江南园林的秀丽典雅。

李森南从小就与父亲居住在太祖建造的"卷石山房"内。父亲李逸伶，淹通群籍，多才多艺，通文史、音律、弹唱，善剑术，擅长岐黄之术，以生物为专长之学，执教于浙江省立十中、瑞安中学、温州师范诸多学校，授业解惑，受人仰慕。

李森南幼承庭训，恪守儒规。10岁时其父就以理科教科书为课本，教以理工常识。12岁小学毕业后辍学，曾在西药房当了两年学徒。其时父亲每日辅导他读《左传句解》《古文观止》、庄子、唐诗和英语会话，并授以太极拳、太极剑、达摩剑。1933年他考入瑞安县立初级中学，以优秀成绩毕业后，因家境清寒，不敢奢谈升学，"家贫无奈作先生"，便在瑞安县中心小学、城南小学任教。当时父亲在家设馆教授国文，他亦经常随堂附读，学习《离骚》《史记》《昭明文选》等，并在父亲辅导下，自习四书，背诵药赋，练习胡琴。

1938年他以第一名的成绩考取温州师范学校，学费还是靠几位瑞中同学集腋成裘帮的忙，第二学期承校方给予公费待遇，得以完成三年的师范学业。毕业时正值瑞安沦陷，他避难在大峃，被瑞安县县长派往行政训练所当讲师，任教教育概论、中华民族史和国语发音学，教满一期后辞职到温师附属实验小学当六年级教员。其时他的兄长李天民在瑞中大峃分部担任动物课教员，半途受温州中学高中部聘请去教公民课程，因找不到代课教员，便请李森南去接替兄职。

20岁出头的李森南，与瑞中的山村学生非常投缘，无拘无束，像亲兄弟一样亲密无间，国内外大事无所不谈，大大开阔了农村学生的眼界。闲时他主动带学生去爬山游嬉，结合动物课讲解所见到的动物之习性及特点，寓教于玩，使学生们对课文有更深刻的理解，又增强了对动物学的学习兴趣。

1941年12月9日，日军偷袭珍珠港，太平洋战争爆发，瑞中大峃分部和群益、个益、承文等三所小学联合举行声讨日本帝国主义大会，会后上街游行。李森南老师义愤填膺，沿街带头高呼"打倒日本帝国主义""把日本鬼子赶出中国""抗战必胜"的口号，并和学生们一起在大峃区署门前广场的"抗日阵亡将士纪念碑"前宣誓、默哀，表示抗日到底的决心。

1943年，他赴闽北就读于国立暨南大学，因家贫而休学，回乡后执教永嘉建国中学。1949年7月任职台湾物资调节委员会。1952年通过台湾高等（教育）考试。1966年，他已经48岁了，仍然以坚强的意志、百倍的努力，考入台湾淡江大学文学院，完成了英语专业课程的学习。1970年毕业后，遵循其父"望汝藉工读完成大学教育，终身服务教育界"的遗嘱，在台湾中原大学、浸信会神学院国文系担任国文副教授、教授，并在台北市温州同乡会《温州会刊》总编辑，陆续出版了个人著述《杜甫诗传》《大学

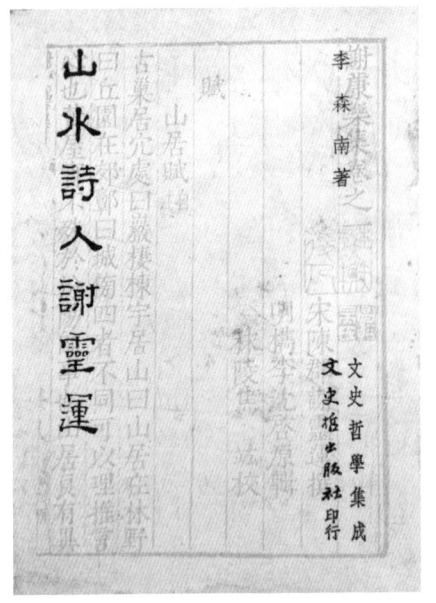

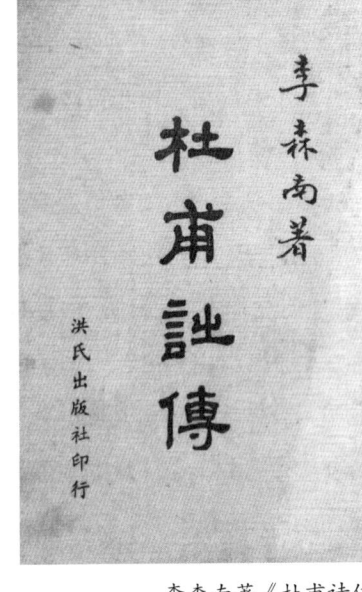

李森南著《山水诗人谢灵运》　　　　　　　　李森南著《杜甫诗传》

之道与基督教义之研究》《山水诗人谢灵运》等。

李森南热爱祖国，心怀故里，充满家国情怀。在《山水诗人谢灵运》一书中，凭自己青少年时对温州各地名胜古迹的见闻印象，在字里行间饱含对故乡的怀念。他身在异乡，思乡情切，常以诗文以解乡愁。撰有七绝云："衰迈异乡为异客，每逢岁暮倍伤神。无穷往事频频现，都是儿时梦里人。""两岸三通势必然，台湾尚耐几多煎。财经直落民生苦，曷不回归求万全。"在85岁高龄时，他赋诗《忆故乡探花楼》："瑞安城外探花楼，少日曾随父往游。犹忆老尼勤待客，那堪岁月逝悠悠。我愧春秋八十五，频年旅食在他州。若能身长双飞翼，必上青天向故丘。"

1988年以后，他每隔一两年均要回故乡探亲，积极为祖国统一大业发声。1996年瑞安中学建校100周年时，他牵头召集台湾瑞中校友50余人，组建台湾瑞中校友联谊会，向母校捐资5000美元，并作为台湾的瑞中校友代表、台湾瑞中校友联谊会会长亲赴母校参加瑞中百年盛典，还参加瑞安市政府举办的振兴瑞安经济恳谈会，为瑞安的建设发展献计献策。

李森南深得父传，对古诗文颇有研究，担任过温州王十朋研究会顾问。他曾撰联"闲临北海帖，时诵玉溪诗"赠送当年的瑞中老师许世铮先生，此联连用两个李姓先贤的典故，巧妙不露痕迹地显示作者对同宗同姓先贤的敬仰，辞意清朴，字迹圆润，柔中见刚。

　　2002年，他参加瑞安"中华古诗文吟诵会"，用瑞安方言吟诵李白《蜀道难》和乡贤池云珊的名联，音频时高时低，时快时慢，富有变化，很有音乐韵味，受到与会者的赞赏。他解说吟诵古诗的诀窍是，把诗中的平仄拉开点，抑扬顿挫的音调变化些许，再根据诗意融入个人情感，便可呈现音乐性强、别具格调的吟诵意境。

　　2002年，他在瑞安电视台发表反"台独"演说，在多种刊物上发表反"台独"文章，赋诗抒发台湾同胞热爱祖国、热爱家乡的深情厚谊。他撰有《感怀诗十首》，有5首诗入选《中华当代爱国诗词大观》。在《奋起》诗中

李森南为许世铮老师题写的对联

云:"台湾地土归中国,岂许分离自立邦;十二亿人齐奋励,同仇敌忾万肩扛。"表达了对祖国、对家乡的深厚感情和反"台独"的鲜明立场。

2004年11月7日,李森南报请瑞安市政园林管理局批准,将其父亲李逸伶抗战时期为瑞安公园放翁亭撰写的联句"旧址筑新亭,故国犹留乔木在;小城临古渡,诗人谁继放翁来"悬挂在瑞安湖滨公园桂雨榭亭柱上,遂了父亲70多年前的心愿,表达了自己为人子者的孝思。楹联上柱仪式时,当覆盖楹联上的红绸徐徐落下,李森南吟诵父亲撰写的联语、叙述父亲清贫的一生时,老泪纵横,难掩激动之情。参加仪式的学界人士,都为两代乡贤倾注于一副对联的情结而唏嘘不已。

同年,他为故乡玉海楼后花园撰写了平生最后一副对联:学派起东瓯,经世文章传万代;书楼名玉海,鸿篇著述焕中华。在生命弥留之际,他念念不忘故乡,念念不忘祖国的统一大业和中华民族的复兴,对妻子、儿女说:"我多么想回到故乡啊……"

《马氏文通易览》的著者
——邵成萱

邵成萱（1898—1970），曾用名邵汝雨、邵颖，瑞安小东门大隐庐人。中学毕业后通过自学成才，国学功底深厚，精通骈体文，编著的《马氏文通易览》是一部可供大、中学生学习的语法教材，1934年由瑞安仿古印书局出版，被编入民国文献库，享有盛名。曾任瑞安中学、温州工校、瑞安师范学校的国文教员，名列温州教育史馆"现代教育著名教师选介"。

邵成萱

光绪二十四年（1898），清末外交官、学者马建忠编著的《马氏文通》，是我国第一部系统的汉语语法专著，创立了第一个完整的汉语语法体系，从此汉语语法与世界接轨，在中国语言学发展史上具有里程碑式意义，其价值被学术界所公认。

《马氏文通》问世之后，20世纪初对它的研究随之兴起，陆续有专家学者出版相关的研究专著。邵成萱编纂的《马氏文通易览》，是研究《马氏文通》的精心力作，也是一部可供大、中学生学习的语法教材，被列入民国文献库。1934年由瑞安仿古印书局印行，16开本，共10卷。书名由瑞安书法家孙诒泽题签。

邵成萱的《马氏文通易览》出版已有80多年了，至今还在供大学生学习汉语语法之用。这是怎样的一部书呢？邵霭吉、陈国华在《〈马氏文通〉诸书述评》中如此评介：

孙诒泽为邵成萱著作《马氏文通易览》题签

《马氏文通易览》版权页题名为"新式标点马氏文通易览",书前有作者自己的"序"。本书删去《文通》的大部分例句,保留《文通》主要论述并加以整理,以供大学及高中学生学习《文通》和汉语语法之用。作者在重要条例之下从《文通》中引出数例,并综合杨树达等人的观点对例句加以解说。对《文通》原文和所引例句都加了新式标点,并订正了《文通》所引例句的一些讹误。本书于《文通》的体系没有做大的改动,只是在《文通》的基础上重新划分某些字类的次类,对个别字的归类提出了不同看法,对个别解说进行了修改。如卷二取消了"接读代字"一节,又把"指名代字"改为"人称代字";卷五增加了"使动意动""不完全外动字""完全内动字"等名目,在"介字"卷中把"之"排除在外。把"介字"的界说改为"凡字作介绍之用者",突出一个"介"字,亦较《文通》为佳。

邵成萱,原名邵汝雨,出生8个月便失怙,与一兄一姊全靠母亲含辛茹苦抚养成人。为表对母亲的感恩之情,后来改名为成萱。瑞安文史学者陈镇波在整理国学大师林损遗文时,见其中有两篇诗文是关于邵成萱的,对他肃然起敬,撰文《邵成萱和林公铎》,讲述了一个感人至深的孝亲故事:

1911年林损(公铎)在瑞安高等小学任教时,学生邵汝雨"颇聪明,诵书琅琅在口"，又经常向他问学。特别引起他注意的是，他问《论语》中有关"孝"的章节，如子游、子夏等门人有关孝的故事。他打听了一下，才知汝雨"幼秉母教者深也"。

林损任教北京大学若干年后，假期返乡听到一位名邵颖的青年，"为文有声"，一打听原来是邵汝雨改名，非常高兴。此后，邵颖经常给他写信，或登门求见，请求为其母亲王氏写一篇寿文，说母亲一生怎样艰苦，做人怎样厚道。因时间匆促，林损无法答应。

1932年，林损为报答姨母郑孺人之恩，且以教育子女，写了《从母郑孺人颂》和《寿母颂成缀书其尾示妇王氏》两篇抒情佳文。邵成萱从《瓯风》上读到后，激切希望林损师大笔写其母亲的故事以垂不朽。

"邵生十载百踵门，发箧得书又万言，言言来乞寿母文，自云母节屯且敦……"林损在他母亲六十余岁时写了一首诗，"赠邵颖并令诵之母前，以代一橘之献"，是用《三国志·吴陆绩》之典。陆绩年六岁，于九江见袁术，术请他吃橘，他拿了三只放在怀袖中，出门拜辞时橘都掉在地上。袁术说："陆郎作宾客而怀橘乎？"绩跪答曰："欲归遗母。"术大奇之。

抗战开始时，林损回到故乡。邵成萱迫切希望得到老师的文章。上书说："吾师之文行，初数百年所仅见，而家慈之懿德，亦晚近之所无，固未敢有一言之欺以辱吾师。"林损本是一位孝子，又一贯敬重和同情广大寡妇，认为她们是天下最不幸的人，于是在九服崩离，兆民涂炭，沙虫之化，车书之忧，迫在眉睫，军兴以还，日蹙国千里，余燎所及，玄鸟来亦失其家的环境下，写下了《邵母王孺人七秩寿言》，融叙事、抒情与议论为一体的文章。至诚至孝的邵成萱才终于以遂心愿。

邵成萱未曾读过大学，但刻苦自学成才，颇有文名，一生从事教育。1941年8月始任瑞安中学国文教员。虽个子瘦小，但腹笥便便，国学功底深厚，精通骈体文，治学严谨，讲课生动活泼，师生关系融洽，学生曾自发组织，敲锣打鼓将书有"循循善诱"的匾额送至他家，以表爱戴之情。浙江省督学在视察瑞中的报告中说："……国文教员邵成萱讲解详细且有条理。"

北大教授林损曾于1938年为瑞中新建的勤思楼命名，并撰《勤思楼碑

邵成萱（中间穿青衣者）与瑞中学生合影（1940）

记铭》，后由书法家郑德馨刻石，嵌于教学楼东壁以示纪念，时人赞此碑为"文、字双绝"。1942年春，邵成萱满怀对林损教授的崇敬之情，为其师记铭撰跋，同年夏又在《瑞中校刊》第三期登载《林公铎先生哀辞》，文笔深邃精美，情真意切。

邵成萱成长于清贫家庭，受家风熏陶，正直善良，恭谦礼让，从事教育后对出身贫寒的青少年格外垂爱。学生余云翚家境窘迫，他视其如子，自小学至中学毕业，坚持给予资助。在他的提携下，余云翚在书画、诗词、琴艺方面颇有成就，成为民国时期瑞安俊彦。还有一位学生陈润斌，因家境贫困面临辍学，邵成萱尽管自身经济也并不宽松，仍不时出资相帮，助其顺利修完学业。后来邵老师失业时，该生曾感恩反哺他渡过难关。恩恩相报，传为美谈。

邵存权在《忆叔父邵成萱先生零星二三事》一文中，说到了邵先生为人的一面：

我叔父是一位典型的文弱书生，思想温和，为人谦让。但面对强权欺凌也敢于抗争。事情发生在1946年他在温州工业职业学校任教时，当地政府派来一名军人充当学校军训教官，该人一身军装，腰部悬挂着一把"蒋中正赠"的短剑，趾高气扬，神气活现，目中无人，时时监视着师生们的思想动态、行为举止，还制定了许多笑料百出的清规戒律，如学生军训时必须剃成光头，上饭厅吃饭时不准戴帽等。当时我也在该校读书，一天因感冒头痛，上食堂吃饭时戴着帽子，被该教官看见，他就不由分说上来朝着我的后脑勺就是一巴掌。我当时很委屈就哭诉了一句："是人的头，怎么能随便打呀？！"这一声把他招了回来，对我吼叫着："噢，原来你是邵成萱的侄子，所以就敢于跟我顶嘴！"后来这话传到我叔父那里，他忍不住羞辱就找教官理论，发生了激烈的争吵。这一闹使我叔父丢了饭碗，次年就没有接到续聘的证书了。

邵成萱先生行状留存不多，但依然可以窥见其学富五车的渊博学识，以及至诚至孝、至仁至义的文士风骨。

儒医兼通 享誉乡里——薛凝嵩

薛凝嵩（1911—1968），又名凝松、吟松，居瑞安县城大隐庐。曾任瑞安中学、温州二中国文教员。国学功底深厚，系瑞中第二支校歌的词作者，《瑞中校刊》主编。亦文亦医，对《伤寒》《金匮》深有研究，曾开设吟松医庐，是有名的中医师。1949年到温州卫生学校任教，著有《内经生化论的精华探讨》等。1964年应中医研究所聘请，协作编写《中药药性总论》。名列温州教育史馆"现代教育著名教师选介"，《温州市志》《瑞安市志》有传。

大哉！大哉！教善政宏。礼乐用兴，多士是镕。辅世长民，革尚之风。章安文物，东南所宗，山岳钟灵，蔚此瑞中。忠毅宇，西岘峰，桃李春风别样秾，日月复旦国运隆。莘莘学子，于变时雍，盈科后进，万祀无穷。

这首创作于1945年的瑞安中学校歌，文言文歌词，古朴大气，文采飞扬，内涵丰富，意蕴广远，富有艺术感染力，很好地体现了瑞中的风貌及自然地理和人文历史环境。其词作者为时任瑞中国文教员、事务处文书组组长薛凝嵩先生。

薛凝嵩，又名凝松、吟松，出身贫寒，少年即刻苦自励，是瑞安著名国学大师林损（公铎）的入室弟子。"儒医兼通"是中医传统文化的一大特色。旧时的一些知识分子凭着精深的文学素养，钻研中医古籍及中医理论，亦文亦医，儒医兼通。薛凝嵩也同样如此，对《伤寒》《金匮》深有研究，是地方上颇有名气的中医师。1940年，曾开设吟松医庐，悬壶济世，声名远播。

1942年2月受聘为瑞中国文教员，曾为学校撰"挹西山秀气，萃瑞邑人文"联。初到校时任教初中，后来任教高中，其教学理念和教学方法，在20世纪40年代可谓独树一帜。他知识渊博，见解独到，教学认真，语言生动，能紧密联系学生的生活实际，深入浅出地讲解晦涩难懂的古文和诗词。许多学生说，听薛老师的讲课，如沐春风，如饮甘泉，对他敬佩不已。学生王春林至今仍记忆犹新：

薛老师在讲解陶渊明《归去来兮辞》至"舟遥遥以轻飏，风飘飘而吹衣"时，他一面吟诵，一面右手提起袍襟，身子左右微微摆动，翩翩然做欣然乘舟状，曾被同学传为美谈。

瑞中首届高中毕业生余振棠在《时雨春风　乐育英才》一文中说：

当时，高中语文是没有固定课本的，教材都由任课教师自行选编。在教材的编选上，薛凝嵩老师有自己的特点：第一，所选的教材是按时代先后由现代到古代的原则来编的。他说，若按中国文学发展史应该先讲《诗经》《楚辞》的，但《诗经》《楚辞》离现在时间最久远，文字与现代白话文相差最大，同学们接受理解最困难，因此他采用先选现代，再上溯至清、明、元、宋、唐……这样选编在当时高中国文课本中是绝无仅有的。第二，尽量多选能说明整个中国文学发展脉络的有关作品和在中国文学史上起着关键作用的文学家传记。例如他选了曾国藩的《欧阳生文集序》，该文详细论述了清代桐城派古文的师承溯源及其对词章、义理、考据三者关系的看法，使我们读后对桐城派有一个比较清晰的轮廓。他选教了苏轼的《潮州韩文公庙碑》和韩愈的《柳子厚墓志铭》，我们读后对唐代古文运动的两位大师的人格和文风有了较深刻的认识并获得了文学史的知识。第三，是强调文学文化底蕴，进行民族文化的熏陶，激发学生对伟大的中华文化的热爱。在高一上学期我们就读了白居易的《长恨歌》和吴梅村的《圆圆曲》两首长篇叙事诗，在《宋词选读》专辑里，从小令到长调，选讲了几十首不同流派不同词牌的名家名作，"大江东去，浪淘尽，千古风流人物""今宵酒醒何处？杨柳岸，晓风残月"等千古名句，至今还能背诵如流呢。此外，

滋兰树蕙 瑞安中学前辈名师风采录

薛凝嵩演讲稿

瑞中立校四十週年感言兼示在校諸生

薛溎嵩

古者人年八歲，閱為人子弟，至於公卿以下，至於庶人之子弟，皆入小學，而敎以灑掃應對進退之節，禮樂射御書數之文。及其十有五年，則自天子之元子、衆子，以至公卿大夫元士之適子，與凡民之俊秀，皆入大學，而敎以窮理正心，修己治人之道。此古昔盛時敎化之所由隆，而風俗之所由美也。嗚呼！古人之於敎育人才也如此，其立意化民之盂，無不包舉周詳，豈敢敎刑之所由出歟？余嘗考其軌度，目有師以訓誨之，三代之制，夏日校，殷日序，周日庠，學則三代共之，皆所以明人倫也。士有學校，亦即有師。士馬以抬拮千秋，廟堂諸公得以救偏拯弊，而立於磐石之安哉。鳴呼！士有學之難如此，而立校之難尤甚焉。吾瑞僻處東隅，土風弇陋，同人憤於貧弱之不振，思起而振之。爲倡言變法、設科擧、興學校、罷科擧而設學校，於是學校大興，出而治世、不復徒有虛病焉，猶猶世則不易，雖無世間音病焉，猶猶世則乎言以救時彼？不可以匡言異俗。吾瑞之創，於今四十年矣。卒業其間者，無慮千餘人，其寶寥寥不聞。而貢於廣，上海吾沈宗海，諸鄒名宿，其大聞賢諸儒，其餘錫學術，其大肩而碩儒，其錫學者，揚眉四顧，亦世所稱，而吾邑子亦頗有之矣。而吾邑今日距四十年矣，猶有今日下距四十週年之紀念，曷可無以教吾邑之後進，俾勉勉而繼起，由校而入仕版，其或留藝林之茂聞，經國政之良圖；以薦紳之勳烈，以垂吾校不朽之功業者乎？倘未相符，則余往往夢寐以之者也。登斯樓也，顧斯校也，其有能之者乎！余之夙望也。故今日之故樓乎？乃知敎化之實，綽綽政剡之智，由故化以所屬。故有今日者，其亦賢良之所賜乎？且今日之夕，地邇阻，既何奧之有？凡蟲多飛，赤血萬里，言金及此，人被夜瞪，肉瀾凝宇，足吾歎以吾在校諸生，類背耳聞目睹，其絃歌風雨之巍，宜思如何僻寫償辱，亦旬喧飴，神州葉辱，海氷霰霰，句愼，弦沙，交趾，人被夜寢中夜起也。學校者也。易曰：「或躍在渊，进无咎也。」濟濟藍生，何以喩此勉哉！德波彼萼之雛乎，流光電速，四十之年，巳成謎送，楠噶鼓旋。蹩舊營之遭乎！易曰：「勵使發揚光大之邪，伯乎吾之！

中華民國三十一年季春於瑞安大隴廬

他还结合自己渊博的中草药知识，选教了明代王磐写的《救荒本草》中十几首描写民间用来救荒疗饥的草本小植物的外形及性状的短诗，这也是任何国文课本中所从未见过的。

　　薛老师具有深厚的国学功底，不但范文选得好，并且在讲解课文时，从来不照本宣科，人云亦云，时有令人信服的独到见解，使同学们听得津津有味，并由此引发对中国文学的爱好与兴趣。譬如讲《五柳先生传》时，对陶渊明的"好读书，不求甚解"的词句，传统的解释是说陶渊明喜欢读书，但对书的内容不要求理解得很清楚。同学们对此各抒己见，争论不休。最后薛老师综合大家的意见，并提出自己的解释：陶渊明是一个伟大的人物，读书时决不会以囫囵吞枣、一知半解这样的态度去读书的。这里的"甚解"

应是"过解"的意思。"不求甚解"就是不要牵强附会,做言过其实的曲解。他还举例说:《诗经》里的"关关雎鸠,在河之洲。窈窕淑女,君子好逑",很明显是一首青年男女求爱的诗歌,但宋儒却偏要把它注解为"关雎,后妃之德也"。这就是"甚解"了。为此,他还在民国三十年(1941)第二学期第五次纪念周上,为同学们做《'读书不求甚解'的我见》的专题演讲,并将文稿发表于1942年出版的《瑞中校刊——立校四十周年纪念特刊》上。

"教学认真,诲人不倦",是当年学生对薛老师的一致评价。瑞中初中1943届、高中1946届学生林杰在《怀念薛凝嵩老师》一文中回忆:

我们经常与薛老师讨论一些学习情况,大家普遍感到自己各方面的知识相当贫乏,薛老师听后也感慨系之。最后,他主张我们几个人在校内负责搞一些有关文学知识的活动,由他主讲,我们非常高兴,费尽周折,终于开办了文学知识讲习班。薛老师侃侃而谈,我们听得津津有味,参加讲习班同学的人数一次次激增。薛老师从文学起源到秦汉文学概况,连续讲

薛凝嵩与瑞中学生合影(1943年)

了几个星期。后出于其他原因，讲习班停办了，同学们无不惋惜。此后，我们碰到语文学习上的疑难，就向薛老师请教。他都一一给予解答。当我们快要毕业时，同学们组织了级友会，薛老师慨然给我们写了一篇《级友会序》，文中激励我们知识青年，在抗日洪流中要伸张民族正气，奋勇捍卫祖国。他还在我们第一期级刊上亲笔题写了"渐渍以礼义，相忘于道术"的题词。在薛老师长期的教育下，我们自然深深体会到当时老师所谓"礼义"和"道术"内含的时代新义。

新中国成立后，薛老师调任温州市中（温州二中）任教高中语文，因他精通中医，又调至温州卫校任教医古文课，其间的著述有《祖国医学的发展因素分析》《内经生化论的精华探讨》《急性传染病中医临床问题讨论》等。1964年应中医研究所聘请，协作编写《中药药性总论》。

"文革"初期，他惨遭迫害，在一个风雨之夜含冤投河自尽，以死明志。粉碎"四人帮"后，他的冤案得以平反昭雪。"时雨春风，润物无声"，薛凝嵩老师的音容与教导将长留学生心中。

家国情怀 根植于心
——陈德煊

陈德煊（1911—2002），浙江平阳宜山人。燕京大学英国语言文学系毕业。曾任瑞安中学、平阳中学、福州中学、之江大学、温州市立中学（温州二中）英语教员。是《平阳日报》、平阳临时中学创办者之一，名列"抗战时期温州部分名师"。曾当选温州市人大代表、政协委员。捐赠家藏的朱曼妻薛氏买地石券晋碑，为国家一级文物，现为温州博物馆镇馆之宝。

陈德煊

　　《温州教育史志》"抗战时期温州部分名师"名录中，列为瑞安中学名下的名师有16人，陈德煊便是其中一位。陈老师1942年2月始任瑞中英语教员，教书颇有名气，但对他的人生故事知之甚少。偶然间读到施菲菲发表在《温州人》上的报道，才略知陈德煊其人其事：他是燕京大学英国语言文学系学士；他是《平阳日报》的创刊人之一；他是平阳第一所中学平阳临时中学的创办者之一；他是平阳县中学第一任校长；他将国家一级文物晋碑捐赠给温州市文物管理委员会……

　　陈德煊出身名门，父亲陈公翰曾留学日本，与郭沫若为同窗同桌，曾任浙江省第三届省议会议员，写得一手漂亮的北碑，书法名扬江南。祖父陈锡琛系清末贡生，平阳著名士绅，民国初年当选为浙江省参议员。

　　承载上辈几多希冀的陈德煊，自幼聪颖好学，十多岁便就读温州艺文中学，因反对英国校长的专制，后来转到瓯海中学求学，初中毕业考入上海光华大学附中高中部。九一八事变时，已是上海光华大学学生的陈德煊义愤填膺，与同学们一道手执标语，上街游行示威，还集体赴南京，向国民党中央政府提出抗日请愿。1933年，他转学北平的燕京大学，主修英国语言文学。在《八十自述》中回忆："当时我们的教师大部分是美国人、英国人，上课听讲、记笔记、答问题一律用英语，写读书心得、文艺评论、论文皆用英语，教师对学生要求很严，在英语方面要求熟练到四会：听、说、读、写都会。"

在这所全国一流的名牌大学里，他勤奋刻苦，孜孜不倦，获得了外国文学系学士学位。然而此时，"华北之大，已经不能安放一张平静的书桌了"，怀有"攻读诗书，振兴中华"宏愿的陈德煊，深明舆论宣传的重要性，便与几个志同道合的同乡学友一起回到老家平阳鳌江，同时也把北平爱国学生的抗日热情引燃到家乡。他们发动平阳青年，组织"青年救亡团""抗日宣传队""烽火剧团"，开展抗日救亡的宣传。1937年8月14日，他和清华温籍学子王栻及家乡进步青年项经川等人，编发了蜡纸油印的16开小报《战报》，由于油印效果差，印数不多，满足不了读者的需求。1937年11月1日，他们通过当地的鳌江联友印刷所，创办了平阳县第一份日报《平阳日报》。这份8开四版的日报，第一版为社论和广告，第二版为国内战讯，第三版为国际和地方新闻，第四版为副刊和转载重要文章，深受读者的欢迎。但因政治倾向鲜明，翌年11月底被当局勒令停刊。

平阳县为江南古邑，当时有70多万人口，却没有一所中学，学生须远赴温州求学。1937年冬，心怀"振兴家乡教育"大志的陈德煊与他的同乡、清华历史系研究生王栻，决心为家乡创办一所中学，于是全身心地投入筹创之中。他们多次奔走当局的主管部门，几经周折终于落实了校址；苦口婆心地动员富商出资助学；热情邀请清华、北大、燕京等名校毕业生来校执教；精心设计适合国情民情的功课，为开办学校做好各项准备。

1938年春，平阳临时中学开学，陈德煊任校长。由于配备了名牌大学毕业的教员，且有先进的教育理念，浙南各县青年纷纷慕名前来求读。学校除开设初中三个年级外，还办了高中班。150多名学子在这里不仅接受科学知识的学习，更得到进步思想的熏陶和爱国情怀的培养。学校举办"国耻史"讲座，请龙跃、吴敏演讲革命道理及对敌斗争的故事；组织学生接受严格的健身训练；与浙南游击纵队的战士共同举办联欢晚会，一起表演救亡剧，同唱抗日歌，灌输爱国主义思想，播下革命的火种。一些进步学生后来在地下党指引下，赴抗日敌后根据地，去参加新四军。这样一所革命激情喷薄而出的学校，民国政府当然不允许存在，当年年底被勒令停办。曾为校长的陈德煊如是回忆：

我们临时中学开了平阳有中等学校的先声，此校在1938年只办了一年，后因师生思想进步，为国民党政府所仇视，遂被勒令停办。停办后我们教师各奔前程，多数学生转学到温州各校。另有进步学生十四人去皖南参加新四军，现在都是党、政、军的领导干部。

抗战时期，国难当头，壮志难酬，陈德煊凭着英语特长，在瑞安中学、平阳中学、福州中学等校任英语教员。1942年在《瑞中校刊》上发表《谈印度问题》。抗战胜利后，考入在杭州的"联合国善后救济联署浙闽办事处"，在经济调查组工作。翌年辞职，任之江大学英语教员。

新中国成立后，他被任命为平阳县中第一任副校长，因校长被抽调学习，校务实际由他主持。当时社会政治活动多，他觉得自己不宜做行政工作，1951年暑期提请辞职后，应温州市立中学（温州二中）聘请，任英语教师兼外语教研组组长，直至1976年退休。

20世纪50年代他曾一度改教俄语，后来一直教英语，为外语教学奉献了毕生精力。他英文造诣高深，知识丰富，博闻强记，兼通文史地理，精于诗词曲赋，同事有疑难都请教于他，有良好的口碑，曾当选为校工会副主席、温州市人大代表、政协委员。

被誉为"中国天然气之父"的戴金星院士在寄给母校温州二中的一封信中表达了对陈德煊老师的感激之情：

陈老师是我上高中时的班主任之一与俄文老师。他和蔼可亲，平易近人。陈先生认真教学，善于引导，使我对俄文产生兴趣并打好了基础。今天我可利用俄文作为了解世界科学发展方向，洋为中用的重要钥匙，同陈先生为我在中学时代打好俄文基础是分不开的。

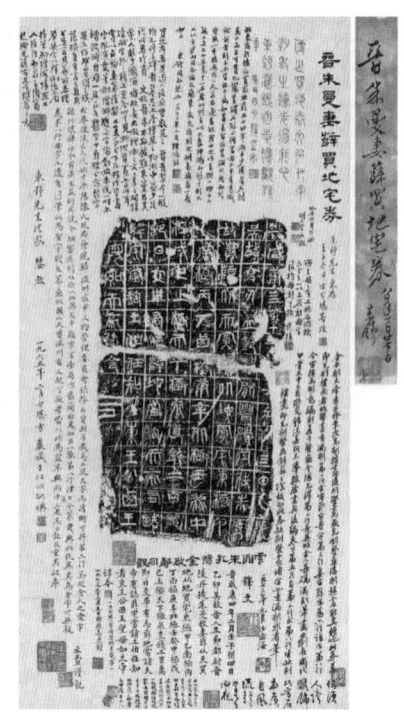

温州博物馆镇馆之宝——晋碑   沙孟海等名家为晋碑拓片题跋

  陈德煊的教书育人在温州教坛享有盛誉，名列"抗战时期温州部分名师"，还有捐献文物瑰宝晋碑的义举，被温州文博界传为美谈。

  1899年冬，平阳县云岩乡鲸头村出土了东晋咸康四年（338）的朱曼妻薛氏买地石券。陈德煊的祖父陈锡琛酷爱书法，对金石颇有研究，认定此券石为晋碑，便出重金予以收藏，并将石碑刻字拓片分别送给平阳考据学家吴承志和瑞安朴学大师孙诒让，以求识读研究。此时晋碑被人们所关注，询问、求见者纷至沓来。为了晋碑的安全，陈锡琛将其秘藏后，对外声称"石碑已不在他手上了"。

  1953年，温州文管会副主任方介堪向陈德煊打听晋碑下落，经过一番搜寻后无功而返。1956年，受文管会梅冷生主任之托，陈德煊终于在宜山老宅书斋的地板下找到爷爷秘藏的晋碑，遂捐赠给温州市文物管理委员会。此碑经鉴定为国家一级文物，现为温州博物馆镇馆之宝。

一代通儒——宋慈抱

宋慈抱（1895—1958），字墨庵，少名阿育，号觳斋，原居住瑞安县城竹行巷，后定居南堤街。瓯城法政学堂肄业，博学多才，文才卓越，为瑞安一代通儒。1943年始任瑞中国文教员，毕生致力于教书育人、文史研究和古籍编纂等工作。曾任浙江省通志馆编纂、浙江省文史馆馆员。著作有《续史通》《墨庵骈文集》《两浙著述考》等，是著述斐然的文史学家。名列"抗战时期温州部分名师"，《瑞安市志》有传。

宋慈抱

千年古县瑞安，地灵人杰，文脉悠长。有宋以来，学人蔚起，俊彦辈出，浙南地区素有"瑞安出才子"之说。被列为"瑞安十才子"和"永嘉七子"之一的宋慈抱先生，便是一个典范。

宋慈抱幼禀异资，敏而好学，善悟强记，8岁即能诵《毛诗》《孟子》，在同学中出类拔萃，受老师格外垂青。1908年晚清大儒孙诒让逝世时，他年方13岁，就撰写了《孙籀庼年谱》和《瑞安孙氏遗书总序》。15岁便学会写诗，辛亥革命爆发时，他所作的《大汉恢复歌》一诗，受到剧作家和诗人、乡贤洪炳文的赏识。19岁时，他在瓯城法政学堂读书，结识了梅冷生，经常向梅氏创办的《瓯海潮》周报投稿，因见解精湛独到，屡屡被采用发表。法政学堂停办后，他师从知名学者王景羲先生，经其悉心教诲，文思大进，著述迭出，深得瑞邑前辈学者赞许。

民国初期，时任瓯海关监督的江苏如皋名士、著名诗词学家冒广生，学识渊博，爱才若渴，以宏奖人才为己任，关心地方文化，收集温州文献，编成《永嘉诗传》百卷。看到宋慈抱发表在报刊上的文章及撰写的《三国志乐府》六十首，激赏其文才，聘他为瓯海关邮电检查员，并邀请他与薛钟斗客居瓯隐园读书及校勘《永嘉诗传》等古籍，两人被视为座上宾，备受器重。冒氏离任赴京时，赋诗《瑞安两生行》云："瑞安两生曰薛宋，弱冠卓荦工词翰……斐然下笔事述作，各有千古心胸幡。"还在《寿陈子万丈七十》诗中，点名将宋慈抱、薛钟斗、夏承焘、李仲骞、陈仲陶、李乐臣、李孟楚称为"永嘉七子"。

1920年，宋慈抱加入梅冷生牵头创建的词社"慎社"，成员大多为青年才俊，以文会友，常有雅集，吟词酬唱，每期社刊《慎社》都刊有他的作品。次年3月，承刘绍宽推荐，赴高邮刘祝群署中为其子刘庸教课，在当地结识了章太炎、张元济、刘承干、孙孟晋等名家，扩大了交游范围。其时，瑞安文风鼎盛，青年文士群体活跃，他们或是同学、朋友，或是邻居、亲戚，志同道合地走在一起，创作诗词，吟咏唱和。在交往密切的诸友中，宋慈抱与薛钟斗最为交厚，时人把他与洪锦龙、薛钟斗、李笠、伍俶、许达初、陈骏、周予同、李翘、郑剑西合称为"瑞安十才子"。

1922年，宋慈抱先后任职瓯海关监督署和瓯海道道尹公署秘书。1930年加入瑞安诗社"云江吟社"。1933年，章太炎创办国学会，经夏承焘介绍，他列名会员，先后在《国学论衡》发表多篇文章。1934年，他与邑人共创《瓯风杂志》，成为基本社员和编委，还受聘出任《瑞安县志》修志委员会委员，负责民国《瑞安县志》人物门（列女传除外）、行政门、诗文征的编纂，埋头编写十年，厥功甚伟。1943年浙江省通志馆成立后，他被聘为通志馆编纂，时与章宗祥、孙孟晋等饱学之士切磋，施展才华，在《浙江通志馆馆刊》刊登过《义乌朱一新传》《嘉兴沈曾植传》《评章实斋〈文史通义〉》《瑞安县志各门小叙》等文章，获得广泛的关注与好评。

1943年春，他受聘为瑞安中学高中国文教员，矢志教育，乐育英才，《温州教育史志》将他列为"抗战时期温州部分名师"。瑞中首届高中毕业生余振棠回忆：

从 1943 年春至 1944 年秋，宋先生连续三个学期教我们国文课。当时没有统一教材，国文课文都由任课老师自选，宋先生所选课文的特点第一是内容广泛，经史子集、诗词歌赋，无所不包；第二是数量极多。中学国文课文每学期一般只教 20 篇左右，而宋先生三个学期却教了 100 多篇，并且长文章很多，如郑樵的《通志总序》，一般高中国文或大学汉语课都没有入选。该文论点明确，证据充分，写得生动有力。宋先生不厌其烦，一句一句讲解。宋先生学识渊博，功底深厚，才思敏捷，学生若有学习疑义前来求教，他总是循循善诱，竭诚解答，深得学生的喜爱与敬仰。高二上课讲到赋的文体形式时，一位学生指着教室窗户问："宋先生，赋是怎样写的，请你以《窗赋》为题，写几句让我们瞧瞧吧！"他不假思索，转身在黑板上写道："北窗高卧，南窗寄傲；恨东窗缚虎之谋，吟西窗剪烛之诗。"此四句赋体内涵丰富、对仗工整，先生文学功底深厚，出口成章，学生无不从心底感到敬佩。

　　1937 年 1 月，瑞安四大名楼之一探花楼被修葺一新，素来重视地方历史文化古迹的宋慈抱，即为已复旧观的探花楼撰写《探花楼记》并立碑纪念。2000 年瑞安中学择址陶尖山畔建造新校园，探花楼遗址恰在新校园内。为觅史溯源，学校在遗址上重建探花楼，作为瑞中校史馆，并将宋慈抱这篇妙笔生花的《探花楼记》镌刻于碑廊。

　　宋慈抱博古通今，才华横溢，文笔犀利，经史诸子无所不通，骈文、散文、诗词等皆以工整典雅著称，人们赞其"骈也追庾徐，散也追韩柳，《类纂》姬传师，《史通》知几友"。但他素来以书生自诩，淡泊明志，不屑功名，不攀权贵，性情谦和，潜心著述，未过不惑之年，就已著书宏富。他将毕生大部分时间与精力，倾注在研治经史、编书校注上，乐此不疲。主要著述有《诗经韩毛异文考》《玉篇引经考》《续史通》《瓯海轶闻续编》《吕氏春秋补正》《史汉帝王冢墓考》《寥天庐文集》《邓析子校正》《觳斋杂记》等，有的还发表在《东方杂志》《华国杂志》《国学论衡》等国内著名刊物上。

　　他精通经史，文笔瑰玮，著述丰富，遐迩闻名。平阳学者刘次饶作《寥天庐诗集序》，称其诗为"学人之诗"；张榈作五古诗《赠宋子墨庵》赞其"君年正英少，怀瑾而握瑜"；王岳崧题赠赞其"卓荦少年早著书，广平才思孰能如"；吴士鉴称其"颇有文章阙贾谊，苦烦搜索秘昌黎"；章太炎赠联"青紫要途何足顾，江湖豪气未全收"；当时许多名家都对他抱以"古作家"相期许；陈衍将其诗录入《石遗诗话续编》。

新中国成立后，他历任瑞安县政协委员、政协社会组长，积极参与本地古籍图书的整理和编目工作，为地方积聚了一大批历史文献。1953年被聘为浙江省首批文史馆馆员，直至逝世。1985年，浙江人民出版社出版了他的遗著《两浙著述考》，上下两册共129万字，内分文字考、经术考、史籍考等22类，收录宋元明清及近代省内诸多名士的著作，是我省文史研究史上的一部重要文献。

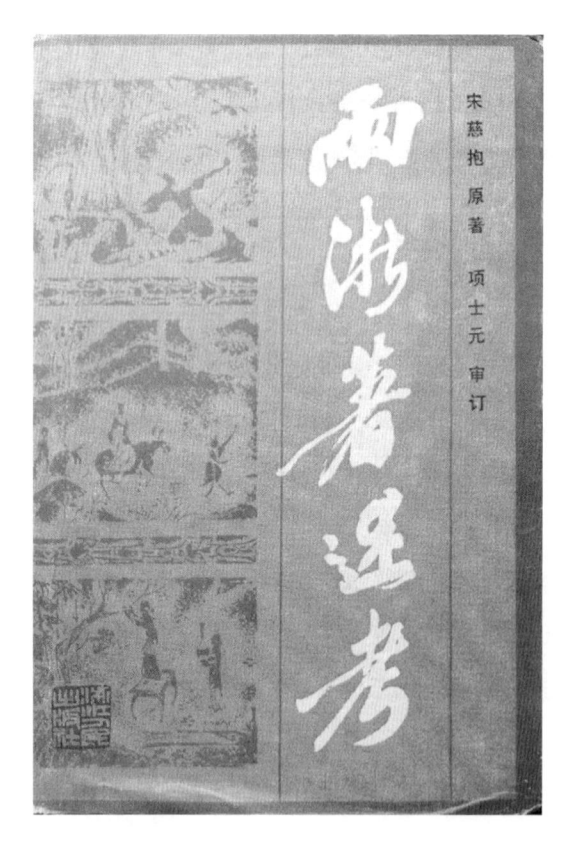

宋慈抱著作《两浙著述考》

国旗设计者——曾联松

曾联松（1917—1999），瑞安人。1936年考进中央大学法学院经济系，曾任中共中央大学支部书记。1940年在白色恐怖中奉命紧急转移，从此与党组织失去联系。1944年至1947年在瑞中执教世界历史，曾兼任训导主任。1949年设计中华人民共和国国旗图案。1985年11月重新入党。曾任上海市政协第六届常委、上海瑞中校友会名誉会长。传略入选《中国当代艺术界名人录》《瑞安市志》。

曾联松

"一得之愚献祖国，五星旗海壮山河。"这是曾联松生前写给武警上海总队国旗班战士的几个大字，也是他病逝后悬挂在上海龙华殡仪馆大厅的一副挽联。这十四个大字，足以概括曾联松毕生的追求与奉献。

曾联松从小就受瑞安文化的熏陶。1928年夏考入瑞安县立初级中学，对金作镐老师的美术课产生了浓厚兴趣，把习画练字作为自己的爱好和追求。进入人生暮年的他这样回忆："我能设计出五星红旗，从小受美术老师金作镐先生的启蒙教育，至关重要。"

1932年曾联松离开家乡到了六朝古都南京，在导淮委员会工作的父亲身边复习功课，并考取江苏省立南京中学高中部，后来又如愿考入国立中央大学法学院经济系。他之所以选择学经济，目标是探寻国弱民穷的病根，找到救国的药方。

抗战全面爆发后，中央大学从南京搬到重庆沙坪坝。在那里，他经常去听宗白华教授的美学理论课，对艺术有一种与生俱来的爱好。同时，也结识了人生中一个非常重要的人——同级同学黄大明。黄大明向他亮明了自己地下党的身份，他也表明了一心向党的决心。不久，曾联松成为一名共产党员，之后被任命为中央大学地下党支部书记。

1939年，国民党政府掀起第二次反共高潮，重庆笼罩在白色恐怖之中。12月下旬，上级党组织为保存有生力量，要求中央大学支部的同志全部撤离重庆，从此他与党组织失去联系，开始了颠沛流离的日子。

1944年2月，回乡休养的曾联松受母校校长王超六聘请，化名"曾楫"，在瑞中任历史教师，后兼任训导主任。他与学生亲密无间，学生汤建治说：

抗战期间，他执教于一代名儒孙诒让先生创办的瑞安中学……曾先生教我们高中世界史。买不到课本，唯有他用一本英文原著。上课时，他看的是英文，讲的是汉语普通话……

瑞中1946届高中毕业生何仲麟在《瑞中学习生活回忆片段》中提到曾老师向学生灌输革命思想的情景：

曾联松先生上外国历史课，一次讲课中他插入讲解毛泽东诗词《沁园春·雪》，兴致勃勃地介绍这首词的艺术特色和作者的伟大气概外，还介绍了陕北延安革命圣地的情况，指出中国光明的未来。这堂课我们听得精神振奋、津津有味。处在抗日战争末期，国民党统治区政治腐败、社会黑暗，青年学生正为国家的将来、自己的前途担忧时，曾先生这节课无疑是一堂革命启蒙教育。曾先生在当时的环境下能开讲中国革命的前程，这种大无畏的精神，令人肃然起敬。

曾联松老师知识渊博，学生十分敬佩。1946年7月"健行"班举办毕业晚会，曾老师看到会场布置有"饮水思源"四字，便即席赋藏头诗作临别赠言："饮恨消魂健行楼，水光山色不胜愁。思君长逐云江去，源远流长无尽头。"文思敏捷，语惊四座。

抗日战争胜利之后，曾联松赴沪创办由中共地下党领导的"现代经济通讯社"。上海解放后，全国政协在全国范围内征集新中国国旗图案，满怀爱国激情的曾联松决定一试身手。7月的上海，酷暑难耐，为设计国旗图案，他夜以继日，挥汗如雨，绞尽脑汁，翻烂了美术类书籍、毛泽东著作……几经折腾，终于拿出最终的方案——

剪一颗大五角星，画上镰刀斧头，代表中国共产党是北辰，是大救星；剪四颗小五角星，代表四大阶级：工人阶级、农民阶级、城市小资产阶级、民族资产阶级。旗面底色为红色，因为革命政权是红色的，新中国也是无数革命先烈用鲜血换来的；所有五角星为黄色，因为中华儿女的皮肤是黄色的，母亲河黄河的水也是黄色的。大星导引于前，小星环拱于后，表现中国政权特征；五星所形成的椭圆形，表现中国地理特征。五星大小呼应，疏密相间。置五星于旗面的左上方，豁然开朗，土地平旷……

1949年9月25日晚，在国旗定稿座谈会上，毛泽东指着曾联松设计的"复字三十二号"说：这个图案表现了革命人民大团结，现在要大团结，将来也要大团结。与会者纷纷赞同，会议决定去掉图中的镰刀斧头，并适当调整五星、旗面的比例、尺寸。9月27日，中国人民政治协商会议第一届全体会议决议：中华人民共和国国旗为五星红旗。10月1日下午，开国大典在天安门广场隆重举行，毛泽东主席庄严宣布中华人民共和国中央人民政府成立，并按动电钮，冉冉升起了第一面五星红旗。从此，曾联松设计的五星红旗，高高升起于祖国大江南北，迎风飘扬于世界民族之林。

新中国成立后，曾联松一直在供销合作系统工作，默默地为上海的计划、财务事业做出自己的贡献。1985年11月，68岁的曾联松被批准重新入党，并作为特例不需要预备期，从入党那天起就是正式党员。

云山霭霭，云水苍苍，惟我瑞中，源远流长。1986年10月，踏入古稀之年的曾联松"走归"参加母校瑞安中学建校90周年校庆活动。这是曾联松1947年离开瑞安后第一次返乡。从此，家乡人的一颦一笑、一忧一喜，莫不牵动着他的心。

1987年10月，上海瑞中校友会理事会聘请曾联松担任上海瑞中校友会名誉会长。他积极参与校友会工作，每逢年会都主动出面邀请母校老教师、外地校友前来参加，真正发挥了名誉会长的作用。他支持创办《上海瑞中校友通讯》，借此宣传家乡建设及发展宏图，传递母校教育成果，介绍各地

曾联松设计的五星红旗原稿

瑞安国旗馆（2019）

校友成就。

1994年8月21日，百年一遇的17号特大台风正面袭击瑞安，给瑞安人民造成深重的灾难。曾联松在上海住院治疗中得知这一消息后，双手颤抖着给父老乡亲写了一封满怀深情的慰问信，并附上赈灾款1000元，由上海瑞中校友会转交家乡人民，这是当时工薪阶层中捐资最多的一人！而他自己，却是一生俭朴，甘守清贫。他把国旗设计原稿等三件革命文物无偿捐赠给了中国革命博物馆后，又把珍藏了大半辈子的有关五星红旗的资料档案交给母校瑞安中学。澳门回归祖国前夕，"国旗在我心中99上海—澳门之旅"的全体成员前往上海第一人民医院探望久病卧床的曾联松。病榻上的曾老依旧心系家乡，用微弱的声音一再嘱咐他们，此趟一定要把瑞安作为沿途的一个点，要把自己签名的国旗送一面到瑞中……

曾联松一生与祖国同呼吸共命运，身上有着瑞安学子所特有的人文气息、独特气质。他以瑞安人为荣，瑞安人以他为傲。如今，飞云江畔、西山之巅，一座名为国旗教育馆的建筑群已投入使用，成为瑞安历史文化的新地标。

两度兼任瑞中校长的瑞安县长
——许学彬

许学彬（1902—1964），字朔方，广东阳江人。在阳江师范学校修业三年后，又到广东中山大学文学院攻读三年毕业，曾担任过阳江《公论报》的记者。1942年10月至1947年11月任瑞安县县长。主政瑞安期间，曾于1944年8月至1945年7月及1947年6月至1947年8月，两度兼任瑞中校长，为促进瑞中的发展做出较大的贡献。《瑞安市志》有传。

许学彬

民国元年（1912），瑞安中学始行校长制，原学校监督许藩成为瑞中自1896年创办以来由官府任命的首任校长。至1949年5月瑞安和平解放，这37年间，瑞中历任校长共9人，其中瑞安县县长许学彬于1944年8月至1945年7月及1947年6月至1947年8月，两度兼任瑞中校长。可以说，一县之长兼任一所普通中学的校长，这是相当难得的。

1942年7月，在抗战极其艰难的境况下，瑞中创办了高中，并获得省教育厅批准，成为温州地区第一所县办完全中学。当时在办学经费、教学设施、校园规模等方面都捉襟见肘，虽有王超六（毓榛）校长苦心擘画，仍难以满足一所完全中学的发展需求。

因办学经费拮据，寅吃卯粮，告贷无门，1944年夏王校长无奈辞去职务。瑞中办学历史悠久，在浙南、闽南均有较大影响力，学校不能群龙无首，但一时又物色不到合适的校长人选，瑞安乡绅几经商议，多次要求县长许学彬出任瑞中校长，但均遭谢绝。

许县长后来又为何同意兼任瑞中校长之职呢？林尹校友（瑞中1925届毕业生）的女儿林慰曾和儿子林焕曾透露这样的内情：王校长辞职后，瑞中师生正在忧虑学校没有领头雁时，恰逢林尹因公事逗留瑞安，他得知瑞中状况后，一天趁许学彬来拜访之机，当面要求许县长兼任瑞中校长。许犹豫不决，林尹最后追问："教育乃百年大计，你是瑞安的父母官，乡里有困难，你不解决谁解决？"林尹时任国民党浙沪党务特派员的要职，这分量很重的严词正告，许唯有俯首从命，应允此事。

1944年第44期《瑞安县政府公报》云："本县县立中学校长王毓榛，自长校以来，热心办理，尚著成效。近因体弱，迭请辞职，业奉县府照准，所遗校长一缺，在未得相当人员以前，由许县长暂行兼理云。"直至1945年8月，浙南教育家金嵘轩接任瑞中校长，许才卸下兼任了一年的校长之职。

1947年因校方收取学米之事，激起瑞中学生的强烈不满，最后酿成学潮。5月26日，全校开始罢课并向校方提出要求：发还学米，校长引咎辞职。学潮一直坚持了40多天，最后取得胜利，校长被迫辞职。许县长再次补缺兼任瑞中校长，两个多月后，才由虞执中接任。

许学彬毕业于广东中山大学文学院，曾任阳江《公论报》记者。1942年10月至1947年11月任瑞安县县长，特别在兼任瑞中校长期间，他以一县之长的行政资源，通过各种途径，为改善瑞中办学条件，提高教员待遇，以及解决办学中的一些实际困难，做了不少的工作。现摘录瑞中史料的几例记载：

1943年2月，瑞安县政府拨款修建瑞中运动场并砌筑河堤。

1943年6月17日，瑞中校长王超六和瑞安简易师范学校校长王锡涛联名呈文瑞安县府，认为教职工工作繁忙，生活补助费仅40元，而公务人员则为110元，相差悬殊，要求县政府给予教职工与公务人员同等待遇。6月

24日，许县长同意此项要求，颁发"训令"，令学校将该经费纳入总预算范围内统筹编例。

1944年，瑞安县政府批准划拨与瑞中毗邻的西北镇公所所址承天宫、西安宫为瑞中校舍，并迁出住民，修砌围墙；派员公证瑞中与道姑了如签订契约，以法币50000元收购西北镇西山脚下三间一轩的新庵堂"梵行精舍"作为瑞中校舍，同时将校园周边的数间民房给价迁移，进一步扩充瑞中校园。

1944年9月，日寇占据温州，瑞安风声鹤唳，一日数惊，为了师生安全，瑞中搬迁至陶山碧山分部，上课不到一个月，战事再度吃紧，碧山很有可能成为日寇南犯必经之路，学校决定向仙降垟头（今属马屿江溪）常宁寺转移。因时间匆促，师生人数多，加上隔江过水，交通工具缺乏，许校长以县长之职，紧急调遣民工船只，并指令地方人士给予协助，学生得以分批在江涂上船，横渡飞云江，南撤至垟头，因陋就简突击修建常宁寺为临时校舍，在非常时期，瑞中依然弦歌不辍。

1945年10月，瑞中西门节孝祠分部改建新大门，许县长捐助自己兼任瑞中校长的薪米共计1800元，以补充改造大门经费。

1945年7月至1946年6月，许县长作为经募人，为瑞中代募办学经费10万元……

知识分子出身的许学彬身为一县之长，给人的印象儒雅谦和，彬彬有礼。瑞安籍语言文字学家李笠教授是他就读中山大学时的老师，每当李教授假期回乡，他经常登门拜访。1944年李教授因避战乱返乡，他遂以中山大学学生的弟子之礼，诚邀李教授在瑞中执教了一个学期的高中国文。

许学彬对学生也充满关爱之心，瑞中1946届高中学生汤建治在《临别赠言 终生受用》一文中回忆：

民国时期，省县都实行一长制，一个县只有一位县长。我这个穷学生进县政府，可以长驱直入县长办公室，一下子就找到许学彬县长，不需要预约，也没有受到任何阻挡和查问。我面对县长兼校长的许学彬先生，递上一页纪念册活页，请他题写，他谦和慈祥地接过去，随手抽出身上的自来水笔，写下"更进一步"，落款"汤建治同学留念"，再签名"许学彬"，注明年月日。前后不到三五分钟，我就完成了这个目前看来相当艰巨的任务。"更进一步"平平常常的四字箴言，却对后辈学子是个长效的鞭策和鼓励，平淡之中含深意。

许学彬读过三年阳江师范学校，毕业于中山大学文学院，又当过报社记者，文字功底不凡，笔下生辉，斐然成章。他曾在1945年10月26日《阵中日报》上发表《旅瑞三年感赋》，以抒主政瑞安的情怀：

烽火余生不自聊，万千心事到今朝。

三年宦海知何似，指点飞云江上潮。

投笔雄心半未磨，疏狂如我奈时何。

是谁浪说苍生计，只恐苍生负己多。

浮沉人海意难平，一笑拈花此际情。

漫向尊前说恩怨，人间恩怨太分明。

生小何曾学做官，飘零到此笑啼难。

摩挲书剑都成恨，俯仰东南天地宽。

作为文化人，他对于瑞安的文化建设也十分热心，1946年9月，亲笔为《瑞安县志稿诗文征》作序，《瑞安市志》和《瑞安中学文化丛书·杏坛拾穗——瑞安中学教师作品选》均收录了他的《瑞安县志稿诗文征序》。

他擅长书法，笔势雄健洒脱，当年瑞安飞云江畔的南门飞云亭，上方的"飞云亭"三个大字，就出自他的手笔；瑞安蔡鸿初故居的门框上有他的题词；瑞安大戏院的对联"滨海居民齐鼓掌，抗倭壮士此昂头"，也是他撰联并书写。

许学彬开启了县长兼任瑞中校长的先例，对引导全社会重视支持学校教育，起到一定的促进作用。新中国成立后，先后有瑞安人民政府县长张洪勋、徐炳全、金鸿庆和中共瑞安县委书记季殿凯兼任过瑞安中学校长。

一代大学问家——李笠

李笠（1894—1962），原名作孚，字雁晴，家居瑞安县城第一巷。1914年瑞中（旧制）毕业后，自学成才，治学广泛，精于经史，著述等身，为著名文献学家、语言文字学家。历任中山、暨南、中央、厦门、江南、南开、复旦等10多所大学的中文教授，和中州、厦门、中山、江南等大学中文系主任及厦门大学文学院院长、中山大学研究院语言文学部主任等职。《温州市志》《瑞安市志》有传。

独立鳌峰望大千，飞云尽处只云烟。
吾人肉眼知遥近，愿假重瞳眺九天！

这首七绝《登鳌阁眺飞云江》，是李笠就读瑞中一年级时的习作，抒发了其少年豪气及志在千里的博大胸怀。"有志者，事竟成"，只有瑞中（旧制）毕业学历，从未读过大学的他，通过锲而不舍的努力，果真成为独领风骚，盛誉文（教）坛，"重瞳眺九天"的一代大学问家。

李笠幼年丧母，因家贫9岁才上小学，经常持书助父牧羊。15岁时靠亲友资助，才进入瑞安私立中学堂就读。他聪慧好学，因无钱备置课本，全靠自行手抄。他在自传中说："即使巨帙书籍，如上海伊文思书局出版的英文原本通史、有图样的生物理化等课本，也都由自己在夜间或假日向同学借书抄写或影写。"在如此窘迫的学习条件下，依然刻苦勤奋，成绩一直名列前茅。

1914年中学（旧制）毕业后，因家贫无力升学，便走向社会独立谋生，一边担任塾师边教边学，一边向亲友四处求借书籍发愤苦读。为求安静的学习环境，经常独自去西山仓颉庙，在冷寺孤灯中彻夜读书写作。同时结交了家乡的一些好学之士，通过相互切磋，文化素养得以提高，奠定了自己的国学基础，诗文为乡里所传诵，文名渐扬，被誉为"永嘉七子"和"瑞安十才子"之一。

他从小就非常崇敬乡先哲、朴学大师孙诒让，立志要成为"孙诒让的私淑传人"，受其学术思想的熏陶，他的学术研究领域与孙氏颇为相似，治学方向亦为语言、文字、目录、校勘。

1923年，李笠在《新闻报》发文批评著名学者梁启超、胡适有关墨子研究的错误观点，勇于挑战北大名教授，在学界名声大振。翌年受聘为浙江省立十师国文教员，教学之余勤奋著述，论文发表于上海《东方杂志》等全国驰名刊物，博学卓识为章太炎先生所赞赏。同年8月应聘为广州中山大学教授。此后30余年，历任中山、中州、武汉、暨南、之江、中央、南开、复旦等大学的中文教授，以及中州、厦门、中山、江南等大学的中文系主任及厦门大学文学院院长、中山大学研究院语言文学部主任等职。

1943年，时任中山大学教授的李笠回乡探亲，受母校瑞中王超六校长的邀请，到瑞中做"文人的傲"演讲。在一小时左右的讲演中，他从我国"文人相轻，自古已然"的古代文人相轻故事说起，讲到"傲"的害处，最后说到文人应该互相尊重，才能使学术进步、文化繁荣，学生们听得津津有味，留下深刻的印象。

1944年因战乱返乡，时任瑞安县县长兼瑞中校长的许学彬，以中山大学学生的弟子之礼，邀请他担任瑞中高中国文教员。身为全国知名教授到普通中学任教，从认真选取教材到精心组织教学，他丝毫不曾马虎。瑞中1945届高中学生余振棠在《李笠与瑞中》一文中回忆：

李笠先生是国内研究《史记》的专家，他来瑞中教我们的第一篇课文便选《史记》中的《伯夷列传》。当时正值日寇侵占中国领土，一方面全民奋起抗日救亡，另一方面汪精卫投降日本，组建汉奸伪政权。李笠先生首

滋兰树蕙 瑞安中学前辈名师风采录

《李笠诗文选集》

李笠作品

先选该文做教材的用意，大概是为提倡民族气节，不为敌用，不做亡国奴的春秋大义吧！后来，他又教了一篇《屈原列传》，也是宣扬爱国主义与知识分子讲节操为主题的。可见李笠先生那时上国文课就已经不但对我们讲解语文知识，还别有用心地选择教材，通过课文对同学进行政治思想教育了。

同学们对李教授的讲课赞赏不已，一致认为听课如沐春风之中，如入山阴道上，目不暇接，美不胜收。

李笠教授从事高校教学40多年，毕生献身教育事业，所教课程主要有文字学、校勘学、训诂学、目录学、声韵学、甲骨学、史籍名著选、《文心雕龙》、历代文选等，以渊博的经史知识、严谨的科研精神、精湛的教学艺术，深受学生的爱戴，

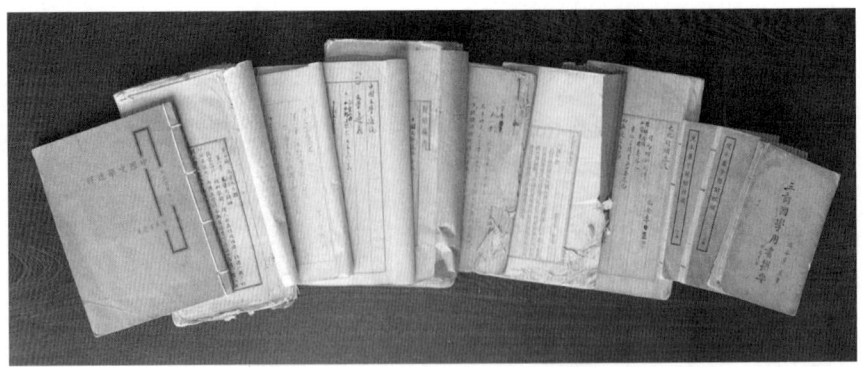

李笠书法作品

桃李满天下。许多学生成为著名学者、教授和各个领域的专家，如作家、文艺理论家徐中玉，文史专家苏渊雷，中国目录学家、印刷史专家张秀民，历史学家刘家和，语言文字学家于安澜，训诂学家、《汉语大词典》编委马锡鉴等。

他治学广泛，学识渊博，致力于语言文字、校勘、训诂学的研究与教学，精研古汉语文献目录学、史学和经学等学科。对《史记》之研究，更是毕其一生，成果丰硕。1919年他就开始著《史记订补》。1925年以木刻版出版《史记订补》八卷，受到国内外学者的重视，深得国学名家杨树达的高度评价，并为之作序。日本历史学家陇川资言在他编辑的《史记会注考证》中，亦多处引用了李笠的精辟见解。之后数十年，李笠又广为研究考订，陆续发表《史记》研究专著多部。2001年复旦大学出版社出版了由

陈良明校长、李继朗校友等在横经室前合影（2016）

李继芬（李笠之女）根据李笠1925年出版的木刻本《史记订补》及以后发表的《史记订补二续》《史记订补之余》《史记订补札余》与有关手稿整理而成《广史记补订》。

　　李笠教授悉心研究经史，亦爱好文学，其诗词、古文均有佳作。早在瑞中就学期间，就与周予同、李光祖等同学组建了瑞中最早的文学社团"岘山文社"，一起吟诗填词，并编辑了《岘山文社诗词稿》上、下两卷，共录诗词138首。1920年他参加梅冷生牵头组织的文学社团"慎社"，相互切磋群经诸子，酬唱诗词。1933年与陈谧、林庆云等温州各县学术界名流，发起组织"瓯风社"，并编辑出版文化学术刊物《瓯风杂志》，传承地域文化。2008年中国文史出版社出版了《李笠诗文选集》。

　　他平生唯书如命，可谓是终身与书结缘的书痴。瑞安有"东郭有玉海之楼，西门有横经之室"之说，横经室即他的藏书楼，取"旰食欲横经，聚书启民智"之意，立志以藏书名楼"玉海楼"为榜样，致力于搜罗保藏中国古籍文献。在辗转多地任教的日子里，他不辞辛劳，处处搜罗求购珍本古籍。每逢假期返乡，总是将书籍装箱入柜，车载船运至家。经日积月累，家藏书籍达5万多册，连柜叠架，称富乡里。

他著述等身，主要著作有《史记订补》《定本墨子间诂校补》《三订国学用书撰要》《中国文学述评》《中国目录学纲要》《校勘学》《殷契探释》《文学概论讲义》《颜氏家训广注》《汉书艺文志笺评》《韩非子集解校注》等，不愧为一代大学问家。

2016年，瑞中校友李继朗与家人商议后，将先父李笠的部分著作、信札和书稿共244份捐献母校，瑞安中学在校园陶社辟设"李笠先生生平展览馆"，以志永远的纪念。

道德文章两照人
——俞大文

俞大文（1909—2000），又名有闻，瑞安大沙巷人。1925年瑞中初中毕业后考入温中高中，翌年因家境清贫辍学。此后在瑞安西南、东南和县中心小学等校任教，1945年2月始任瑞中国文教员。1950年后历任青田石门中学、瑞安碧山中学、瑞安师范、莘塍中学语文教师。曾任瑞安中等学校教职员联合会执行委员、瑞安县第二至第六届人大代表。《瑞安市志》有传。

"雕虫小技，壮夫不为。"
可是——
古往今来，多少毫端指挥着奔腾万马，多少银笺铺缀着灿烂花朵！
这是数不尽的好诗篇呵！
她——像惊天动地的春雷；
她——像沁透心肺的惠风；
她——像滋生万物的细雨；
她——像锋利无比的匕首。
她——唱出了人民的心声，揭露了封建的罪恶，绘出了美丽的江山，奏出了爱国的乐曲。
她——是文化的先驱，是历史的明徽，是广阔的天地，是自然的籁声。
她——是天孙的织锦，是神灵的化身，是生活的波澜，是情感的结晶。
她并不是"雕虫小技"，

她是图画、是乐章、是辞海、是心源。
她——是民族之魂！

我爱诗，我爱吟诗！人生匆匆，逝者如斯。
虽然是日暮崦嵫，晚霞仍然辉映着我。
为了不忘却退休的岁月，
我满怀欢欣，奋起银毫，
我倾情地挥写、歌吟——我依然年轻！
这是下里巴辞，
我不敢扬风扢雅；
只可说是"殁作覆瓿"，
但也姑作"生前自赏"。

此诗系有"瑞安文坛泰斗，东瓯诗坛耆宿"之誉的俞大文先生1986年撰写的《有闻诗词》自序，从中可读出他对诗的膜拜和热爱之情。

俞大文，又名有闻，出身"杏坛三世守青毡"的教育之家。祖父俞黼唐（君尧）乃瑞安知名学者，是著名历史学家、古文字学家戴家祥的老师。父亲俞煦牲（春如）系清宣统己酉年贡生，终身从事教育，曾在瑞中任教八年，为温州首批受聘的浙江省文史馆馆员。

俞大文幼年从祖、父课读，天资颖聪，学习勤奋，久受鲤庭熏陶，深得家学传承，酷爱古典文学。1925年瑞安县立初级中学毕业后，考入浙江省立第十中学（温州中学），读文科，选读学词。其时，擅长词曲的常州才子谢玉岑和一代词宗夏承焘执教温中，有幸亲受两位大师的教诲。在温中，他曾参与编辑学生会刊物《怀籀周刊》。因家境清贫，缴不起学费和生活费，高中只读一年便辍学了。这一年却让他迷上了古体诗词，为一生奠定古体诗词创作的基础。

"孺子耕牛劳半纪，门墙桃李岂三千？"俞大文在瑞安西南小学、瑞安中学、莘塍中学等校从教40多年，学识渊博，德高行正，敬业爱岗，诲人

俞大文诗词书法作品

憶菊廬詩詞續稿 選抄本

秋上慈山謁葉水心墓 瑞安俞大文 一九八六年作

瞻仰先賢上古岑，慈山景色入秋深千年
拱木滄桑意，一部文章天地心。學繼永嘉
張、薛逕，名齊呂舉見歐釜。（呂舉陳傅
良、瑞安人，葉水心其他齊名；他們都徒永
加經濟之學而發揚光大之）猗歟功德言三幡，
仰止情懷不自禁。

紀念梅冷生鄉先輩誕辰九十周年
樓苕江城有勁風，九天清韻落寰中，堯

不倦，备受人们尊崇。1949 年 6 月，瑞安中等学校教职员联合会成立，被推选为执行委员。

毕业于西南小学的著名辞书编纂家黄鸿森在《感念三位启蒙恩师·俞大文先生》中回忆：

俞先生教国语颇有特色。以作文而言，低年级有造句，先生出个词或短语，让学生编句子。三、四年级就有作文了，一向是先生出题目，让学生做文章。俞先生除了命题作文外，还用了别的方式。印象很深的一课是演讲记录。他演讲，由学生记录，整理成文后抄在作文本上。他演讲用口语，速度很慢，让学生跟得上。题目是《勤力》，这是当地方言，《现代汉语词典》未收此词，意思是"勤"。他演讲的第一句话是："勤力就是不懒惰的解说。"这句话使我学会了作文的一招，那就是可以从解释题目开头。

大文先生钟爱古典诗词，在忙碌的教学空暇，创作古典诗词 2000 多首。

新中国成立前夕曾选稿成帙，取"不平则鸣"之意，署曰《癣鸣吟稿》。新中国成立后至"文革"前他也有所作，这些手稿受其父推荐，寄存在浙江省文史馆，未料毁于十年浩劫之中。

作为诗家，他阅历丰富，博识善思，对人生感悟至深。非常珍重诗人的使命感，推崇杜甫爱国忧民的诗风，赞扬乐天"为时为事而作"的主张。对诗词理论颇有研究，在《诗歌的方向盘》中提出：诗歌要"为时为事"而作，应该"有褒有贬"；在《作诗"六不"》中，总结古来诗作名家的经验，概括了作诗的"六不"：意不能虚，境不能滞，气不能浊，味不能淡，品不能低，格不能杂，受到诗坛的赞赏。他关心国内外大事，每得信息，即及时构思动笔，兴怀抒感，一吐为快。赞和平，歌发展，庆国昌，颂新人，为宣扬真善美，鞭挞假丑恶不遗余力。1956年至1966年，他连续当选为瑞安县第二至第六届人大代表。

"老来不厌吟诗苦，只为吟诗守我真。"到了晚年，他的诗词造诣已达炉火纯青的境界，虽常用典故，但易懂而不晦涩，读起来朗朗上口，回味无穷。温州师院党委书记、中国诗词家协会名誉会长张桂生给予如此赞誉：

诸体兼擅，继承历代诗人之优良诗风，崇李尊杜钦白羡苏，先贤优秀诗风常飒爽于篇什之中，时代气息又融合于章句之内，一些古风佳作，气势磅礴，奔放雄奇，浮想联翩，一泻千里。

大文先生爱诗文亦喜翰墨，习魏碑，工篆隶，崇行书，解钟鼎，娴熟各种书体，书法功底殊深。他常说"字如其人，写字是写人的精神"，时会把自己得意的诗词作品书于纸、贴于墙，"以补壁"。其行书风流飘逸，苍劲有力；隶书唯美精巧，令人悦目；魏碑工整稳重；篆书大气精美，给人以宁静圆融的感觉。他的女儿俞咏说：

父亲能诗又能书，便常有人索求他的诗和字，温属多处有他撰联并书的木、石刻。如水心公园的亭楼联"园宅耸层楼，白鹿江城新画本；水心怀盛事，永嘉学派古乡贤"，仙岩谢公亭联"最喜亭新，倚槛有怀谢客；莫言我老，扶筇且访仙踪"，瑞安隆山寺重建联"寺宇换新容，文笔为邻，宝殿仍然留塔影；色空悟妙理，承平可慰，隆山依旧响钟声"等。他的联语

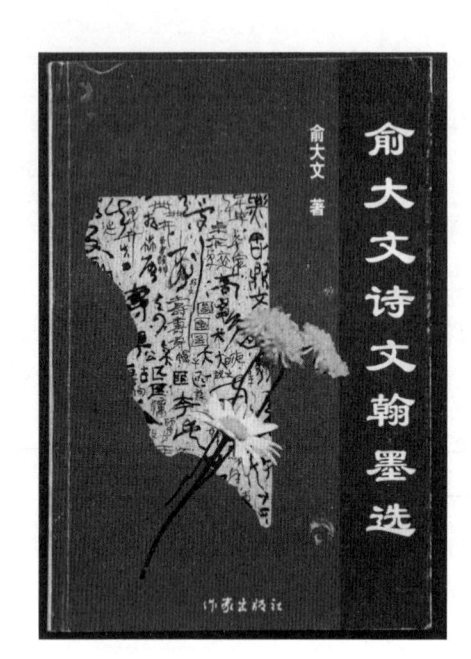

《俞大文诗文翰墨选》

无不文情并茂,言中有画,让人浮想联翩。

他长期钻研传统诗词,撰有诗词理论13多万字,乡土文史资料14多万字和小品文、读书笔记7万多字,是中国诗词学会、浙江诗词学会、温州市诗词学会会员,《温州诗词》编委,传略入选《中国当代艺术界名人录》《当代诗词家大辞典》《中华诗人大辞典》和《浙江古今人物大辞典》。著作有《癖鸣吟稿》《有闻诗词正续集》《忆菊庐吟稿》《忆菊庐鸡肋集》《俞大文诗文翰墨选》等,作品古风《北雁行》《孔繁森赞歌》获全国诗词大赛佳作奖。

大文先生爱校爱乡,曾在《上海瑞中校友通讯》连续刊发《瑞安乡土琐谈》,还有一个喜好是爱菊,与菊有不解之缘。退休之后在大沙堤住宅小院中开辟一块菊圃,命故居为"菊庐"。朋友送他的菊种花色各异,因不知品名,他观形察色自取其名,如"战地黄花""紫袖迎风""如意金钩""漫天雪""黄金甲""迎春菊"等,并为菊花写下不少诗篇。每至秋天,满园菊花怒放,姹紫嫣红,他会邀请朋友一起赏菊吟诗,席间佳句连连。1984年迁居温州,把温州住宅取名为"忆菊庐",在二楼阳台遍种盆栽菊花,还将许多著作都冠以"忆菊庐"之名。

近代篆刻大师——方介堪

方介堪（1901—1987），原名文榘，字溥如，后改名岩，字介堪，以字行，祖籍浙江泰顺，出生于温州。担任过上海美术专科学校、新华艺专文艺学院教授，为我国篆刻教育事业的先驱。毕生从事艺术创作，擅长金石，先后治印2万余方，系西泠印社社员、副社长，第一、第二届全国美展评审委员。1945年受聘为瑞中高中美术教员。曾任温州博物馆馆长、温州市文联副主席、中国书协浙江分会副主席等职。《温州市志》有传。

方介堪

1942年秋，时任瑞安县立初级中学校长王超六先生怀抱"教育为立国之本，储材树人乃天职"的信念，殚精竭虑，苦心擘画创建高中部，使瑞中成为温属八县第一所完全中学，为瑞安及周边县城的初中毕业生创造了就近升学的条件。

为了确保新办高中的教学质量，校方煞费苦心，多方延聘名师，不仅主课师资人才济济，群英荟萃，副课教员也是多才多艺，学有专长，著名书画篆刻家方介堪亦曾受聘担任首届高中班的美术教员。

方介堪的父亲为县学童生，精擅书法，有名于时，曾在温州五马街开设"翰墨轩"鬻字赡家。介堪自幼聪慧好学，心灵手巧，受家风熏陶，很早就接触翰墨金石，7岁习字，9岁染指篆刻，12岁开始学习浙派诸家，经过五六年的刻苦钻研，渐得浙派篆刻之趣，便在"翰墨轩"设摊刻字，开始在温州书坛崭露头角。其时在温州闭关修佛的弘一法师李叔同赏其才华，曾赠给他一管大斗笔。浙南大藏家、温州印坛著名篆刻家谢磊明见他年轻好学，且根基深厚，便收其为弟子。他日间在店里刻印谋生，晚间去谢家整理藏品，饱览谢氏珍藏的金石碑帖、篆刻印谱，眼界大开。受谢磊明之嘱，他逐句篆刻古诗词印章数十篇，又大量勾摹古玺印与各名家印文，几年间刻了数千方闲章，篆法刀法章法练得滚瓜烂熟，为后来的发展和成就打下坚实的基础。

1925年春，方介堪成为西泠印社社员。翌年，小有成就的他来到上海，投入金石书画大家赵叔孺门下，这是他篆刻艺术创作的全新起点。在名师的悉心指导下，他的篆刻上溯周秦两汉，以鸟虫篆印和玉印风格作为主攻对象，印艺猛进，以刻玉印驰名上海滩。著名书画家、篆刻家吴昌硕赞其"才资高远，后生可畏"。

经赵叔孺推荐，他担任了上海西泠印社木版部主任，积极参加由沪上金石书画家自由组合的"古欢今雨社""寒之友""蜜蜂画社"等美术社团的活动，结交了艺坛许多耆宿名流，并得到吴昌硕、褚德彝等大家的指点。在良好的环境中，他与师友切磋艺术，篆刻技艺更臻炉火纯青，同时也提高了书法、绘画和诗文、鉴赏等方面的修养，成为诗书画印"四全"的艺术家。同年，刘海粟礼聘他担任上海美术专科学校篆刻书法和金石学教授。这成为方介堪篆刻艺术创作的一个重要转折点，他的印风开始变化，从过去师法浙派、徐三庚、吴让之一路，开始转向专攻秦汉古玺。

1929年，方介堪被聘为全国第一届美术展览会评审委员。同年经亨颐、于右任、黄宾虹等创办中国文艺学院，聘他为委员，传授书法篆刻。1934年至1937年，他赴南京、开封，后来又与张大千远赴北平，任职于故宫博物院博物馆，编辑《宋贤名翰》《元贤名翰》等。1935年、1937年先后在北平举办"于非闇、张大千、方介堪书画篆刻联展"和"张大千方介堪金石书画联展"，颇受艺坛瞩目。

1937年他担任第二届全国美展评审委员。七七事变爆发后，被困北平近三个月才携眷返乡避难。1941年温州沦陷，尽管生活相当艰辛，但拒绝出任日伪政府中任何职务。1945年，应聘为瑞安中学高中美术教员，其渊博学识及美术功底，让学生叹为观止，一些学生至今仍念念不忘。

抗战胜利后他再赴上海，所刻的"中兴元首"石章获全国美展一等奖，成为上海美术家协会会员。新中国成立后回归故里，先后担任温州市文管会副主任、温州博物馆首任馆长，全身心投入地方文物工作，跋涉农村山区，动员故家捐献遗藏，抢救出土文物，保护珍品，策划展览陈列，筹建温州博物馆，筚路蓝缕，劳苦功高。

1963年秋，他被推选为西泠印社理事。1964年应潘天寿、吴茀之的邀请，赴浙江美术学院（今中国美术学院）书法篆刻专业班教授篆刻，前后共三月余。这是新中国成立后我国高等院校中开设的第一个书法篆刻专业班。

"文革"时他遭受严重冲击，多次被抄家，印稿书籍毁失大半。拨乱反正后，担任过中国书法家协会名誉理事、浙江分会副主席，省政协委员，温州市文联副主席、市书协和美协名誉主席、市人大代表。西泠印社恢复活动时，被推选为副社长。

他毕生从事艺术创作，刀法娴熟，刻制印章以多、快、好出名，先后治印2万余方，其篆刻功力深厚，治印惯于在印面上施以浓墨，以刀代笔，用刀技法出神入化，无所不能，能手刻白金、水晶、玛瑙、碧玉、骨化石等坚硬材料，为徐悲鸿所刻的海鱼牙印，是当时篆刻艺术界轰动之举。

他对印学的最大贡献是，复兴了古时的鸟虫篆印，其印章风格的创作，至今未有伦比。他不但吸收了古代鸟虫篆印的艺术手法，更把目光放到了秦汉以前的鸟虫书上。在广取博学的基础上，独创的朱文鸟虫篆"不失古风，不违字理"，线条纤细有力，盘曲婉畅，韵满流美，在气韵上与两汉鸟虫篆印息息相通。在没有流派印成功先例的情况下，他在鸟虫篆印领域取得了大成，被后人视为中国鸟虫篆印章创作的经典。印坛宗师赵叔孺对他极为欣赏，以为"可谈印者，唯介堪一人"，故宫博物院前院长马衡赞其"无一字无来历"，郭沫若评其印章"炉火纯青"。

方介堪与著名国画大师张大千交情深厚，是长达半个世纪的至交，两人相互激赏，张大千早期的书画用印也大多由他奏刀。1930年，张大千举办个人画展，方介堪为其配刻印章50余方，"张画方印"，相得益彰，人称金

方介堪书法作品　　　　　　　　　　　方介堪和张大千

石书画双绝。1948年前后，他为张大千篆刻百余方印，其中包括20多方龙角印和一批唐宋真迹象牙轴头，深得世人赞赏。据统计，他一生为张大千刻印500余方，直到张大千晚年定居台湾，二人的书印往来也从未间断。

方介堪先生一生勤勉，在篆刻创作之际还出版了大量个人印谱。1927年至1928年，就分别将刻印钤拓为《介堪印谱》《介庵篆刻》，后来每年都有印谱出品。他的古文字学功底也极其深厚，著作颇丰，著有《秦汉封泥拾遗》《两汉官印考存》《古印文字别异》《古玉印汇》《玺玉印辨伪》等古印、古文字的研究著作。最为著名的是大型篆刻文字工具书《玺印文综》，精心摹采，勾摹逼真，按照《说文》体例，按部首排布，收录有一万余方古玺印文，倾注了其半生心力。

"印溯先秦，艺传后世"，方介堪开辟了印学和篆刻教育的新世界，无愧为受人尊崇景仰的一代篆刻大师。

浙南教育家——金嵘轩

金嵘轩（1887—1967），原名金桐熙，又名金嵘，瑞安林垟中村人。1906年东渡日本求学，日本东京高等师范学院教育伦理研究科毕业。回国后和周予同、李笠等人在瑞安创办"知行社"。先后在浙江省立第十中学、浙江省教育厅、温州师范学校、永嘉私立济时中学、瑞安中学等任职，是遐迩名闻的教育家。1955年6月当选为温州市人民政府副市长。编著有《乡村教育课本》《乡村教育与民众教育》等。《温州市志》《瑞安市志》有传。

金嵘轩

纯儿你好：

以下各事，希注意：一、公私物件要分明；二、正派家风要树立；三、国家财富要重视；四、家庭教育要严格；五、终身为祖国服务。

志纯志庄诸侄孙辈均此不另

一九六七年四月廿二日你父遗嘱

金嵘轩逝世时留下来的除书籍以外，只有一个1000多元的存折。他留给后代的唯一财产，就是这份在他病危时刻挣扎着起身写下的遗嘱。

金嵘轩19岁时东渡日本求学，留日期间逐渐形成了"科学可以救国、教育可以救国"和"希望做教育工作者"的思想心愿。1924年，归国担任浙江省立第十中学校长。在任职省教育厅科长期间，因省立十中负债累累，他毅然变卖祖产良田200亩，计8000银圆，又向殷商富户以高利贷借得2000银圆，为学校偿还债务。他以私济公，毁产办学的义举，赢得温中师生和浙南人民的交口赞叹，成为温州近代教育史流传至今的佳话。

从省厅离任后，他先后在江苏省立镇江中学、温州师范学校、福建省立师范学校任职。抗战期间深入永嘉山区创办私立济时中学。1945年8月1日，金嵘轩抱着服务桑梓教育的宗旨出任瑞安中学校长。在短短的一年时间里，他除弊兴利，承先启后，为振兴瑞中做出了重大的贡献。

在瑞中上任伊始，他即布置创作新校歌，并为卓公祠高中部和节孝祠初中部校舍安装了电灯，使校园第一次亮起明亮的灯光。1945年10月，他牵头建立瑞中修建校舍、补充设备筹捐委员会，亲自下乡募捐，得到全校师生与社会各界人士的大力支持。募捐所得用以改善校舍，添置教学设备，购置了《万有文库》《中学生文库》等成套的书籍，为师生提供了丰富的精神食粮。

作为教育家，他深知师资的重要性，莅任之初不仅恳切挽留众望所归的老教师，并栉风沐雨、披星戴月，赶往温州各地诚聘资深才博、富有教学经验的教师，陈仲公、胡经舒、陈楚淮、王公望、蒋宗周、王剑生、何止铮等教师的加盟，增强了瑞中教师的阵容。他还先后邀请暨南大学孙正容教授、浙江大学魏肇基教授、正中书局张幼丞编辑等来校做学术报告，以开阔学生视野，提高学生的文化与科学水平。为培养学生关心国家大事，通过举办定期时事报告与时事测验，激励学生放眼世界。他大力树立正气，在严格课堂教学和考试管理制度，防止考试作弊的同时，开展各种丰富多彩的课外活动，如举办校内外球赛、露营、师生同乐会、郊聚会、劳动服务比赛、国语演讲比赛、书画展览会等，使课内外紧密结合，形成生气勃勃的学习氛围。

坚持民主治校是金校长的办学理念，全校各处室及各科教学研究会，一一齐全，照章行事，丝毫不苟。开学前后召开各种类型会议，经常与师生座谈，多方征集办学意见。学校重大事项通过校务会议，采取多数人的意见，并善于听取反面意见，认真做好思想工作，统一认识，团结凝聚广大教职员工的力量，在校内形成活跃的民主风气及学术讨论氛围。对进步

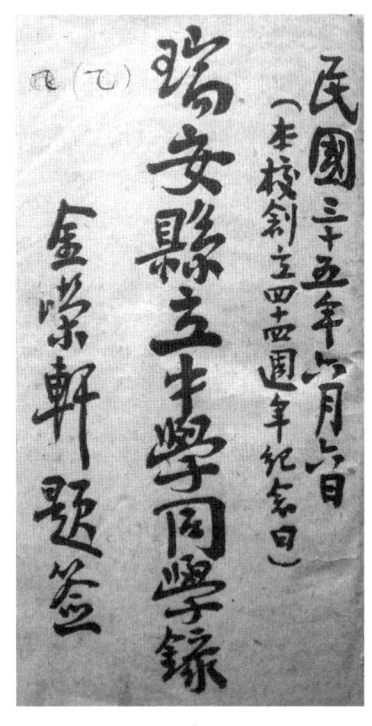

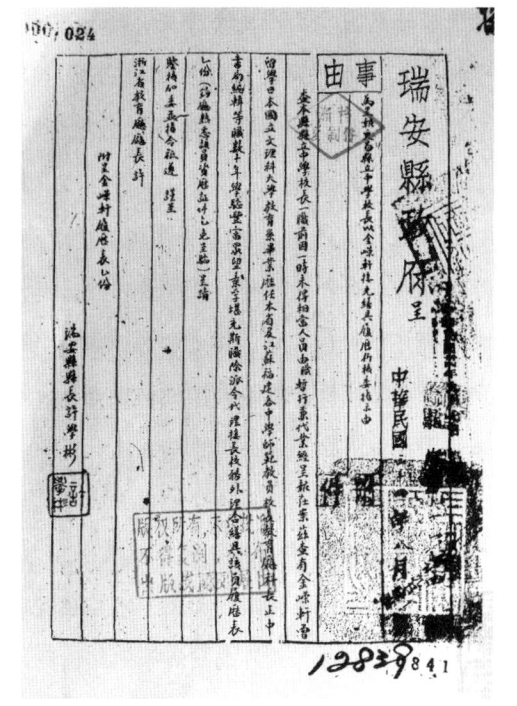

金嵘轩为瑞中同学录题签　　　　　　　　金嵘轩校长任职文件

学生所写的时评文章，他不仅不加以干涉，而且还热情地加以鼓励，有的同学从此走上革命道路。

对学生他爱护有加，在经费十分紧张的情况下，仍努力改善寄宿生的膳食，让学生能定期吃上香喷喷的红烧猪肉。为保障学生的健康，聘请医专毕业的缪天桢医师为专职校医，经常邀请教师为学生专题讲演营养与健康，对全体学生进行体格检查，如发现疾病预兆，立即做相应的措施。

瑞中1946届高中学生林杰在《金嵘轩先生在瑞中》一文中回忆：

1945年9月中旬的一天，大雨滂沱，河水猛涨，瑞安县城的大街小巷积水盈膝。金校长考虑到初中部寄宿的学生年龄尚轻，有的初离家门，在这暴风骤雨面前会受怕吃惊，他连夜冒雨涉水赶到初中部，一面做好学生宣慰工作，一面召集总务处的后勤人员切实做好排水防水工作，使学生安心就寝，他自己也就在办公室里过了一宿。有一次，瑞中初中篮球队与校外飞云球队在比赛中发生冲突,球赛中止,队员退出赛场。学生愤愤不平,争论剧烈。为了及时做好学生的思想工作,缓解学生因球赛矛盾而引发不安情绪,金校长将自己的被褥从高中部宿舍(新街卓公祠)搬到了初中部学生宿舍(西岘山下)住宿,以防止学生意外越轨行为的出现。

1946年4月间,初中部寄宿生中多人患上流脑病状,送往医院隔离治疗。教室、宿舍、厨房、膳厅等内外场地虽经打扫清理,药物消毒,可是学生仍有杯弓蛇影之怕,似乎校园内到处都有脑炎病毒作祟,以致忐忑不安。金校长目睹此情,就再次搬进初中部宿舍与学生同吃同住,细致地做好思想工作,逐步消除了学生由于脑炎流行而引起的恐怖心理。多年之后,曾在瑞中就读的老校友还深有体会地说:当年,同学的宿舍里深夜经常有金校长的身影,冷天给同学盖好被服,热天放好蚊帐,同学患病亲喂汤药,饭吃不下的,通知食堂送稀饭或面条,重病住院的便多次前往探望慰问;同学有困难,不论是生活、学习或经济等问题,他总是尽心善意地帮助解决。

校友是母校文化、精神、优良传统的传承者和传播者,深受金校长重视,他洞察到"在校同学对于共同研习之情绪,恒远不若乡谊或戚谊之浓厚;毕业校友对于母校建设之关心,亦不及对当日师长及学友系念之深切",在瑞中创办50周年前夕,编印了《瑞安县立中学同学通讯录》,亲自题签并作发刊词,希望以此起到联络校友、推动校友情谊的作用。

1946年7月,省教育厅拟调金嵘轩任温中校长,瑞中师生和瑞安各界人士闻讯后竭诚慰留。热心地方教育的人士联名向瑞安县参议会第一届三次大会做《慰留瑞安县立中学金嵘轩校长的提案》:

瑞安县立中学校长金嵘轩先生自去年8月间接任后,值抗战胜利、复员开始,金校长苦心擘画,扩充校舍,添置图书,校中种种设备焕然一新。他对学生学业及日常生活尤加注意,如有疾病痛苦必亲自慰问,爱护备至,深得学生感戴。今闻有辞退消息,群情惶恐。拟用本会名义函请打消辞意,并加慰留。

其时,温州所属各县(瑞安除外)县长联名推戴金嵘轩出任温州中学校长,温州中学学生在《浙瓯日报》上公开敦促金校长赴温州上任,《浙瓯日报》也同时发表社论恳切劝驾。鉴于情势所为，金嵘轩校长才离校赴温任职。

金嵘轩毕生奉行"知行务实"，主张"名师兴学""知行合一"，为教育事业做出了巨大的贡献，人们无比崇敬这位鞠躬尽瘁、为国育才的教育家。

滋兰树蕙
瑞安中学前辈名师风采录

著名的鲁迅研究专家
——胡今虚

胡今虚（1915—2003），原名胡经舒，笔名洛人，原籍瑞安，上海法学院政治经济系毕业，著名鲁迅研究专家。历任"永嘉战时青年服务团"总干事、瑞中初中部主任、瑞安简易师范学校校长、杭州女中文学教师，以及温州市政协委员和文史委员，温州市鹿城政协文史会副主任，浙江省作家协会会员，民革温州市委员会、温州市地方志编委会、浙江省鲁迅研究学会顾问。《瑞安市志》有传。

胡今虚

"越是年老，爱国心、事业心、历史责任感越强烈。"浙江省政协《联谊报》以《老而弥坚》为题，刊出专文，称赞著名的鲁迅研究专家胡今虚先生。

胡今虚出生于瑞安城关，少时移居温州城区。在中学他就是一名新派热血青年，20世纪30年代初响应革命文学运动的号召，在温州创建动荡文艺社，主编《动荡文艺》《铁铲》等刊物，积极从事文学活动。1933年试将苏联小说中译本改编为通俗小说在报纸上发表。1934年开始，在上海《申报》《中华日报》《大晚报》《民报》等报刊上连续发表新诗、文艺短论和文学名著改编的电影脚本。

1935年冬，他响应一二·九抗日救亡运动，参加大学生静坐和大游行请愿。1937年3月，随上海法学院教授及同学10多人去探望被囚禁于苏州狱中的全国救国会"七君子"沈钧儒等，并赶写报道在《大晚报》发表，引起很大的社会反响。

上海法学院毕业后，他参与"永嘉战时青年服务团"的筹备工作，1937年8月21日"战青团"正式成立，被推选为总干事。"战青团"在他与徐贤仪等领导下，以五马街为活动中心，先后组织了10个分团、48个支团，到1938年夏季，团员发展到8500多人，团结7万左右青年走上抗日救亡道路。历时一年零四个月的"战青团"被下令取缔后，他毫不畏惧，坚持参加抗日救亡运动，与瑞中教师邹伯宗一起合编《抗战歌声》第四集，共收编歌曲95首。1939年12月交给丽水会文图书社印刷出版，面向全国出售，为社会各阶层的抗日民众提供了抗战歌曲。抗战初期，他曾与温州诗人莫洛（马骅）等发起创立"海燕诗社"，主编《海燕诗歌丛书》和《暴风雨诗刊》，还主编过《舞台与银幕》副刊。

1945年8月，胡今虚应瑞中校长、教育家金嵘轩之邀，受聘为瑞中初中部训导组长，并担任初中部主任。他在《欣逢瑞中百年大庆，缅怀金、管两位校长》一文中这样回忆：

当年金师接办本校时，到开学之日，诸事已基本齐妥，可是初中部除了300名走读生之外，还有来自县内外山乡及远郊的300名住校生的住宿和膳食料理工作未落实，却没有老师愿意专任或兼顾。那时我正在本城匆匆忙忙地办理结束小学教师暑期训练班工作，金老师以为我还有"一股憨气，一身蛮力"，虽然他也明知我并无料理中学生生活杂务的能力和经验，却仍降格抬我尝试其事；他还耐心劝慰我说，他自己总要在雷打不动的早锻炼时间从校本部步行来初中部，同在大饭厅吃过早粥即一起参加全体升旗仪式，然后料理其他工作。他还情商住校的金作镐、唐赞两位老教师额外给我帮助，我只得"如临深渊、如履薄冰"，诚惶诚恐地摸索、挣扎到学期结束，幸好未至蹉跌。

1946年年初，瑞安简易师范学校校长去职，因本地党棍及土劣争夺此职，一时继任者未定。一些地方名流与金嵘轩校长磋商，为振兴地方教育事业，抽调瑞中初中部主任胡今虚到简易师范学校任校长。在金校长的鼓励支持下，胡今虚怀一片赤诚之心，凭自己的"憨气和蛮力"，从1946年2月到1949年5月，兢兢业业工作了七个学期，直至瑞安县城解放后才告辞

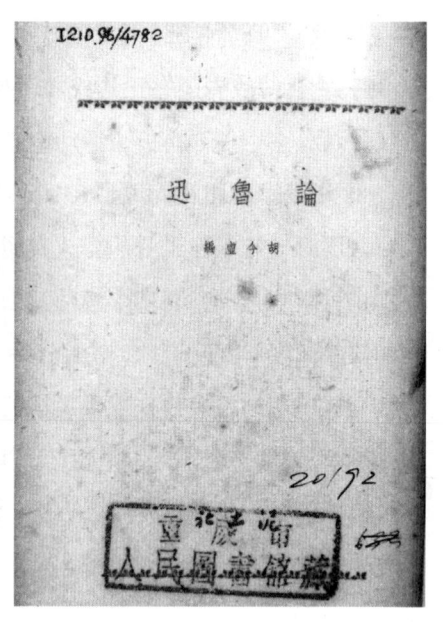

胡今虚著《鲁迅作品及其他》　　　　　胡今虚编《论鲁迅》

职。新中国成立之初，任杭州女子中学高中文学教师。

　　胡今虚是一位德高望重的鲁迅研究专家。20世纪30年代中期开始学习、研究鲁迅。1933年7月，他未足19岁，在《申报·自由谈》上读到鲁迅文章后，即就文学创作问题大胆发表自己的见解，并写了一封千字长信求教鲁迅。同年8月，鲁迅给予热情洋溢的复信："我很感谢你对我的希望，只要能力所及，我自然想做的。"由此开始了两人的书信来往。1933年10月6日，鲁迅在复信中郑重告诫他："现在左联的各种现象在重压下一定会有的。我在这三十年中目睹了不知多少。但一面有人离叛一面也有新的生力军起来，所以前进的还是前进。弄文学的人只要一坚忍二认真三韧长就可以了，不必因为有人改变就悲观的。"据《鲁迅书信集》统计，文学巨匠鲁迅与他这个名不见经传的文学青年，相互通信时间达两年多，往来信件各七封。鲁迅夫人许广平编辑的《鲁迅书信集》，收录了胡今虚全部原信的全文。

　　为响应左联倡导的文艺大众化运动，他曾试用章回小说体裁改编鲁迅译的《毁灭》，并写信给鲁迅陈述其事，请求指点，鲁迅复信表示支持。后受左联电影运动的启发，他埋头把《毁灭》改编为电影脚本《第一线》，1936年由上海《民报》电影副刊《影潭》刊出，被电影界认为是苏联文学名著移植为中国电影脚本的第一部。

鲁迅先生逝世后，他一直牢记其"坚忍、认真、韧长"的教诲，长期致力于鲁迅研究及文艺写作。1949年年底，在上海出版毛泽东、周恩来及苏联作家等论鲁迅的论文《论鲁迅》。1950年年初出版文集《鲁迅作品及其他》，许广平审阅并作后记。同年初夏，他从头整理自己书稿《鲁迅诗注》，复写多份分寄给许广平、冯雪峰、唐弢、夏承焘等专家，恳切求教。1951年出版诗歌朗诵专集《妇女解放礼赞》。1952年完成《鲁迅诗注》交泥土出版社出版，因受"胡风事件"株连中止排印。此后10多年，他历经坎坷。

1979年夏，他完成近10万字的书稿《鲁迅诗读札》和《鲁迅诗考注琐谈》3辑，并节衣缩食自费印刷200册，分寄专家及同好。1986年又自筹资金，出版《鲁迅逝世50周年悼念资料专辑》，辑录的资料许多已成为"孤篇""孤页"，是十分珍贵的史料，受到专家学者的好评。他被公认为温州地区保存鲁迅与同鲁迅有关的著名学者专家的手札墨迹最多的温州人，可惜在20世纪的战乱和动荡中几乎散失殆尽。

1980年获平反后，他从鲁迅研究逐渐兼事地方文史与编志，发表了不少鲁迅研究文稿和地方文史资料，还参加编印《鹿城文史资料》选辑11集。为促进海峡两岸文化交流和温州乡亲联谊，经常为浙江省同乡会会刊、台北温州同乡会会刊及台湾某日报文史版发表温州文史稿及鲁迅诗论。1993年被台湾作家艺术家联盟《文艺新闻》杂志聘为顾问，还与台湾作家、艺术家联盟会长尹雪曼神交60年，被传为文坛佳话。

他历任温州市政协委员和文史委员，浙江省鲁迅研究学会顾问，浙江省作家协会会员，入选《当代温州人物》。《全国鲁迅研究资料丛书》《浙江现代文学百家专集》及《浙江社科院资料信息专刊》等载有专家学者论述他的文学及从事鲁迅研究事迹专稿。

现代派戏剧探索的先驱——陈楚淮

陈楚淮（1908—1997），字江左，笔名阿淮、秋蘅、蘅子等，瑞安林垟镇底陈人。南京国立中央大学外文系毕业。新月派剧作家，在《新月》杂志发表《金丝笼》《药》《骷髅的迷恋者》等剧作。曾任教于江苏东海中学、山东省立第一中学。1945年9月担任瑞中教务主任兼英文教员，同年任浙大外文系教授直至退休。《瑞安市志》有传。

2008年6月，浙江人民出版社出版了《陈楚淮文集》，文集收录了新月派剧作家、浙江大学教授陈楚淮在20世纪三四十年代创作的现代话剧、散文、诗歌及学术论文等。

陈楚淮，字江左，其名字源自藏头诗"楚江有客歌兰芷，淮左无人问杏花"。出生于瑞安林垟底陈的一户富裕人家，家族为林垟四大家族之一，自幼资质聪颖，喜读古文杂书。1914年就读于当地名士金鸣昌创办的新式学堂——林垟勤业学堂。1923年瑞安中学（旧制）毕业，第二年考入南京的东南大学（后改名中央大学，今南京大学）。1926年正式进入东南大学外国语文学系，师从诗人闻一多、美学家宗白华、诺贝尔文学奖得主及美籍小说家赛珍珠等名师。

他勤奋好学，刻苦攻读英美文学，接触了不少欧美戏剧文学作品，并对戏剧产生浓厚的兴趣。在徐志摩、洪深等名师的指导及影响下，他与王季思等同学共同发起组织"香泥文社"和"樱花剧社"，在校内演出世界名

《陈楚淮文集》

剧《娜拉》、田汉的戏剧《湖上的悲剧》和俄译剧《可怜的裴迦》等，同时对话剧创作情有独钟，自编剧本，深得系主任闻一多的赏识。

1928年7月，他的处女作三幕话剧《金丝笼》在《新月》月刊上发表，从此一发而不可收，与"新月派"结上因缘，在两年的时间里，又创作了两部多幕剧、四部独幕剧，均由闻一多先生推荐到《新月》发表，成为在杂志上发表话剧最多的一人，扬名文坛。

大学毕业后受闻一多的推荐，先后在江苏东海中学、山东省立第一中学任英文教员；在济南实验戏剧学校任文学教员，讲授文学概论和戏剧选，在上海暨南大学外文系担任助教。授课之余，积极从事文艺创作，在闻一多、徐志摩等名家的鼓励扶持下，积极探索试验现代派戏剧，戏剧创作造诣日深。

1930年12月，他的第一个剧本集《金丝笼》，作为徐志摩主编的《新文艺丛书》之一，由国内最大的出版社上海中华书局出版。1934年，在中华书局现代文学丛书《梅特林剧曲选集》上，发表译作——比利时戏剧大师梅特林的世界名著、五幕话剧《裴列哀和梅丽沙》，这是他翻译外国戏剧的唯一作品。

　　他创作的多幕剧《金丝笼》《韦非君》，有强烈的个性解放色彩；独幕剧《药》《浦口的悲剧》揭示了底层劳动人民的深重苦难；《骷髅的迷恋者》《桐子落》则在神秘的超验精神追求中显示对生命的全新表现，为中国现代派剧本创作起了奠基性的作用。文学史研究者称誉他为新月派后期戏剧创作的一枝独秀，唯美派的剧作家，中国现代派戏剧探索的先驱。

　　抗日战争爆发后，因时局动荡不安，陈楚淮先后应温州中学、丽水联高的聘请，担任高中英文教员，在青田、碧湖任教。在此期间，他应聘为《战时中学生》特约撰稿人，利用课余创作发表诸多话剧、诗歌和散文，发表《血泪地狱》《野玫瑰》《黑旋风》等剧本，字里行间有血有肉、有爱有恨，充满了爱国激情。目睹国土沦陷，百姓流离失所，他满怀愤慨，1938年为温中学生导演抗战话剧《三江好》《放下你的鞭子》《保卫台儿庄》等剧，其中《放下你的鞭子》用温州方言演出，广受好评。20世纪20年代末至30年代末这10年，是陈楚淮创作最旺盛也是最辉煌的时期。

　　1940年，他受聘于浙江大学龙泉分校。1942年至1944年，他先后在《黄钟》上发表独幕剧《铁罗汉》和《有刺的玫瑰花》，还创作了多部以抗战为题材的戏剧作品，有独幕剧《周天节》、四幕剧《血泪地狱》、通俗短剧《黑旋风》等，揭露日本侵略者的骄横凶残、汉奸的卑鄙无耻，并塑造了一系列爱国的中华儿女和大义凛然的抗日英雄形象。其中《铁罗汉》《血泪地狱》曾在温州一带多次演出，反响强烈，产生了一定影响。国民出版社出版了他的第二本话剧集《铁罗汉》，戏剧家王季思为之作序。

　　战乱期间，他的工作频频变动。在温州中学兼课时，曾与陈修仁、金溟若等在温州府学巷开办永嘉学馆，为失学的学生补课。1944年，他再次赴龙泉分校任教，讲授戏剧选、小说选、散文、文法和修辞、现代西洋文学选等课程。

1945年陈楚淮返回家乡瑞安。8月，应瑞中校长、教育家金嵘轩的聘请，担任瑞中教务主任兼高中英文教员。初中、高中均毕业于瑞中的林永棣说："陈先生不仅教学水平高，还平易近人，学生有不懂的地方去问他，总是耐心解释，从不摆资格。"

抗战胜利后，随浙大龙泉分校去杭州任教。他在瑞中任职时间虽然短暂，但与家乡中学的情感笃深。据他的浙大学生、学者陈霖《浙大教授、新月派剧作家陈楚淮》一文记述：

1949年春，瑞安大学生联谊会负责人陈洲在杭州偕浙大校友李育杭、我等三人拜访将去瑞安上任的县长，推荐陈楚淮为瑞中校长，代替不学无术的虞姓校长。陈楚淮告诉陈洲，他如果执掌瑞中，一定礼聘大批学养丰厚的老师去瑞中执教。后来该瑞安县长去浙大邀请他担任瑞中校长，因时局紧张，此事搁浅。

新中国成立后，陈楚淮先生一直在浙大外语系任教。20世纪50年代，以工科为主的浙大亟须培养一批俄语人才，他毫不犹豫地自学俄语，挑起了俄语教研室主任这副担子，投身浙大外语系的建设，直至60年代才转教英语。他精通英语，被同事们称为"活字典"，凡是字典上查不到的字去询问他，都能给你一个满意的答复，在浙江外语教学界，名声相当响亮。

除了创作剧本外，他还写散文、杂文，曾在《浙江青年日报》副刊《语林》发表《陋室铭——秋蘅室杂忆之一》等诗文，著有《秋蘅室日记》《新陋室铭》《风雨龙吟楼》等。他亦写新诗，在温中校刊《明天》（创刊号）上发表《琴韵外三章》(《琴韵》《恶梦》《春风和杜鹃》)和《秋蘅室小诗三章》(《那也是天》《B姑娘奏琴》《空即是色，色即是空》)，在校内掀起学习写作新诗的热潮。尽管他诗作数量并不多，但从寥寥数首新诗中就可以看出，颇得闻一多倡导的新格律诗的神韵。这从《那也是天》诗中可见一斑：

望着树，望着树外的天，

是痴子，独自站在桥边。

像石柱，耸立在暮霭里，

怪有趣，那屋上的炊烟。

那太阳，脸上红得像火，

喝醉了，低头靠在山尖。

望水底，叫，那红的是酒，

不是的，一笑，那也是天。

陈楚淮教授可谓中国式才子，能写诗，能编剧本，能导演话剧，也懂中医，精通英语，系温州英语教育的先驱者，是一个不可多得的人才，其传略入编《中国现代文学词典》。

著名数学家——项黼宸

项黼宸（1916—1990），瑞安县城人。1933年毕业于瑞安县立初级中学。1944年厦门大学数学系毕业后，曾任浙江大学数学研究所助理研究员、瑞中数学教员。1947年赴台湾大学任教，兼任台湾东吴大学和淡江大学数学教授，曾担任台湾大学数学系主任，中国台湾地区"中央研究院"数学研究所所长。专长分析数学，在富里埃级数和泛函分析的研究方面取得突出成就。1970年当选为中国台湾地区"中央研究院"院士。被列为温州十大数学家院士之一。《瑞安市志》有传。

项黼宸

在温州市南塘白鹿洲公园东侧，有一座典型的温州传统民居宅院建筑，它原位于市区高盈里11号，系著名数学家谷超豪的祖居，2006年整体搬迁至此，辟为"温州数学名人馆"，展出晚清以来温州籍数学家的事迹、研究成果和有关物品。

20世纪20年代至今的百年来，中国江南水乡温州，涌现出一大批卓有成就的数学家。据不完全统计，海内外温州籍数学家超过200人，担任过著名大学数学系主任或数学研究所所长职务的就达30多人，其中杰出的代表人物有中国现代数学祖师姜立夫和中国现代数学奠基人之一苏步青。温籍数学家群体在现代中国的数学研究、数学教育以及数学活动的组织和传播方面都做出了重大贡献，产生了广泛的社会影响。

温州数学名人馆

温籍著名数学家姜立夫、苏步青、柯召、徐贤修、项黼宸、杨忠道、谷超豪、项武忠、姜伯驹、李邦河因数学方面成就卓越，享誉国内外，被称誉为温州十大数学家院士。这些数学英才的基础教育阶段都是在温州完成的，温州作为这些数学家的家乡，被人们称誉为"数学之乡""数学家摇篮"。同一个城市走出如此众多的数学家和数学研究者，这在中国乃至世界数学史上都是极为罕见的。

项黼宸名列温州十大数学家院士，是瑞安市历史上首位数学家院士，也是温州市20世纪著名数学家之一。他出身瑞安名门望族项氏家族，其家族文化底蕴深厚，不少族人赫赫有名，尤其在教育方面贡献卓著。如1897年创办浙江省第一所外语学校——瑞安方言馆的瑞安实业家项湘藻、项崧；1903年与业师马相伯共同创办中国历史上第一所私立大学——震旦学院的"洋状元"项骧；担任瑞安东南隅蒙学堂监督的项方昕，私立瑞安南堤小学首任校长项鸿畴，温州高级工业学校校长项启中，瑞安中学校长项维新等。

项黼宸初中就读于瑞安县立初级中学，其前身学计馆便是我国创办最早的数学专门学校之一。在这所富有数学底蕴的学校，他爱上了数学，并将数学研究作为自己人生的奋斗方向。大学他选择了厦门大学数学系深造，1944年毕业后，经瑞安老乡、厦门大学数学教授方德植的介绍，到浙江大学数学研究所任助理研究员。1946年赴美国加利福尼亚大学伯克利分校访问研究一学期，回国后返乡结婚，并应瑞安中学聘请担任数学教员，以回报母校的培育之恩。

1947年，他赴台湾大学任数学系讲师，1949年被聘为副教授，次年晋升教授。1963年至1966年任台湾大学数学系主任，台湾"中央研究院"数学研究所所长。1970年当选为台湾"中央研究院"院士。

项黼宸专长分析数学，成果累累，著述丰富。特别是在富里埃级数和泛函分析的研究方面取得突出成就。在数学教学方面对学生循循善诱，诲人不倦，成绩卓著。曾先后在美国纽约州立大学布法罗分校、日本仙台东北大学、马来西亚大学、新加坡南洋大学和荷兰大学任教数学，还曾兼任台湾地区东吴大学、淡江大学的数学教授，培养了一批杰出的数学人才。因教学成绩优异，桃李满天下，被誉为台湾大学"数学系第一代的五大台柱之一"，荣获1958年至1968年台湾第一届中山奖和台湾当局教育部颁发的第一届著作奖，两次作为台湾数学界代表参加国际数学家大会。

第三辑·新中国成立后

第三辑·儒•中国众生气

学界名士 乡里硕望
——林炜然

林炜然（1900—1993），名熹，瑞安县城人。1918年瑞中（旧制）毕业。瑞安民社发起人和领导人之一。20世纪20年代开始，先后在瑞中、省立水产学校、严州中学、处州中学、温州师范等学校教过历史、公民、国文。新中国成立后在瑞中任教语文，曾任语文教研组组长，知识渊博，治学严谨，在瑞安教育界德高望重，当选为瑞安政协第一届至第六届常委。《瑞安市志》有传。

林炜然

　　林炜然先生出身清寒家庭，读中学时曾因家贫学费无着落而停学一年。自幼品性聪慧，喜好读书，手不释卷，过目不忘。1918年秋瑞中（旧制）毕业后坚持刻苦自学，清晨买两个烧饼、一根油条，钻进图书馆不出来，专读古书，天天如此。日积月累，学问渐长，颇有文名。曾任《杭报》《瓯海公报》记者、编辑。

　　20世纪20年代开始他投身教育，先后在文成群益小学、瑞安中学、省立水产学校、严州中学、处州中学、浙东第三临中、温州师范等学校担任历史、国文、公民教员，教学之名驰于各地。1949年再次返回瑞中执教，直至1962年退休，长达40多年的教书生涯，乐此不倦，教泽流芳，桃李盈门。

　　林炜然思想进步，家国情怀浓郁，爱憎分明，敢于抨击黑恶势力。五四运动爆发时，已从瑞中毕业的他毅然回到母校，带领青年学生组织宣传队、演讲队，上街宣传演讲，揭露"二十一条"的危害，掀起抵制日货的热潮。

翌年 8 月 20 日，他与周予同、金嵘轩、李笠等瑞中校友和瑞籍青年，发起成立了瑞安第一个进步社团——知行社，组织青年知识分子举办平民夜校，设立平民阅报所，宣传新文化、新思想、新道德，传播革命思想。作为平民夜校的主要教师，他总是风雨无阻，寒暑不辍。

1926 年 7 月，瑞安的中山主义研究会和宏文会合并为瑞安民社，他是该社的发起人和领导人之一，同时他又组织建立"商界青年励志会"作为民社的外围组织。

1927 年 1 月，以共产党员为核心并会同国民党左派组成的国民党瑞安党部成立，在成立大会上，他慷慨激昂首先发言，痛骂帝国主义列强侵略和欺凌，抨击军阀暴行、封建势力的横行霸道以及土豪劣绅的残酷剥削，话语铿锵有力，让听者热血沸腾。他被选入国民党县党部执委会，任委员兼商民部长，组织县商民协会，领导当地群众，投身反对土豪劣绅、贪官污吏，提高学徒和职工地位，解散"洋货号"的斗争中。

"四一二"事变后，他在瑞中执教历史。1929 届毕业生、中科院编审黄宗甄在《怀念炜然老师》中回忆：

林炜然退出了国民党瑞安党部的领导岗位，并没有颓唐和消沉，没有和国民党"右派"同流合污，没有愁眉苦脸，依然和敌人做韧性斗争，来到瑞安中学当教师。当时我在初中二年级，他讲授的历史课，并不是单单介绍朝代更换和帝王将相的"功业"，而是通过历史事件之发生，说明当时的社会背景、经济政治的变化，指出历史是前进的。于历朝农民革命、民族战争、外国侵略等都有新的见解，开风气之先，听来打开心扉。有一次讲到岳飞抗金，他把《满江红》词章背诵出来，写在黑板上，带着慷慨、悲愤、豪放的口气，逐句解释，显现了岳飞的英雄气概。又如讲到南宋的文天祥，便介绍了其《正气歌》，还有明末史可法的抗清事迹。这样的历史课，学来大有增益。

林老师国学功底深厚，讲课激情洋溢，抑扬顿挫，声情并茂，讲授李密的《陈情表》和袁枚的《祭妹文》时，许多同学被感动得热泪盈眶。1941 年春季毕业的周臣孚在回忆中说：

回想1938年至1940年，我在瑞中学习时期，林老师教我们初中二、三年级两年的语文课。林老师学识渊博、口齿流利、语音清晰，又很风趣，讲课时谈笑风生，似讲故事，又似说书。他把课程内容不知不觉地融化在谈笑之中，使同学们听之入神，经常陷于欣赏和遐想境界，直到铃声响时，才如梦初醒，不觉已到下课时间了。这种使学生得到艺术享受的教学，不能不引起学生们的喜爱，所以每逢林老师上语文课时，全班同学总是早早鸦雀无声，静静地坐在各自的位置上，翘首盼望着林老师腋挟教案，慢条斯理、风度翩翩地在教室门口出现。

抗战期间，他在瑞中大峃分部任公民教员。其时公民课程旨在培养忠诚"党国"的公民，他却不受课本束缚，引经据典，旁敲侧击，教育学生在民族生死存亡的关头，不做"顺民"，而要做"国家栋梁""民族先锋"，并借题发挥，讲述太平天国故事，高声朗读石达开《答曾国藩诗五首》，满怀激情地逐字逐句地解释全诗，以多变的神态和手势，赞颂石达开大义凛然、宁死不屈的民族精神。学生聚精会神、屏息聆听去领会消化这首诗，直至现在，一些当年的学生还能流利地背诵：扬鞭慷慨莅中原，不为仇雠不为恩……

1945年，蒋介石发动全面内战后，他愤而脱离国民党，拒绝党员总登记，并对反动派痛加谴责。在温州师范任教时，他担任进步学生读书会的顾问，每次学潮都坚定地与学生站在一起。在学校当局要开除"闹事"学生时，敢于挺身而出，据理力争，毅然为学生辩护，勇敢保护学生。

他一生唯书为乐，嗜书如命。1952年春，和董朴垞、陈仲坚老师发现申明亭巷的一座楼房存放着一批古籍，即向学校及县领导汇报，最后经温州地委和瑞安县委决定，这批古籍除复本给温州图书馆外，其余三万多册全部划归瑞中，为瑞中日后成为省级古籍重点保护单位奠定了基础。

作为文史教师，他学识渊博，治学态度严谨，精通古代文学与诗词及乡邦文史，见多识广，记性超人，人称"活字典"，曾任瑞中语文教研组首任组长，擅长古典文学与诗词的讲解，教学独具特色。瑞中1955年高中毕业的瑞安人民医院主任医师陈永康说：

《炜然存稿》

　　林炜然老师的语文课，从文章的主题思想、时代背景到段落大意、写作手法、文字特点，都交代得清清楚楚，一目了然，对我们日后写作水平与文化修养的提高，有潜移默化的作用。

　　他为人忠厚耿直，古道热肠，光明磊落，德高望重。1956年当选为政协瑞安县第一届委员、常委并兼教育组组长、文史会副主任，连任第二至第六届委员、常委，文史负责人。积极参政议政，献计献策，坦陈己见，耿直进言。不管大会小会，也不分风雨寒暑，逢会必临；每逢发言，必肃然起立，慷慨陈词，滔滔不绝。

　　多年从事汉字语音与瑞安方言对照研究，编写过扫盲教材。平时勤于著述，孜孜不倦，遗作有《瑞安方言特殊语法与语调》《常用字(《广韵》)与瑞安读音对照表》《修学良导》等，可惜未刊行。在《瑞安文史资料》发表《九十年来》《辛亥革命在瑞安》等文章，鉴古知今，激励后人。

　　炜然先生不愧为学界名士、乡里硕望，正如曾联松、沈士奇、胡今虚、许世铮合撰的悼诗所述："巍巍师表，瓯越景崇；扬新矫俗，桑梓先锋；创编文史，著述伟功；高山仰止，普沐遗风。"

温州教坛翘楚——曾约

曾约（1898—1968），字博孚，居瑞安县城申明亭巷。南京高等师范学校教育系毕业，先后担任过常山、庆元、丽水等县教育科长（局长），瑞安县立城厢中心小学校长，瑞安图书馆协会执行委员，瑞安简易师范学校校长，系温州瓯海公学的发起筹创人之一。1941年5月随文成战时补习中学并入瑞安中学，执教国文、史地，曾任大峃分部教导主任、瑞中二部主任。系瑞安县第一、第二届人大代表。

曾约

瑞安县城有一条古老的小巷，因建有申明亭而得名申明亭巷。申明亭是明清两代用以张贴榜文、"申明教化"而建的亭子。而瑞城的申明亭巷却另有民间传说：南戏鼻祖、《琵琶记》作者高明（则诚）曾在此巷的一座小亭为民申明案情而得名。

小巷幽长，宁静致远。巷中门牌标为26号的曾宅大院，庭院深深，底蕴厚重，不仅走出过中华人民共和国国旗设计者曾联松，还走出了名重一方的曾氏"三昆仲"：老大曾约，温州地区颇有成就的教坛翘楚；老二曾省，著名的昆虫学家，我国植物保护学及生物防治技术的奠基人之一；老三曾勉，著名的园艺专家，我国近代园艺学的开拓者之一。

曾约，字博孚，祖籍陶山潘岱下湾村，出身耕读世家，晚清时迁入县城申明亭巷。祖父两辈均系清代生员。民国初年，他从温州中学毕业后，与二弟曾省同时考入南京高等师范学校，他就读教育系，曾省就读农学系。稍后三弟曾勉亦考入东南大学园艺系，昆仲仨齐聚金陵古城，其乐融融。

其时，我国国力孱弱，一大批青年学子抱着学好本领报效祖国的志向，出国留学深造。曾省大学毕业时被公费派往法国里昂大学理学院攻读昆虫学、寄生虫学和真菌学，1931年获得理学博士学位。三弟曾勉伴随二哥曾省留学法国蒙彼利埃大学园艺系，获得博士学位。曾省、曾勉兄弟俩学成归国后，受聘为大学教授、研究所研究员，在生物和园艺工程方面成就卓越，成为蜚声国内外的著名科学家。

曾约作为曾氏兄弟中的大哥，因父亲早已亡故，成为家族中的主心骨。他遵循"长子不远游，在家侍长辈"的祖训，未曾出洋留学。在南京高等师范学校就读时，师从被毛泽东称为人民教育家的陶行知先生，作为陶氏的高足，深受"平民教育"和"知行合一"教育思想的影响，并将此作为自己人生的践行目标。

曾约先生擅长古文，国学功底深厚，毕生从事教育工作。他的长子、中科院上海药物研究所研究员曾衍霖在2011年的一封信函中说："父亲的业绩虽然不如二叔、三叔那么辉煌，但他对浙西南和家乡的教育事业做出很大的贡献。"

据曾衍霖介绍，其父曾约从南京高师毕业后，一直在浙江省从事教育工作。20世纪20年代中后期，他先后在常山、庆元、丽水等县担任过教育科长（局长），因为那时民国县长有自行组阁的权力，如教育局局长或建设局局长等具有专业性的职位，都由县长聘任一些专家学者担任。当时任丽水、常山县县长的洪季川和庆元县县长的黄公硕，他俩都是瑞安城关人，故请胸怀树人之志的曾约担任教育科长（局长）。在这时期，曾约在一些地方办了许多中小学，并将陶行知先生的教育理念带到那里，推行平民教育和将教育和实践相结合的方针，深受民众赞扬。后来由于浙西南时局混乱，他才返里从教。

1925年，曾约与当年就读南京的温州籍同学谷寅侯、朱然黎等共同发起筹办"瓯海公学"，以九山湖畔的仁济庙为校舍，推谷寅侯为校长。瓯海公学办学有方，后来更名为瓯海中学、温州四中，成为浙南地区一所具有光荣传统和优良校风的历史名校，培养了著名报人赵超构、作家叶永烈、红学家林冠夫、中科院院士张超然、灰学理论创始人孙万鹏等诸多人才。

新中国成立前后，曾约也曾在瓯中执教多年。

20世纪30年代，曾约回到家乡瑞安。1930年9月14日，瑞安县图书馆协会在杨衙街（今公园路）利济医院举行成立大会，推选李笠、陈准、曾约、胡经、王释、洪焕增、唐澄士为执行委员，李笠当选为首任瑞安图书馆协会会长。这是当时浙江省第一个县级图书馆协会，也是当时全国最早的县级协会之一。

1936年，他担任瑞安县立城厢中心小学校长，并与时在瑞安开办"文化生活社"的文成籍爱国进步人士赵僎结为挚友，经常为瑞安民众教育馆在平民夜校执教，努力提高民众的文化水平。

20世纪40年代初，赵僎在文成大峃创办战时补习中学，由曾约主持学校工作，他组织学生开展勤工俭学、开荒种植等活动，解决了一些学生的学习费用。但因办学条件不合格，补习中学未能通过省教育厅备案。1941年4月19日，日本侵略军在瑞安登陆，县城第一次沦陷。瑞中校长王超六率领部分师生经过几天辗转步行，翻山越岭到达大峃镇，计划在此为瑞中流亡的学生办学。当得知大峃民众迫切希望当地有一所初级中学时，王校长于5月上旬召开瑞中校务会议，决定将大峃战时补习中学并入瑞中，成立瑞安中学大峃分部，解决大峃学子读书难的问题。大峃分部建立后，曾约应聘为国文、历史教师，兼任大峃分部教导主任。

1941年9月，浙江省教育厅在文成大峃龙川创办浙东第三临时中学，收留因日寇侵扰而被迫停办的如绍兴中学、金华中学、新群高中、常山临中等校的失学学生，以及解决流亡文成学生的读书难问题。抗战胜利后，该校由曾约牵头并入温州中学。

20世纪40年代后期及新中国成立之后，曾约在瑞安简易师范学校和瓯海中学、瑞安中学任语文教师多年，曾担任过瑞安简易师范学校校长、瑞安中学分部及二部主任、图书管理员。他有很好的书法功底，曾为瑞中设计过校旗，校旗上"瑞安县立中学"的大字也出自他之手。他的思想亦相当开明，新中国成立后积极参加新中国的建设和社会活动，为国家和家乡的建设献计献策，当选为瑞安县第一、二届人大代表。1958年4月在瑞安中学退职。

一支粉笔写人生
——黄运筹

滋兰树蕙 瑞安中学前辈名师风采录

黄运筹（1907—1974），原名忠文，浙江乐清柳市湖头人。就读过上海光华大学历史系，毕业于清华大学政治系。历任杭州盐务中学、浙江省立十中、福州中学、福建省医学院等校的历史、英语、国文、公民教员，福建省保安处干部训练所教官，浙江省税务管理局经济研究员。1944年在瑞中任公民、英语教员。新中国成立后任瑞中高中英语教师和外语教研组组长，名列"抗战时期温州部分名师"。

黄运筹

"吾性暴烈，谔谔直言，既不愿混迹官场，亦将不见容于官场。唯教鞭生涯、雕虫小技，似更相宜。"这是黄运筹先生在家书中所说的。他的人生亦真的这样去践行：不稀罕官场名利，甘愿三尺讲台迎冬夏，一支粉笔写春秋。他担任过杭州盐务中学、浙江省立第十中学、福州中学、福建省医学院、私立瓯海中学雁荡分校、省立高级商校、乐清师范、省立浙东第三临时中学、乐清师范和瑞安中学等校的教职，任教过国文、历史、公民、英语等学科，辛勤地为教育事业耕耘。

20世纪20年代初，黄运筹就读于浙江省立十中（温州中学）初中。他聪慧好学，著名学者、时任国文老师的朱自清特别赏识其习作，曾在批语中赞誉："一尘不染，立论亦奇""意到笔随""清丽端庄，兼而有之""含英咀华，书味盎然；而振笔疾书，文气汪洋恣肆，有如长江大河一泻千里之概"等。深受朱自清"严谨治学、清白做人"和爱国思想的影响，他内

黄运筹（右二）和夏鼐（中举起者）等温籍在京同学合影（1934）

心深处早就萌发了"潜心求知、匡时救国"的思想。

正当他奋发上进之日，却因体弱多病辍学居家。在此期间，曾在家乡沙门小学任教并自学高中课程。他对于历史、英语学科，殊感兴趣，更为用功，尤好读《史记》《资治通鉴》等，以古鉴今，颇有心得。

20世纪20年代末，他借了高中学历文凭考入上海光华大学历史系，受业于历史学家吕思勉教授。当时正值军阀混战，民不聊生，哀鸿遍野，目睹社会之现状，他深感治史之道于国于民是远水难解近火之急，不如攻读政治经济学，探究世界各国政制的优劣得失，择其合乎国情者而奉行之。于是，30年代初他毅然离开光华大学，考入清华大学政治系。

在清华求学期间，他与同在清华就读的温中同学夏鼐过从甚密，并因而结识了后来成为著名明史学者的吴晗。更巧的是中学老师朱自清也在清华园任中文教授，他得以继续聆听教诲。因中学与大学两度的师生关系，他俩情谊益深。

1934年大学毕业时，朱自清曾亲自写信给张伯苓校长，推荐爱徒黄运筹去南开大学任教。遗憾的是，回乡途中他不慎丢失了推荐信，未能如愿去南开任职。经当时供职教育部的舅父介绍，留在杭州私立盐务中学任史地教员，后来辗转于浙江省立十中、福州中学、福建省医学院执教国文、历史、公民、英语等课程。

黄运筹酷爱历史，古今中外有关典籍文献，均为其搜求浏览之对象。他博闻强记，融会贯通，上历史课没有详细备课方案，也从不照本宣科，而临场发挥的个人述评，总是娓娓道来，有条不紊，很能激发学生的兴趣，深受学生欢迎。

抗战全面爆发后，中华民族惨遭蹂躏，灾难深重，作为一名历史教员，他满怀家国之情，教书育人，常以我国历史上一些民族英雄的悲壮事迹，教育激励青年学生，对当时政府和学校中的腐败现象尤为痛恶，揭露指斥，不留情面。

1939年，他与当时教育部门的矛盾日趋尖锐，于是转聘到福建省保安处干部训练所，担任政治经济学少校教官。在教学上，他侧重从历史角度分析问题，对照中外，纵论古今，积极宣传全民抗日，并根据政治经济学原理，结合现实，编著了《政治经济学概说》作为教材。此后两年内，他被连续晋升为中校、上校等文职军衔。也就是在这两年内，他逐渐发觉自己只不过在扮演着某种角色，教坛上的演说，无非是给长官们粉饰"民主政治、全民抗日"的门面，给干训所增添一些学术色彩，同时也借以显示当局宽以容人的大度。书生议论，慷慨激昂，当局自可置之不理，我行我素。言者谆谆，听者藐藐，对时局丝毫无补。虽然保安处对他个人来说，也算"恩宠"有加，但是他就是看不惯官场弊端，婉谢挽留，毅然离职。

1942年，黄运筹去省立浙东第三临时中学任教，后来在浙江省税务管理局担任经济研究员，任内编著了《中国遗产税法论》一书。由于税务局人员调整、缩减，局领导以其出身名校且有该方面理论著述，调派他掌管"征收遗产税"事项。此职乃部门内部官员角逐的一个肥缺，但却被他视为"低等""收税吏"之职务，遂以"非己所长"为由，任职仅三月便告辞职，重返中学课堂。

1944年2月，他受聘为瑞中的公民、英语教员。当年的学生回忆说："毕业于清华大学的黄老师，英语底子非常好，口语讲得极其流利，与外国人直接对话也毫不费力。"

1949年8月，他再次来到瑞中，任高中英语教师，1952年担任外语教研组组长。在教学中，他兢兢业业，积极投入，倾尽所能。当时正处于抗美援朝时期，英语教学没有合适的教科书，学生又普遍认为学习英文全无用处，为增强学生的学习兴趣，打好扎实的语言基础，他在为数有限的英文杂志（例如《人民中国》英文版）中选取文章作为教材。瑞中1953届学生胡培利在回忆中说：

黄老师在教学上认真负责，严格要求，一丝不苟。为创造良好的语言环境，课堂上他坚持用英语讲课，几乎不讲中文，讲解英文语法时常常灵机一动，一个例子就列举出来。他还时常给同学辅导英文版《人民中国》杂志上的文章，以提高大家的英文阅读能力，让同学们受益匪浅。

新中国成立后，黄运筹作为留用的旧知识分子，经过1951年的知识分子思想改造及接连不断的政治运动，思想觉悟有了一定的提高，力图赶上时代前进的步伐，却时有"想跟跟不上"的朦胧感觉。其时他年近50，白发渐生，感叹时光易逝，岁月不待人，他在致友人诗中云："碌碌庸庸黄运筹，等闲白了少年头。铅刀一割非无用，髀肉惊心岁月流。"他自勉要珍惜年华，以"非无用"之才，在学术上做出应有的贡献，更好地为教育事业服务。然而，理想虽很丰满，现实却很骨感，后来的发展并非如他所愿。1958年4月，一纸文书令其退职离开了瑞中。退职后他曾到山村民办中学任教英语，1974年5月因病与世长辞。

"一支粉笔，两袖清风，三尺讲台，四季耕耘。"这是黄运筹老师真实的人生写照。他在讲台上演绎的平凡又不凡的人生，后人不会忘记，《温州教育史志》将他列为"抗战时期温州部分名师"。他应当不愧自己"桃李满园"的一生，最值得欣慰的是：儿子信榆和信孚分别毕业于北京大学物理系和生物系，信榆为中科院武汉物理与数学研究所研究员、博士生导师，国务院特殊津贴获得者，信孚为温州农科所高级农艺师。

育才尽瘁 桃李仰之
——陈湜

滋兰树蕙——瑞安中学前辈名师风采录

陈湜（1909—1974），字仲公，又名守法，瑞安县城人。浙江省立第十中学毕业，赴东京日本大学社会经济系留学数年。曾担任《朝报》《申报》编辑，温州中学地理教师、教导主任，瑞安中学地理教师、教导主任、校务会副主任。著作有《人种改良》《气象与人生》等。20世纪50年代初加入中国民主同盟，1958年被错划为"右派"，1979年获得平反。

陈湜

　　陈湜，字仲公，出身瑞安的书香门第、名门望族。其陈氏家族源远流长，世代翰墨相传，名人辈出。祖父陈煜生（燃石）少有文行，10岁补学官弟子员，有"神童"之称，士林间声名显赫。二叔公陈黻宸（介石）为近代著名教育家，清光绪二十九年（1903）中进士，曾任京师大学堂（北京大学前身）史学教习、北京大学教授，系北大讲授中国哲学史第一人，被誉为"史学巨子""浙江大儒"。三叔公陈侠（醉石），系瑞安名医，曾任利济医学堂教习、纂修，精于医术，多才多艺，还是位作曲家。父亲陈怀，北京大学教授，清史学科的奠基人。表叔林损（公铎）是北京大学教授，国学大师。

　　陈仲公从小受父亲陈怀和表叔林辛、林损的启蒙教育和儒家思想影响，注重文化修养，温文儒雅且富有责任感。中学就读于浙江省立第十中学（温州中学），学业优异。毕业后因蒋介石"清党"的白色恐怖，他与很多爱国热血青年一样，东渡日本学习科学救国的本领，选择东京日本大学的社会经济为学习专业。留学期间，撰有《日本侵华企图》一文，后由商务书局出版成册。1935年4月出版了《日俄非法买卖中东铁路之始末》，1936年又在正中书局出版了著作《人种改良》和《气象与人生》。

七七事变爆发后，他回到国内，在南京《朝报》、上海《申报》担任编辑。对世界经济地理的研究，他颇有心得，在《申报》期间，所撰写的文章，无不以一个经济地理学家的眼光，深刻地揭露日本当时对华政策的侵略本质。

抗战期间，陈仲公不幸患上脊椎结核的重症，历经重重磨难。据他的外甥、曾在瑞中初、高中就读的林兆丰在《陈仲公与金嵘轩先生的一段知遇》中回忆：

二舅父（陈仲公）自幼身体虚弱，多年谋生奔波，积劳成疾，患有脊椎骨结核症。日寇进攻上海前夕，他正在一家德国人白雷德（或勃兰特）开设的医院接受手术治疗，刮除了坏死部分脊椎，移植上自身小腿上削下来胫骨，从此他的脊椎便失去了躬腰前俯的功能。一日，日寇飞机轰炸，病房被毁起火，幸亏德籍大夫、护士将他用床单兜着垂下三楼得救；并在十九路军与日寇激战硝烟中逃离上海市区。时，陈夫人（赵超构先生的胞姐）身边带有两个6~8岁儿女，欲返故乡，旅途艰难可想而知。天无绝人之路，巧遇一位只身逃离上海的金华籍报社员工，在这位善良人的协助护送下，舟船辗转，翻山越岭，将他俯卧在一张小竹床上抬回瑞安。紧接着日寇沿浙赣路南下，沿海有日舰封锁，隔断了他与外界一切联系，蛰居故乡养病，经历了"俯（卧）三年，仰（卧）三年"，才得起坐站立。

抗战胜利后，陈仲公已经能依靠两支拐杖站立行走，在他胞兄陈谧主持校政的瑞安初级师范学校担任每周四节课的小量教学。1945年8月，金嵘轩出任瑞安中学校长，诚聘了一批富有教学经验并热心教育的教员。陈仲公当年在温州中学就读时，金嵘轩是温中校长，两人固有师生之谊，他应聘为瑞中地理教员。

据1945年8月至1946年6月的《瑞中三十年度校务经过纪要》记载：十一月四日，妇女问题研究会请陈仲公先生讲演专题；十二月四日，陈仲公先生在初中报告时事；三月廿五日，高中纪念周陈仲公先生在报告时事；四月十五日，初中部纪念周请本校地理教师陈仲公先生报告新近时事。

由此可见陈仲公老师除了上好地理课外，还为学校承担了不少讲演任务，是金校长的一位好助手。

1946年8月，金嵘轩先生调任温州中学校长，出于对陈仲公才学的了解和赏识，便聘请他去温州中学任教。当时就健康情况而言，陈仲公离开家人的照料，生活起居自理尚有困难，但他对金校长的诚邀，自认为是知遇，便决定隐瞒实情而应聘，并召唤瑞中应届初中毕业的儿子兆瑞，投考温中高中以便照顾自己。在温中他担任地理教学，还担任了一年的教务主任。1948年因温中领导人事有所变动，他返回故乡瑞安，再次受聘瑞中任地理教员。

1949年5月瑞安解放后，管文南先生就任瑞安中学校长，对教师队伍及教育教学管理制度进行全面整顿改造。9月，陈仲公始任教导主任。12月18日，瑞中建立首届校务委员会作为学校的最高行政机构，校长管文南任主任委员，教导主任陈仲公为副主任委员，委员中有教师代表9人，高中、初中学生代表各1人。

陈仲公学识渊博，教学严谨，为人亲和，关爱学生。学生谢秉淞在《陈仲公先生往事》中说：

陈仲公先生是瑞安中学地理老师。1946年，我就读高二年级，陈老师知道我就读高中之前曾在水头镇中心小学高年级教过中国地理和世界地理（那时小学五、六年级开设地理课程），经过多次谈话，让我为本年级同学编写世界地理学习提纲。因为当时的课本很厚，内容繁多，有了学习提纲，可以抓住重点，将学生自学和老师讲授相结合。陈老师的讲授方式是先将重点讲透，再通过地图加以巩固，复习时使用地图分析问题，并要求学生学习自绘地图。他对我十分关怀，常邀我到他家中交谈。1948年1月我将要毕业时，到陈老师家中会面，他欣然在我的纪念册上题下勉励内容，词曰：君担簦，我戴笠，他日相逢相对揖。君乘车，我骑马，他日相逢为君下。陈老师对我如此器重和鼓励，使我铭记在心。

瑞中 1947 年高中毕业的浙江医科大学主任医师林树侯也在回忆中提到：当年学习珠江流域内容时，陈仲公老师曾布置作业，要求我们自绘珠江三角洲地图，把珠江的三条源流及入海河道分布巩固在地图上，至今记忆犹新。

1953 年，金嵘轩第三次出任温州中学校长，陈仲公旋即被金校长聘任为温中教导主任，举家迁往温州市定居。在温中他工作认认真真、勤勤恳恳，被评为 1956 年度先进工作者。一位脊椎伤残、行动不便的人，依然忘我地为教育工作鞠躬尽瘁，获得同行的高度赞誉，这是多么不容易啊！

20 世纪 50 年代初，满怀着对国家的热爱、对教育的忠诚，以及对金嵘轩校长的知遇之恩，追随金嵘轩 10 多年的陈仲公在温州民盟主委金校长的介绍下，加入了中国民主同盟，并积极协助金校长开展民盟的工作。没有想到竟然招致 1958 年被错划为"右派"，由此下乡劳改，戴罪 15 年，于 1974 年因高血压心梗而抱憾离世。

1979 年春回大地，通过拨乱反正，陈仲公终于获得平反，恢复名誉，他的恩师金嵘轩先生也深受家乡人民的尊崇与爱戴。陈仲公老师在天之灵，也应有所安慰了！

滋兰树蕙 瑞安中学前辈名师风采录

美声响遏行云　艺德长留佳话
——朱昭东

朱昭东（1922—2010），出生于温州鹿城，上海大夏大学肄业。1947年2月被聘为瑞安中学音乐教员，曾任瑞安师范音乐教师、瑞安越剧团导演，执教过碧山中学、桐浦中学、城关一中和老年大学。瑞安美声唱法的鼻祖，被推选为瑞安艺术家协会主席、瑞安音乐协会主席、瑞安文联第一届委员、瑞安音协首席顾问。热爱舞台艺术，担任过许多话剧的主角和导演，为瑞安戏剧史写下光辉的一页。《瑞安市志》有传。

朱昭东

"先生离世去，师德永恒照千古；桃李正芬芳，教诲铭心传百年。"

"岘山室内，琴声伴曲育桃李；剧院舞台，《雷雨》艺精誉瑞城。"

"卓公祠中，西岘山下，耳提面命，犹如昨日；文工团里，音乐课间，身教言传，永记心田。"

"桃李满罗阳，歌声乐老幼，三代学生沾教泽；舞台留形象，余响遏行云，一生艺事足千秋。"

"三日绕梁，八音犹在耳，感激先生长教诲，春风甘化雨；一朝分袂，二竖竟伤育，应怜小子总铭恩，月夜苦思魂。"

"明月照寒窗，细忆遗训长流泪；子规啼午夜，重怀旧事倍伤神。"

……

追悼大厅哀乐低回，挽联如瀑，人们怀着沉痛的心情悼念瑞安教育界德高望重的老前辈朱昭东老师，含泪与他依依惜别。

2010年1月5日，朱昭东老师走完89年的人生旅程，永远地离开了人世，离开了热爱他的学生。他鞠躬尽瘁，桃李满园，25岁开始执教瑞中，直至75岁还在为瑞安老年大学上声乐课，教过上万名学生，教过上千名教师干部，也教过数百名离退休老人；他正直坦荡，德艺双馨，为瑞安美声唱法的鼻祖，担任过瑞安艺术家协会主席、瑞安第一届音乐协会主席、瑞安文联委员，曾用自己嘹亮优美的歌声和鲜活的舞台形象，弘扬爱国情操，歌颂真善美，鞭挞假恶丑，给世人留下良好的口碑。

朱昭东早年毕业于杭州市私立安定中学，大学肄业于上海大夏大学。天生有一副好歌喉，嗓音美妙动人，读大学时就迷恋戏剧表演，参加话剧救亡运动。1940年至1946年，他凭着满腔的爱国热情和对表演艺术的爱好，积极参加温州业余戏剧活动，饰演了众多角色，例如，俄国大悲剧《大雷雨》的男主角鲍里斯、话剧《夜光杯》的男主角郭平、《春雷》的男主角王树本、《黎明之前》的男主角"花花公子"、《家》的男主角觉新、《天长地久》的男主角阿芒、《女店主》的男主角等，这一系列舞台实践，为他的导演和表演艺术打下扎实的功底。

1947年2月，他受聘为瑞中音乐教员。其时，蒋介石悍然挑起全面内战，特务党棍疯狂打击迫害进步师生，在白色恐怖笼罩下，瑞中师生依然用各种方式表达对旧制度的不满，以及对民主自由的向往。朱老师不顾个人安危，利用各种机会为同学们教唱进步歌曲，如讽刺反动当局的《古怪歌》，歌颂解放区的《山那边哟好地方》，以及《黄河大合唱》《茶馆小调》等，以革命歌声来激发学生投身革命的热情。他还自编歌曲《打黄狗》，以"黄狗"直指反动政府的伪警察，因此激怒了伪政府当局，暗地图谋予以抓捕，在进步师生的保护下，他才免遭一劫。当年的学生、上海瑞中校友会会长孙文昌记忆犹新：

朱老师1947年2月到瑞中教音乐，刚好我考入瑞中初中部，他是我们初一乙班班主任。朱老师教我们音乐，内容都很进步，对我们启发、教育很大，使我们对国民党统治下旧社会的真实情况有进一步的了解。朱老师唱歌很好听，人很帅，运动场上的跨栏姿势和速度，撑竿跳的高度和过竿雄姿，给人印象很深刻。

1949年5月瑞安解放，朱昭东怀着革命胜利的喜悦和对新生活的憧憬，尽情发挥自己的艺术才能，投身业余戏剧活动。9月15日，瑞安县委、县政府在大操场举行慰问当地驻军大会，组织演出《牛永贵挂彩》等歌剧，他饰演了男主角牛永贵。在瑞安中学，他参与组建宣传队、文工团、剧团，亲自导演并饰演剧中主要角色，演出了《兄妹开荒》《朱大嫂送鸡蛋》等小型歌剧和《血泪仇》《大榆林》《不屈的人们》《台岛之夜》等大型话剧，为配合解放初期的各项中心任务做了大量的宣传工作。

1950年4月，他被推选为瑞安文学艺术工作者协会戏剧组组长。1951年，为配合瑞安农村的减租减息和土改工作，瑞中组织巡回文工队，他带领学生把《土改法》内容编为对口唱、三句半、相声等多种形式，配以秧歌、舞蹈、腰鼓等短小精悍的文艺节目，深入城镇街头和农村田头开展宣传。他精心编排的大型多幕方言歌剧《笑面虎》，随土改工作队在城区、农村巡回演出数十场，以听得懂的方言歌词，引起民众的情感共鸣，对土改运动起到了推动作用，受到瑞安县委和温州地委的表扬。6月3日，他参加温州区（市）文艺工作者代表大会，并做专题发言。

在抗美援朝运动中，朱老师亲自登台演出话剧《汉江月》，"离别了这里，不知多少年了，那留恋的祖国……"他浑厚的男中音，激发了学生的爱国热情，起到了良好的宣传效果，至今仍为瑞中校友津津乐道。

在开展各项文艺活动的同时，朱老师特别重视培养中学生中的文艺积极分子，鼓励文艺骨干深入厂矿企业和居委会，辅导工人和居民演戏、唱歌、跳舞，有力地促进了城区文艺活动的蓬勃开展。这些文艺骨干后来有的成为专业演员、歌唱家、舞蹈家、戏剧作家和美学专家。

1957年年初，在尊重知识、尊重人才、政治氛围宽松的良好社会大环

朱昭东导演话剧《雷雨》剧照（1957）

境下，瑞中组建了教工文工团。在校领导的鼓励和支持下，他利用寒假和张世楷、张建业、陈韺、叶肃、沈美琛等师生，精心编排了著名剧作家曹禺的代表作——四幕话剧《雷雨》，亲自担任导演并饰演鲁贵。1957年春夏之间，瑞中教工文工团编排的《雷雨》话剧在瑞安戏院公演，演出相当成功，场场爆满，盛况空前。演员们精湛的演技引起全城轰动，成为瑞安民众街头巷尾热议的话题，为瑞安戏剧史写下辉煌的一页，受到瑞安县委、县政府的高度赞扬。

朱老师博学多才，一专多能，执教过音乐、语文、历史、英语、俄语等多门课程，曾担任音乐教研组组长。他坚持教书育人，平易近人，为人师表，对教学认真负责，对工作勤勤恳恳，对学生关怀备至，对同事赤诚以待，赢得了学生的爱戴和人们的尊敬，当选过瑞中工会主席和瑞安县人大代表。

瑞中1955年高中毕业的北京航空航天大学博士生导师黄本诚说：

音乐老师朱昭东先生，极富音乐天赋，声音洪亮、浑厚、圆润，经常带我们上西岘山上的音乐室放声歌唱，从认识简谱到五线谱，陶冶情操，陪伴我一生的快乐。

朱老师后来在瑞安师范学校执教过音乐，在瑞安剧团当过编导，在碧山中学、桐浦中学、城关一中当过英语教师，直至75岁时，还担任瑞安市老年大学声乐教师，为教育文化事业奉献了一生。《瑞安文化名人》将他列为"本地文化人物"。

水稻良种「仲远号」的培育人
——管仲远

管仲远（1909—1969），名超，以字行，瑞安塘下三都乡南山人。浙江大学农学院园艺系毕业，曾在山东、福建农学院及武汉大学农学院等校任教。抗战时回乡务农，兼任瑞安及温州师范教员，1948年受聘为瑞中生物教员，曾任教研组组长。1958年调任瑞安县农科所副所长，培育了水稻新品种"仲远号"，获省科研先进工作者称号，曾当选为瑞安县政协副主席、浙江省第三届人大代表。著有《热带果树学》。《瑞安市志》《瑞安市教育志》有传。

管仲远

管仲远1934年浙江大学农学院园艺系毕业后，历任山东大学农学院、陕西西北农林专科学校助教，黄岩实业部果品检验处技术员，广西大学农学院讲师、副教授，福建省农林处园艺场技正、农场代场长，武汉大学农学院副教授等职。1938年日本侵略军围攻武汉，武汉大学被迫准备南迁。其时，管仲远的父亲远在家乡，因年老双目失明而行动不便，他再三考虑后决定放弃教职，回家尽孝，照顾父亲。

返回故乡瑞安塘下南山后，他除了1944年、1945年在瑞安师范学校、温州师范学校兼课之外，绝大部分时间在家务农，利用自身的专业知识和技术特长，从事果树及蔬菜的品种改良。他曾引进山东砀山梨进行嫁接改造，培养出汁多、渣少、糖度高的新品种——真雪梨；曾引进山东大白菜，经减重、增鲜的改良后，培养出适合本地种植的新品种，特别耐储藏，若用白纸包裹挂着，过了冬天，第二年依然很鲜美，受到老百姓的交口称赞。

1948年2月，他应聘为瑞中生物教员，由此集中精力从事教育工作。他具有渊博的专业知识和专业技能及丰富的教学经验，讲课语言生动，通俗易懂，能密切联系实际，注重教、学、做三者相结合，经常深入田间现场教学，把生物教学搞得红红火火，深受学生喜爱。1954届高中学生张世烈这样描述管老师上课情景：

他讲授米丘林的果树杂交无性繁殖；讲接枝技术，经接枝后一棵树上可生长几种水果，苹果可长成梨一样有水分，梨也可以长成苹果一样香甜……引起我对生物课的极大兴趣，后来我的高考第二志愿就填报农学院园艺系。

学生王鉴中回忆：

我是1948年考入瑞中，直到1954年瑞高毕业，聆听管老师多年的教导，管老师备课认真，讲课能抓住重点，深入浅出，承上启下，举一反三。

学生姜萍萍也说：

管老师的课风趣、幽默，易懂不易忘。为了说明不同作物成熟期倒伏后出现不同的结果，引用本地农民的顺口溜："麦倒不用算，稻倒亏一半，菜籽倒一箩收箩半。"非常形象生动。

20世纪50年代的瑞中高中毕业生还记得这样的情景：当时一些同学深受"学好数理化，走遍天下都不怕"的影响，平时埋头苦学数理化，而对生物课不大重视，很少去复习，在临近高考之前才心里发慌，于是便相约请生物老师为之突击复习。晚上，不少同学挤在一个大教室里，点燃煤气灯，认真地聆听管老师的讲解，结果这些同学高考都得到了满意的分数，有的甚至获得高分。同学们都说，考试的题目都被老师猜到了，一时传为奇谈。

1956年，党中央、国务院发出"向科学进军"的号召，在全国营造了学科学、用科学的浓厚氛围。管老师以中国人多地少，提高粮食高产是头等大事，确定以培育优质高产的水稻良种作为自己的攻坚目标，决心用专业知识来报效祖国。他撰写的《水稻的春化试验》论文，发表在全国生物科学类核心期刊《生物学通报》上，提出：晚稻种子经过春化处理后，生长期可以缩短，在连作时延迟播种，但不延迟成熟，且有可能提高产量的趋势，并将自己的试验情形及结果予以叙述，引起了广泛的关注。

1958年，瑞安县委、县政府把瑞安城区创办的民办中学，迁往飞云江南岸，与原国营飞云江农场附属农校合并，创办了瑞安农业专科学校，并组成学校、县农科所和农场的统一领导班子，学有专长的管老师调任瑞安县农科所副所长、瑞安县良种场副场长，并兼任瑞安农业专科学校作物栽培专业课的教师。

管老师踌躇满志，带领学生与农工一起，积极开展水稻丰产和育种试验，试用新鲜的厩肥、薯藤垫在早秋田下，上面搭好竹架、盖上油纸（当时尚无塑料薄膜），希望利用厩肥发酵的热量，使早春播下的水稻种子，提早发育成秧苗，增加生长期，达到丰产的目的。亦曾用深耕重肥和细株密植的方法，把连作晚稻良种"仙游本"打造成丰产试验田。当水稻快要成熟，在株高穗长、颗粒饱满、丰收在望时，最后却全都倒伏了，令师生深感遗憾。管老师亦感慨地对高农班学生说："贯彻'农业八字宪法'也要讲实际，不能盲目，土肥不能越多越好，密植也不能越密越好。看来良种是根本，只有培育出能抗病、抗倒伏、穗大粒多的优良品种，才是最有效的增产方法。"

此后，管老师把主要的精力放在水稻杂交育种上，带着学生在水稻品种对比田里搞花粉杂交试验，不辞劳苦地为田间的稻穗挂上一个个白色纸袋。当时各地都在刮浮夸风，农业也处处大放"卫星"，亩产要达几万甚至几十万斤，而他却脚踏实地，以培育亩产超千斤的连任晚稻品种作为自己的奋斗目标。

经过多年的艰辛和努力，他终于成功地培育了一种优质高产的水稻良种，受到了瑞安县委、县政府的表彰，该稻种被命名为"仲远号"，他的事迹广为传播。1959年被评为浙江省科研先进工作者，1962年当选为瑞安县政协副主席，1964年当选为浙江省第三届人大代表。

管老师工资级别高，每月可领到100多元的工资，本可享受优裕的生活，但却与大家同甘共苦。那时食堂每星期只供应一天白米饭，其他时间差不多都吃农场自种的香薯和蕉藕，他每天坚持与同学们一起就餐。管老师为人儒雅随和，与同学亦师亦友，亲密无间，寝室里经常挤满人，如有什么东西可吃的，就招呼大家自己拿、自己吃，看见有同学喜欢摆弄他的小收音机，便告诉同学可以拿回去收听。

20世纪60年代，瑞安许多农村中学缺乏专职的生物教师，很多生物教师都是兼任的，生物专业知识显然不足，于是约请管老师给予辅导。从来不摆架子的他，没有半句推辞，便抽出时间为大家热情辅导，为提高瑞安生物教师的教学水平，做出了很大的贡献。在繁忙的教学和科研工作之余，他还编著了《热带果树学》一书。

1966年"文革"开始后，管老师受到无情冲击，被戴上"反动学术权威"的帽子，剥夺了教学和科研的权利，遭批斗，放过牛、扫过厕所，受到无休无止的人格折磨。由于子女亲人远在他乡，孤单一人，忧郁成疾，1969年正月含冤逝世，终年61岁。

1978年十一届三中全会之后，党和政府拨乱反正，推翻了强加在管老师头上的"莫须有"罪名和一切不实之词，恢复了名誉。传略入编《瑞安市志》《瑞安市教育志》，这对管仲远老师在天之灵，应是最好的告慰！

浙工大首位硕士导师
——洪瑞槎

洪瑞槎（1922—2000），祖籍瑞安县城，出生于北京。初中就读于瑞安中学，1948年7月毕业于浙江大学化工系。1949年2月至1951年9月在瑞安中学任理化教师。1953年调浙江工业大学，历任化学系副教授、教授，教研室主任近30年，编撰《物理化学》讲义3套，计150多万字。1979年成为浙工大首位硕士研究生导师，为研究生培养工作做出重大贡献。《瑞安市志》有传。

洪瑞槎

　　洪瑞槎出身书香门第、仕宦之家，父亲是著名教育家洪彦远（岷初）先生，早期就读于瑞安中学的前身学计馆。光绪三十年（1904），东渡日本入东京高等师范学校数理科，是中国最早去日本学习数学的二人之一。他苦读七年毕业回国，宣统三年（1911）参加归国留学生廷试，授师范科举人。后来历任杭州两级师范学校数学教师、河北大学教授、教育部视学、浙江省立第十中学（温州中学）校长等职，培育了不少英才，桃李满天下，其中陈建功、苏步青为中国著名数学家、中国科学院院士。

　　洪彦远先生家教有方，子女皆学有所成。四个儿子从瑞安中学毕业后，均进入大学深造。长子瑞棻毕业于日本京都帝国大学应用化学科，1947年任少将级兵工专员。新中国成立后，任东北抚顺石油三厂副总工程师，1955年被评为全国先进生产工作者，获石油部颁发的奖章。次子瑞涛国立交通大学毕业，先后任大连招商局局长、西南运输处处长、上海航政局局长，对交通运输业有所贡献。三子瑞楫国立中央大学毕业，专攻机电电子工业。

洪瑞槎在兄弟中排行第四，出生于北京，6岁时随父亲回乡，自幼爱好数学。民国二十五年（1936）瑞安中学初中毕业后，考入省立温州中学，毕业时数学会考成绩居温州地区第一名，保送浙江大学化工系，就读期间因患肺结核病休学数年，直至1948年7月毕业，获学士学位。

1949年2月至1951年9月，洪瑞槎在瑞安中学任理化教师，曾担任化学教研组组长。他高高的身材，操着一口温州普通话，为人和善可亲，朴实无华，对教育工作忠诚热忱，教学深入浅出，讲课特别有条理，学生成绩优良，颇有声誉，不少外县学子慕其名前来报考瑞中。1949年6月5日，瑞安中等学校教职员联合会成立，他被推选为候补执行委员。

1951年10月，洪瑞槎奉调至温州工业学校任教。1953年，又调动到浙江工业大学任教，历任化学系副教授、教授、理化教研室主任，学院学术委员会委员近30年，对化工热力学的基础理论方面有一定的研究。他讲授的课程有分析化学、钢铁分仪器及器分析、化学热力学、结构化学、流体分子热力学等。为解决当时高校教学用书及参考资料匮乏的困难，他曾率先为自己任教的物理化学、量子化学两门课程，编撰《物理化学》讲义3套，计150多万字。20世纪50年代中期有一段时间，浙工大有许多教师因感染流感无法上课，他挺身而出，不辞辛劳，一人兼教分析化学、钢铁分仪器及器分析、化学热力学、结构化学、流体分子热力学等多门课程，维护了正常的教学秩序，深受同人及学生的尊崇与钦佩。

他认真教学，兢兢业业，对学生高标准、严要求。有学生回忆：

教我们无机化学的洪瑞槎老师，第一堂课就上"三酸两碱"是工业之母。不断讲述它对国家工业建设的重要作用。他常叮嘱我们只要国家最需要的就要好好学，学好它，这也是青年最有前途的。他举我国著名化学家侯德榜的例子。1921年侯博士怀着工业救国的抱负，毅然放弃国外优厚待遇回国。为实现中国人制碱的梦想，揭开苏尔维法生产的秘密，冲破洋人技术封锁。他经过五年艰苦探索，终于生产出合格产品。使中国的"红三角"牌纯碱先后在费城万国展览会和瑞士的国际商品展览会上，接连荣获金奖，享誉亚美欧。1937年抗日战争爆发，工厂被迫迁往四川。因原料过贵，老工艺无法维持生产。企业准备向德国购买——察安法制碱新专利，由于德日勾结，高价勒索并提出丧权辱国的条件。侯德榜等人经认真分析察安法的特点，决定自创新工艺终于成功。此法1941年被命名为"侯氏制碱法"。这种以事喻理的教育法，给我们印象很深。同时他还率先垂范深入实验室，一丝不苟地指导我们做实验，只要有些许不合要求的就推倒重做，不达目标决不下课。"桃李不言，下自成蹊。"洪老师这种忠于职守、不图虚名、言传身教带出来的严细硬实作风，对我们走向新岗位打开新局面帮助极大。它是我们获得对方信任的"金名片"，也是母校熠熠生辉的"金字招牌"，值得大家珍惜和传承。

洪瑞槎师从中国现代化工之父李寿恒，并与之共事多年。1979年，浙江工业大学设立第一个硕士点，首次招收硕士研究生，他成为该校首位硕士研究生导师，开始招收一名化工热力学研究生，为浙江工大的研究生培养做出重大贡献。他坚持全身心地投入教学之中，并在课余积极参与溶液热力学的科研工作，带领教研室同事自制实验装置。为从国外文献中获得有关实验装置的制作方法，他突击自学德语，阅读原版德文资料。与同事们研制成斜式沸点计、膨胀计、温稀释热计和超临界萃取器等一大批具有实用性的实验用具。为改进实验、教学和提高科研水平发挥重要作用，其中斜式沸点计一直在国内化工实验室得到普遍应用。他先后在《化学工程》《化工学报》等期刊上发表《用膨胀计测定溶液过量体积》《斜式沸点计的研究》《N_2、H_2、NH_2、Ar、CH_4五元素汽液平衡的计算》等多篇学术论文。作为瓯越的教育精英，入选《当代温州人物》。

著名历史学家——孙正容

孙正容（1908—1985），谱名庆加，字端颀，晚号乔叟，瑞安仙降孙桥人。毕业于国立中央大学史学系，历任浙江省立第五中学、杭州高级中学、温州师范、温州中学、瑞安中学等校教员，浙江大学讲师，中正大学副教授，暨南大学、英士大学、浙江师大教授。编著的《高中新本国史》，是20世纪三四十年代中国最流行的历史教科书之一，专著有《朱元璋系年要录》等。《温州市志》《瑞安市志》有传。

才识学三长，史笔如公今有几；
诗书文兼善，多能艺事足千秋。

这是著名诗人、书法家张慕槎为历史学家孙正容撰写的挽联。正容先生从事教学、教科研工作55年，潜心敬业，学识渊博，著述等身，桃李满园，无疑是受之无愧的。

孙正容在孙桥小学读初小时就聪慧过人，能赋诗作对，即以"诗童"而闻名。就读瑞安县立中心小学高小，各门成绩均名列前茅。县小距著名藏书楼——玉海楼近在咫尺，他经常在课余时间去查阅古籍，每每流连忘返。因深慕晚清乡贤大儒孙诒让（字仲容，号籀庼）的学问博大精深，自取学名正容，字端颀，立志继承先哲遗志。从此沉浸文史，阅读了大量文史典籍。

1926年，他从浙江省立第十中学（温州中学）初中毕业，没有去报考高中，而是借用族叔孙济川的高中文凭，以优异成绩考入南京国立东南大学（1928年改名中央大学）史学系。这超乎常规的"跨越"，可见他扎实的基础学识。

当时东南大学史学系人才荟萃，名师云集，他受业于柳诒征、陈汉章、雷海宗等鸿儒门下，博览群书，发愤攻读，学业大进，撰写的《三皇五帝传说由来之蠡测》发表在《中央大学半月刊》，针对当时"古史辨派"讨论三皇五帝的传说，提出自己的见解，初露头角。

1931年1月，他读满学分，提前半年毕业，在浙江省立第五中学（绍兴一中）任教。1933年杭州高级中学慕名聘他为历史教员。1935年至1936年，他在《文澜学报》发表《南宋临安都市生活考》及《清咸同间购轮还轮事件始末记》，在浙江史学会会刊发表《唐虞让国之社会学解释》《本国史时期划分的研究》等论文，其中《南宋临安都市生活考》就南宋临安城的位置、人口、食货、市政、街坊、教育、娱乐、风俗、宫廷等九方面，进行了详尽的考证，堪称宋史研究之力作。1937年前后，他还结合教学实践，编著《高中新本国史》（全三册），由世界书局出版。该书再版10余次，成为当时全国最畅销的历史教科书之一。

1938年杭州沦陷，他随杭高迁到丽水碧湖，在省立临中任教历史。临中分为联高、联初、联师后，他任教联高。1940年曾一度兼任浙江大学龙泉分校讲师。1941年至1942年，他先后担任省临时中学第三部主任、浙东第一联中校长，率领来自沦陷区的师生，辗转于浙南、浙西的崇山峻岭之间，明确表示要与学生同生死，共存亡。在艰难困苦的环境和条件下，他致力于提高民族文化事业，呼吁发挥历史的道德作用，强调梳理本国的光辉历史，宣传历史上忠义人物，进而发扬民族精神，恢复民族自信心，以历史演化论的观点来诠证中国抗战必胜的理念。

1943年年初至1946年夏，他先后受聘为中正大学文史系副教授、暨南大学历史教授、国立英士大学历史教授。1946年4月15日，应瑞安中学邀请，为高中部纪念周讲演"建都问题"。1948年因患肺结核，回家乡瑞安疗养，1949年2月受聘瑞中任教达七年之久。

他博学多识，讲课艺术精湛，诲人不倦。瑞中1955年高中毕业的主任医师陈永康回忆说：

历史教师孙正容原为浙江大学历史系教授，回乡在瑞中任教我们世界史。他从十字军东征开讲，涉及犹太教，《圣经》之《新约》《旧约》，娓娓道来，很吸引人。

孙正容在扶掖青年教师方面也留下不少佳话，曾在瑞中任教的马允伦老师在《难忘的岁月》一文中深情地回忆：

孙正容老师，在大学时便教过我的历史课。我这个初出茅庐的小伙子，能够进入这所名牌中学瑞中任教，感到无比的荣幸和兴奋，同时从老教师们身上，也受到了熏陶与启迪。转教历史以后，更经常向孙正容老师质疑问难，受益匪浅，也使我在历史教学和著述方面，逐渐摸索到一条门径，奠定了一生所走的道路。

后来马允伦无论在历史教学还是著述方面，都取得了卓著成果，出版的著作和文章总字数超过300万。

1956年8月，孙正容调往杭州师范专科学校任教。1958年杭州师范专科学校升格为杭州师范学院，1962年与浙江教育学院、浙江体育学院合并，更名为浙江师范学院，他为浙江师范学院的创校元老之一。1963年，他完成近百万字的《中国通史讲义》及《有关司马迁及〈史记〉种种》的长篇论文。

"文革"动乱时期，他经受了严峻考验。1970年，浙师院被撤销，他毅然拂袖而去，以退休表示对"四人帮"摧残师范教育的抗议。

粉碎"四人帮"后，春回大地，他的教授职称得以恢复（当时浙师院唯一的教授），被任命为历史系主任，后来还担任校古籍整理研究室主任、校学术委员会委员、省高校教师职称评审委员会委员、浙江历史学会顾问等职。解除精神枷锁后，他精神振奋，每天都是争分夺秒地伏案研究、撰著，曾赋诗言志："晚景情更迫，流光度莫虚。"先后与他人合作校点出版《鸿猷录》，在《浙江师范学院学报》《历史知识》等刊物发表数十篇学术论文，文章研精钩深，补苴罅漏，或攻错指谬，力创新说，或显隐阐函，独

孙正容著作《朱元璋系年要录》

照隅隙。不因袭陈言，自出机杼，立一家之言；不好丹非素，行文明晰，且言之有物，深受读者好评。

在古稀之年，他仍承担省"六五"重点科研项目《新明纪》的编写。该书约200万字，第一册40万字的《朱元璋系年要录》1983年由浙江人民出版社出版，荣获省社科优秀成果一等奖。1984年当他正孜孜不倦继续撰写《新明纪》第二册时，不幸发现患了直肠癌。在浙医二院住院治疗期间，无论是节日假期，还是严寒酷暑，他依然笔耕不辍，坚持做好《新明纪》第二册的定稿工作，直到生命的最后一刻。他鞠躬尽瘁、死而后已的精神，令人感动敬佩。

他治学严谨、博学多才，精于明史研究和古籍整理，是一位造诣精深、卓有成就的历史学家；擅长诗词书法，还是多才多艺的诗人和书法家，曾任西湖诗社理事，诗风浅白平实而意蕴湛深，词风兼婉约豪放之长。在教育生涯中，他曾授课于中学，又传道于大学，所授课程，贯通中西。在中学与大学的教学中，一方面孜孜于普及历史知识，一方面又深耕于史学研究，在历史学从传统向现代的转型过程中发挥了津梁作用。

他为教育事业奉献一生，桃李芬芳，后继有人，徐规、丁铭楠、苏寿桐、胡玉莹、王正平等学生成为著名历史学家和高校的教授、专家。他热爱浙师大，逝世之后，夫人茹平根据其遗愿，将毕生珍藏的1000多册线装古籍等珍贵图书赠送浙师大历史系。

学博德高 其人如玉
——余振棠

余振棠(1927—2018),瑞安县城人,1945年瑞中首届高中毕业。1946年秋考入上海交大理学院数学系,1949年春应聘为瑞中数学教师。此后任教于温州二中、瑞安城关中学、瑞安市第十中学,曾当选瑞安县文学艺术工作者协会主席,瑞安市九届人大代表。著作有《怎样添辅助线》《瑞安古代文学史稿》等,获"瑞安市文艺事业突出贡献奖",入选《温州当代人物》。

余振棠

2016年3月,中国文史出版社出版了《瑞安古代文学史稿》,编著者为瑞安文化长者、年届九旬的中学数学退休教师余振棠先生。他在编后记中如此记述:

瑞安一向自称东南邹鲁,文风鼎盛,但迄今还没有一本系统记述瑞安古代文学发展历程的作品。我在步入80岁那年,开始萌生了要搜集材料,写一本有关这方面书籍的心愿,希望能借此把瑞安古代鼎盛文风和众多文人的动人事迹比较完整地记录下来,留给后人,以报答云山云水对我的抚育之恩,同时也是为抢救和弘扬我市地方传统文化尽一点绵薄之力。

为编著《瑞安古代文学史稿》,他从80岁开始搜集材料,因非科班出身,又年老体衰,且不懂电脑查询,检索资料只能采用老办法,从瑞安玉海楼的藏书中一页一页地去翻阅寻觅,在垂暮之年,以羸弱之身,整整花了10年心血才终告完稿。时年已90岁高龄,其意志和毅力谁不为之赞叹!

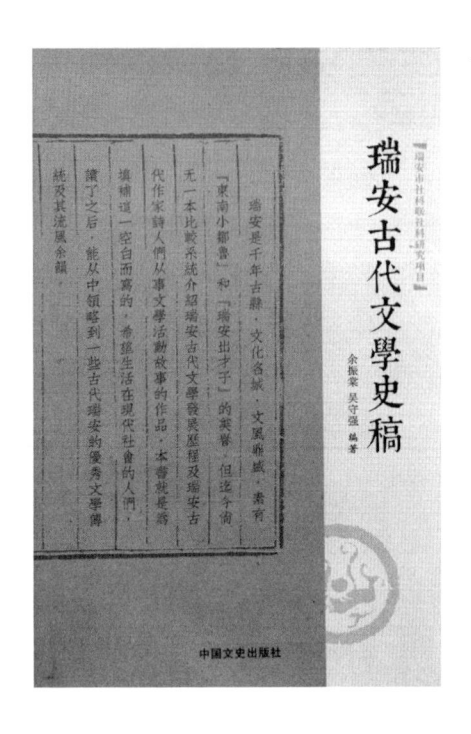

余振棠编著《瑞安古代文学史稿》

余振棠出生于贫穷家庭，从小聪慧好学，智商过人。1939年春，以第一名成绩考入瑞安中学初中。1942年秋，又以优异成绩考取瑞安中学首届高中公费生。

中学六年，因家庭贫寒没有买过课本，上课时与同桌合用一本书，课外作业要待同学去食堂用餐的空隙，借其课本匆匆完成。为了多看书，他经常去图书馆、旧书摊，不管文科还是理科书籍，都读之不厌。

因天资聪慧、思维敏捷，在瑞中诸多名师的培育下，他博览群书，文理兼修，写诗作对，成绩超群。学文科不靠死记硬背，而是富有自己的独特见解；理科解题方法也独具慧眼，经常连老师也不曾预想到，在学校中被公认为"才子"。初中毕业时，与徐君勋、林贻祚等同学成立竹林诗文社，由王超六校长亲题、陈燕甫老师作序，出版了《竹林诗文集》。就读高中时，与同学成立涓水读书会，定期出版《涓水》壁报，发表文艺创作及文学评论，并在《阵中日报》发表《文章五味》《文人十型》等多篇文采斐然的文章。其撰写的《论缩小省区计划》论文，在《阵中日报》连载数日，受到国内

余振棠编著《怎样添辅助线》

地理学权威、浙江大学文学院院长张其昀教授的赞赏，并邀他去杭州参加探讨。1944年4月，成为瑞中第一届"李锦淮奖学金"获得者。

1945年秋高中毕业，正值抗战刚刚胜利，许多疏散外地的高校在逐步回迁，当年不能及时在沿海地区招生，至第二年夏天，各高校集中京沪杭招考新生。余振棠闻讯后一路颠簸赶赴上海，同时报考了上海交通大学数学系、复旦大学历史系、同济大学中文系、浙江大学地理系、中央大学和暨南大学数学系等6所名牌大学的4个不同的学科（因中央大学与浙江大学同日考试，后舍弃了中央大学）。敢于报考名校的4个不同专业，足见他浓厚的求知欲望和文理俱佳的功底。更令人惊羡的是，他竟然被5所大学、4个专业同时录取。当年考生人数众多，竞争异常激烈，录取率极低，能考取一所学校已属不易，他报考的5所高校全部中榜，成为轰动家乡的一大新闻。

他选择上海交大数学系就读，因父亲病逝后家庭经济愈加窘迫，大学生涯过得非常艰困。为了挣钱去做家教，因舍不得花交通费，每天在路上

needs奔波两小时，回来还得熬夜攻读功课。过度劳累再加上营养不良，他患上肺结核，吐血不止。1948年10月10日被迫休学，从此与大学告别。

1949年春，他受聘为瑞中数学教师，开始了终其一生的教师生涯。同年12月，瑞中首届校务会成立，他作为教师代表被推选为校务会委员。翌年，当选为校工会主席。其时，他年轻有为，朝气蓬勃，与学生亦师亦友，亲密无间。学生碰到什么学习的疑义，随时可以向他询问，是学生心目中的一本活字典。

他讲课生动活泼，通俗易懂，很适合青年学生的胃口。初中、高中均毕业于瑞中的董邦龙校友说：

余老师上课很有特色，没有一句空话，教学语言形象生动，讲课深入浅出，能抓住重点、难点，有时也能高密度、快节奏……能够做到这样自如，教师必须具备一定功底，不然就深不下去，浅不出来，坡度一大，数学一般的同学满意，数学好的同学吃不饱。密度一高，速度一快，差的同

余振棠著《陋巷不息》　　余振棠编著《瑞安历史人物传略》

学听不懂，同时进度也完不成，久而久之天天还旧账，得不偿失……所以课堂教学真是一门很深奥的艺术，而余先生做到了，可敬可佩！

此言正如余老师的教学心得：用最形象的教学手段去讲懂最抽象的数学概念；用最浅显的教学语言讲清最严谨的数学逻辑；用最平凡的例题习题去阐明最广泛的数学应用。

1950年4月，他当选为瑞安县文学艺术工作者协会主席，正踌躇满志在教坛施展身手之际，1952年12月被卷入一场政治运动的风暴，被认定为"托派分子"，一介书生横遭冤狱，身陷囹圄5年。出狱后到温州二中当数理代课教师，虽然能上讲台，但作为被监管分子，始终身处冷眼与歧视之中，然而他总是宠辱不惊。后来在瑞安城关中学一度被赶下讲台做实验室管理员时，亦是隐忍大度，平静以待，默默地根据教材要求，利用废弃边角料，制作了很多教具，实验室被布置得琳琅满目，被评为"浙江省自制教具先进实验室"。从1957年开始，他在《物理通报》《科学大众》《浙江教育》《数学教师》等全国性刊物上发表数十篇数学、物理论文和科普作品。

20多年来，尽管蒙受不少磨难，经历许多波折，饱尝人间甜酸苦辣，他坚持不改初心，以超凡的意志和坚忍不拔的精神，"用之则行，舍之则藏"，珍惜讲台上每一天，珍惜每一个工作机遇，即便作为一名代课教师，仍以赤诚坦荡和满腹才华奉献于教育事业。直至1979年通过民办教师转公考试，才拥有公办教师身份。

他博学多才，授业修史，是中华诗词学会、中国数学会、浙江省诗词楹联学会、浙江省教育学会、浙江省科技协会会员。退休前夕，笔耕数载，编著《怎样添辅助线》一书，由上海教育出版社出版，后来再版共印刷10次，总印数达13.5万册，被列入"中学生文库"和"初中学生课外阅读系列丛书"，并被评为瑞安市改革开放十年自然科学类优秀论文一等奖。

生命不息，追求不已。退休之后，他不遗余力地从事诗词创作和地方文献的整理研究，参与创办玉海文化研究会，担任瑞安诗词学会副会长，出版了《余振棠教学论文选集》《东瓯词徵（校补本）》《陋巷集》《瑞安历史人物传略》等，获"瑞安市文艺事业突出贡献奖"，入编《温州当代人物》。

滋兰树蕙 瑞安中学前辈名师风采录

解放后的瑞中首任校长
——管文南

管文南（1906—1975），出生于瑞安塘下南山村，曾在温州十中（温州中学）附小担任教师。1936年加入中国共产党，任中共永嘉县委宣传部部长。1949年5月出任瑞安人民政府筹委会委员、瑞安中学校长，为瑞安新旧政权交替，为瑞中恢复教学秩序做出很大的贡献。1951年8月因案件牵连，被撤职处分。此后在青田中学、温州师范函授部、鹿城城南巽山小学工作。1986年获得平反，恢复名誉。

管文南

1949年5月10日，瑞安县城和平解放。5月14日，瑞安军民在县城大操场举行盛大的庆祝解放大会，中共浙南地委书记、中国人民解放军浙南游击纵队司令员龙跃在大会上宣布：瑞安人民政府筹委会成立，任命郑嘉顺为主任委员，陈文征、杨作浩、项维新、管文南为委员。

新旧政权交替之际，瑞安中学一时教师群龙无首，学生思想波动，为了尽快解决瑞中出现的问题，县党政领导再三商议，决定委派县政府筹委会委员管文南挑起这副重担，担任瑞中校长，引领新瑞中的全面工作。《进步报》5月31日刊发本报讯：

瑞安人民政府筹委会以筹人字第一号委任令，委派管文南为瑞安县立中学校长，并颁发"瑞安人民政府县立中学"钤记一颗。管氏服务教育界历有年所，现已到校视事，原任教职员除思想反动或贪污营私者外一律继续任职。

管文南系瑞安塘下人，从浙江省立第十师范学校毕业后，曾任省立十中（温州中学）附小教员，瑞安教育局第三课课长、温中附小辅导主任、双穗盐场盐工小学校长等职。1936年加入中国共产党，曾任中共永嘉县委宣传部部长。抗日战争期间，积极参与温州的新兴木刻运动，曾发表《炮火的洗礼》《一样的目的，两种称号》等版画作品，为抗日救亡呐喊助威。他炽热的爱国热情给当年的学生胡景瑊留下深刻印象。

1942年永嘉中心县委遭到严重的破坏，管文南被暴露了身份，从此脱离了党组织。在白色恐怖之下，他仍然坚持共产主义信仰，一直继续寻找党组织。1949年中国人民解放军渡江以后，接管城市急需大批干部，时任浙南游击纵队政治部主任的胡景瑊对自己的业师管文南有所了解，通过政历审查后，批准他加入革命队伍，解放瑞安之时即随军进城。

管文南虽然从事教育多年并搞过宣传工作，但刚到瑞中人地生疏，面临学校百废待兴，他又缺乏行政管理经验，可谓困难重重。然而，凭着党的崇高威望，师生中一批骨干分子群策群力，再加上他兢兢业业，谦虚待人，以认真负责的态度、平易近人的作风，团结广大师生，因而克服了一个又一个困难，在短期内完成接管工作，并逐渐建立正常的教学秩序，使瑞中这所老牌学校焕发了青春活力。

管校长任职期间，为应对教师的思想动荡，他积极贯彻执行党的知识分子政策和"维持现状、训练干部、了解情况、稳步改造"的基本方针，建立由师生代表组成的校务委员会，精心落实改造旧教育的措施，以政治思想工作稳定人心，并千方百计聘请德高望重、富有教学经验的教师充实教师队伍。如朱介夫、戴悟仙、王懋椿、唐敬庵、周守常等老师，都是在管校长任内第一次或离开瑞中后又重返瑞中任教的。

针对学生的思想波动，他高度重视校风的建设。1949年11月6日，在瑞安剧院召开建设新校风动员大会，邀请中共瑞安县委书记郑嘉顺做"改造校风，为参加新民主主义文化建设而努力"的动员报告，勉励学生走出课堂，走出校门，走向社会，投身革命实践。组织学生开展"学习先锋队""组织先锋队""劳动先锋队"流动锦旗评比活动，制定了新中国成立后瑞中第一个管理制度——《共同守则》，学生面貌由此焕然一新。

新中国成立之初，国家财政经济和人民生活均处于困难的境况，为帮助家庭经济困难的学生完成学业，浙江省文教厅1949年12月发出《关于开展工读解决就学困难的指示》，要求各校适当调整课程，使学生抽出时间一面生产，一面求学，以工养读，克服暂时的困难。为此，瑞中建立工读计划委员会，在全校普遍开展工读运动。管校长是塘下区南山人，他主动与塘下区政府联系，在白门地方征得一片劳动基地，亲自带领学生轮番前往参加农业劳动。工读运动的开展对增强学生劳动观念、提高劳动技能以及改善学生伙食、减轻学生家庭经济负担、降低流生率，发挥了积极的作用，取得思想和经济的双丰收。

在旧教育向新教育转变的过渡时期，作为校领导不仅要全面整治学校，努力完成教学任务，同时还要配合"抗美援朝""土改"等各项政治中心任务。1950年上半年，中央人民政府发行首批公债，瑞安教育系统分配到较大的认购数额，完成任务难度颇大。管校长把此作为一项政治任务来对待，不顾自己家庭子女多、收入少，带头多购，还召开教师会议进行动员，得到了全县教育界同人的积极响应，掀起认购公债的热潮，圆满地完成了公债认购任务。

抗美援朝开始后，瑞中成立抗美援朝领导小组，管校长任组长，组织全体师生学习有关文件与报纸，宣传抗美援朝运动的伟大意义，对学生进行爱国主义教育，鼓励学生投笔从戎，并带头将自己的子女管可夫、管若华送到军干校。其时，瑞中有97%的学生报名要求上前线，351名学生签名要求参加军干校，成为温州地区发动最早、输送学生最多的一所中学，受到温州专署文教科和浙江省学联的表彰。

正当管校长为获得新生的瑞中勤奋工作时，厄运却突然降临他的身上。1950年瑞中发生了一起政治案件，殃及一批无辜的师生，后来责任竟然完全落到管校长的身上，认为他政治上麻痹，官僚主义，联系到他的历史情况，遂追究责任。1951年8月，温州专署教育科免去他的校长职务，调到青田县担任县中职员，继而又调至温州师范函授部，最后调到城南巽山小学，频繁的工作调动，接连不断的政治运动冲击，他每况愈下。在最糟糕的"文革"时期，他更是在劫难逃。1975年，这位饱经忧患、忠诚于教育事业的老知识分子，心力交瘁，抱恨离世。

拨乱反正之后，有关方面审查了管文南的全部政历后，推倒了一切不实之词，做出了平反的结论。1986年4月5日，鹿城区教委和瑞安中学联合为管文南举办悼念会，温州市教委派员宣读平反昭雪文件，他的学生、原温州市委书记胡景瑊和原瑞安县委书记郑嘉顺等领导参加悼念会，胡景瑊在会上发言，介绍了管老师的坎坷人生，称赞他对革命事业做出的贡献，并诚挚深情地说：

管文南先生不仅是我的老师，给我知识，并且还是我走上革命道路的引路人，他过去是我的老师，今后还是我的老师，他永远是我的老师！

管文南校长在天之灵倘若有知，一定会感到欣慰的。

老牛自知夕阳晚　不用扬鞭自奋蹄
——周守常

滋兰树蕙　瑞安中学前辈名师风采录

周守常(1892—1964)，又名秀庠，浙江永嘉人，1924年毕业于南京中央大学体育科，先后在杭州师范、南京东南大学、绍兴中学、金华中学、温州中学任教。1949年8月始任瑞中体育教师，担任教研组组长，直至70岁高龄退休。平生兢兢业业，坚持言传身教，培养了不少体育人才，深受学生的尊敬和爱戴。

周守常

瑞安中学教师入选《瑞安市教育志》(1992年版)"人物简介"的共有两人，一位是生物教师管仲远，另一位是体育教师周守常。

周守常老师在瑞中从事体育教学13年，兢兢业业，言传身教，一心扑在体育教育事业上，培养了不少体育人才。20世纪50年代在瑞中就读的学生，对他都有比较深刻的印象：中等身材，体格健壮，一身白卡其运动制服，脚穿白色力士鞋，头戴白色鸭舌帽，胸前挂着哨子，精神矍铄，满面红光，充满活力。许多同学尤其是后来从事体育事业的学生，对他感情笃深。

贫寒家庭出身的周守常，从小在家种地放牛，迟迟不能上学，考入南京中央大学体育科时，已经27岁了。1924年大学毕业后，受聘于浙江杭州师范学校，中途曾赴南京东南大学任体育助教，随后在杭州高级中学、省立绍兴中学、金华中学任教。抗日战争期间，因浙北地区相继沦陷，他从金华中学转到浙江省立十中（温州中学）任教。1949年8月调任瑞安中学体育教师，曾任体育主任之职，直至1962年70岁高龄时才告退休。

法国大作家雨果说："60岁是老年的少年，70岁是老年的青年。"酷爱体育教育事业的周守常老师，亦把60岁当作自己的"第二个春天"的开始。在新中国建设日新月异的日子里，校领导重视与支持学校的体育工作，他心情愉悦，精神焕发，全身心地投入体育教学之中。他曾赞叹：在瑞中任教体育这段岁月，是自己一生工作与生活最为稳定和舒心的时期。

新中国成立初期，瑞安中学百废待兴，尤其是体育设施相当落后。作为体育主任、体育老师，他并不消极等待，而是根据学生体育活动的实际情况，精心擘画，不辞劳苦，充分利用校园小较场河边的狭长地段，因地制宜，修建了运动场，场中安排篮、排球场，场边安装单、双杠和沙坑，体育设施可以说是"麻雀虽小，五脏俱全"，基本上能解决学校体育教学的需求，也为全面开展体育教学和体育活动奠定良好的基础。1950年12月，举办了瑞中第一届体育大会。

当时全国性、全省性的体育教学大纲和教材尚未制定，他便亲自动手编写教材，精心设计每堂体育课，并认真写出教案，实施规范化的体育教学。他把器械、体操、技巧等融为一体，还把轻器械体操（如火棍、棍棒、藤圈）等内容编到教材中。其时他年龄已60多岁，在课堂教学中仍言传身教，示范动作一丝不苟，同学们看着已届高龄的老师在单、双杠上的动作依然如此标准规范，无不敬佩不已。20世纪50年代中后期，学校还组建了体操队，开展体操训练，参加温州地区中学生体操比赛获得男女团体第一名，1958年，缪启贤、胡惠芬、郭冬生同学被输送到浙江省体工队。

1954年9月，瑞安中学试行"劳动和卫国体育制度"，翌年在全校全面推行。学生自愿组成锻炼小组，教职工也参与其中，体育锻炼空前活跃。至1958年年底，全校"劳卫制"达到一级合格的有1100多人，占总人数

周守常（前）与当年的学生合影（1957）

的 90% 以上，其中 155 人达到等级运动员标准。取得这样优异的成绩，离不开周守常等体育教师的共同努力。

鲁迅先生说："爱是教育的源泉。"周守常老师坚持以"爱生如子"作为自己的座右铭，关心热爱学生，学生们从他的身上不仅学到体育知识技能，在生活上能得到他无微不至的关怀，在道德行为上也受到良好的熏陶。

瑞中 1955 届高中毕业考入中央体育学院（现北京体育大学）、曾任温州市体育科学学会副理事长、温州市田径协会副主席的郑宏泽在《缅怀恩师周守常先生》一文中回忆：

记得新中国成立初期，我和孙昌荣同学经济拮据，一时交不出学费，先生得知后马上借钱给我们交了学费，保证我们完成高中阶段学业，并积极鼓励我们报考体育专业院校。昌荣原在华东师大攻读地理专业，毕业后愿意留校担任体育教师，这与先生的影响是分不开的。记得我们上大学时常与先生通信，他总是像对待孩子一样嘱咐许多，他的蝇头小字别有一格，他的字体给我印象极深，迄今历历在目。

周守常老师关爱学生曾传为美谈。那年周老师在温州中学任体育教师，来自平阳鳌江的公费生叶仁超不仅学习成绩优良，而且体育成绩也很突出，是个投掷、跳远、三级跳远的好手。在一次投掷标枪练习中，因为他用力过猛，不慎将标枪掷出操场围墙，造成严重事故。因此，叶仁超的公费生资格被取消，面临停学的可能。周老师看在眼里，急在心里，便乘带队赴杭州参加省运会的机会，专门去拜访时任浙江省教育厅厅长的李超英，为叶仁超同学恳切陈情，后来叶仁超的公费生待遇终于得到恢复，顺利地完成了学业。为人清高耿直的周老师，平生素不求人，但为了一个学生的前途而去求人，他那爱生如子的舐犊之情让人深为感动。

"老牛自知夕阳晚，不须扬鞭自奋蹄。"作为一名体育教师，周守常老师具有优秀的职业修养，一生严于律己，爱岗敬业，工作有目标，生活有条理，以良好的卫生习惯、科学的运动量以及持之以恒的强身锻炼，一直保持自己强健的体魄。他忠诚于体育教育事业、淡泊名利、克己奉公的精神，被公认为体育教师的楷模。名列"抗战时期温州部分名师"，《瑞安市教育志》载有简介。

治学严谨 医术高超——项棣荪

项棣荪（1919—1964），瑞安县城南堤街人，1933年瑞安县立初级中学毕业。1945年从南京中央大学医学院六年制本科毕业后，曾任四川成都公立医院医师，温州瓯海医院医务主任，瑞安中学校医兼卫生课教师，瑞安人民医院副院长等职。精通西医内、外科，是瑞安县城最早的西医之一，瑞安人民医院X光科创始人和开拓者，瑞安医界最权威的医师之一。《瑞安市志》有传。

项棣荪

项棣荪出生于瑞安县城南堤街的书香门第。父亲项葆桢为清廪贡生，曾任两广方言学堂历史教员和两广师范学堂地理教员，1934年任瑞安县修志委员会主任，主持民国《瑞安县志》的编纂工作。家有藏书楼名"染学斋"，民国末年时，藏书达三万余卷。

项棣荪有兄弟四人，在热爱读书家风的熏陶下，大哥项桂荪留学日本东京帝国大学、早稻田大学，取得双学位，归国后担任瑞中地理教员，后来任台湾中国医药学院教授；二哥毕业于南通农学院；三哥毕业于北京华北政法大学。

项棣荪自幼聪颖好学，1933年瑞中初中毕业后，考入杭州之江大学附中。大学就读于南京国立中央大学医学院。抗战爆发后，中大西迁重庆，他在重庆读了一年的基础课，接着赴成都医学院继续就读，1945年读完六年制本科毕业。在校期间，他怀着"拳拳赤子心，悠悠报国情"，努力学习，刻苦钻研各科知识技术，成绩斐然，还掌握了外科手术与X光透视及仪器修理校正等技术，颇得教授们的赞许，认为是一位不可多得高才生。

医学院毕业后，原拟赴欧美留学，以求深造，但因战乱交通阻滞未能成行，遂应聘为医学院附属医院（现华西医科大学附属医院）医师。第二年辞职回乡，被瓯海医院（现温州医科大附属第一医院）聘为医务主任、外科医师，兼医师职业讲习所主任。他治学严谨，知识面广，医术高超，誉满全城。那时物价飞涨，医师待遇菲薄，医术精湛的他，在社会上很有名气，慕名求医的人很多，但他坚守医德，从不接受病家礼品，因而深受信赖和尊崇。他自奉节约，俭以养廉，常说："做医师应扎扎实实地干，为病家解除痛苦，多读医书，使医术不断进步，自觉注意医风医德，以免被人议论。人言可畏，极应戒之，慎之！"

1949年年初，他回瑞安开办家庭诊所。据说诊所从来没有收费规定，病家愿意放多少就收多少，任由病家自行决定。对病家他特别关爱，问诊仔细，态度和蔼，辩症正确，为许多患者解除了病痛。平时除了坐诊外，还经常出诊为不能行走的病人服务。一位农村的木工师傅得了伤寒病，病情相当危重，经他出诊医治，药到病除，妙手回春。他知道木工师傅家庭困难，出诊费及医药费都没有收取，令木工师傅感激不尽。

1949年7月，他被瑞中聘为校医兼卫生课教师。作为县城名医，他从不忽视校医工作，尽心尽职、热情主动地为教学服务，为师生服务。学生陈培周回忆说：

那时校医是著名的项棣苏先生，他长条形脸很清秀，加上一副金丝眼镜，更显学者的风采。我患过一次较重气管炎，在上体育课跑了800米后，咳出的痰里带有血丝，吓了我一跳。那时最怕的就是肺结核病，项医师安慰我说，不用怕，能治好。结果吃了他开的药，真的就痊愈了。项先生医学造诣高，为人却很谦逊的学者风范，真的是值得人们学习和敬仰。

1951年7月，他被任命为瑞安县人民医院医疗股股长兼内科医师，他敬业负责，态度和蔼，医院里的一些疑难病症或产科急症，经常请他会诊或主刀，随请随到，从不摆架子，享有较高的威望。

1952年，省卫生厅调查瑞安县人民医院的制度建设，发现该院的原始病历（包括初诊、复诊）记载和三班制、门诊值班、查房等有关制度齐全，档案完整，且高资历医生较多，执行十分到位，省厅对此非常满意。在全国县级医院中瑞安人民医院排名第二，仅次于广东梅县医院，这与当时医院领导的重视分不开，也有负责医院业务工作的项棣荪付出的一番努力。

20世纪50年代初，瑞安还没有X光机等医疗设备。项棣荪和同事想方设法从董若望医院（今温州三医）借来30mA的X光机头，从瓯海医院（时称温州市第一人民医院）借来30mA的X光机身，然后装配调试成X光机，成为瑞安医院的第一台X光机，从而大大提高了医疗诊断率。作为瑞安人民医院的放射科创始人和开拓者，他的医术越来越精湛，治愈了许多疑难病症，名气传遍瑞安乃至温州，慕名而来的病人络绎不绝，一举成为瑞安医界最有权威的医师之一。1954年，他担任瑞安人民医院主管业务的副院长，并连续当选为瑞安县第一至第三届人民代表大会代表，瑞安县政协第一届委员，第二、第三届常委。

在众多名誉前他没有停步，虽然自身有高等医疗专业教育基础，仍坚持与时俱进，通过定期购置国内外的医学书籍，阅读最新的医学书籍杂志，不断跟踪、学习国际先进的医学知识。他工作积极负责，是一个闲不住的人，经常白天坐诊看病，晚上拍X光片，废寝忘食，工作至深夜，以致积劳成疾。身患肺结核、肺气肿、支气管扩张等顽症，因自身肺功能代偿不全，呼吸较常人困难，每每看了病人之后，气喘难受，咳嗽不止，但总是不顾自己的身体，坚持带病工作。

1962年夏天，副霍乱传染病在瑞安流行，发病者达上千人，住院病房严重不足，情势相当危急。项棣荪立即建议将住院部搬到刚停办的瑞安师范学校内，首先解决救治病人病房不足的燃眉之急，然后全身心投入防治工作。他一边研读国外的医学杂志，一边连夜编写防治副霍乱病的宣传资料，举办医生、护士及防疫人员学习班，举行专题学术报告。在自身罹患肺结核病、肺气肿并伴咳血的虚弱情况下，带病坚持讲课六小时，做完报告回家后就大量吐血，在病床上仍念念不忘副霍乱病的防治工作。

有一名病人大便副霍乱杆菌培养四五次，有一次是阳性，主治医生按副霍乱医治，但经过20多个小时的抢救，病人始终没有好转。于是请外科医生会诊，外科医生想起项棣荪说过的话，根据病人临床症状，考虑为急性节段性出血坏死性肠炎，建议手术治疗。当时国内没有这方面的资料，临床更没见过，大家半信半疑。经家属同意后立即做手术，确诊为小肠坏死出血，诊断完全正确。项棣荪医术之高超可见一斑。

项医生热爱医学事业，精通内外各科，擅长外科手术，平日少言寡语，而在教学或做学术报告时，则讲得滔滔不绝，娓娓动听，解答疑难问题，不厌其详，毫无保留地把自己医术传授他人。人们称赞他"学识不私有，不带走"，为瑞安卫生事业的发展做出了较大的贡献。

1964年，他英年早逝，终年46岁。弥留之际，嘱咐家人把自己收藏的所有医学书刊（大多数是外文书刊）数千册，全部捐赠给瑞安人民医院图书馆，留给后人阅读参考。他无私奉献、嘉惠后人的精神，殊堪钦仰。

与瑞中结下不解之缘
——项竞

项竞（1922—2019），家居瑞安大隐庐，初中就读于瑞安中学，英士大学法学院毕业。1949年夏受聘瑞中，教过政治、历史、化学、数学，历任分部主任、副教导主任、教导主任、副校长。退休后，担任瑞安市教研室历史教研员，兼任瑞安市历史学会会长。著作有《高中历史辅导》《史地知识题库新编》等，名列"现代教育著名教师选介"，入选《温州当代人物》。

"瑞安中学是培养我成长的摇篮，更是我一辈子工作的处所。"项竞老师如是说。

他真可谓与瑞中有不解之缘。初中就读于瑞中，高中毕业后在瑞中教导处任临时职员，深得时任校长王超六赞许。1949年初夏，他第三次来到瑞中，从一名普通教师，到"工读"主任，再到副教导主任、教导主任、副校长，直至退休。瑞中90周年和百年校庆，他又返校参与筹备工作。120周年校庆盛典，当主持人介绍95岁高龄的项竞老师亲临盛会时，全场响起雷鸣般的掌声。

时光悠悠，岁月沉香。在瑞中工作的30多个春秋里，项竞老师恪尽职守，乐教善教，兢兢业业，以教书育人为天职，迎来一批批新生，又送走一批批毕业生，桃李满园，受人尊崇。耄耋之年他在《我与瑞中》一文中如此自述：

我服务瑞中的漫长岁月，印象最深的有两件事：

项竞等校友祝贺母校120周年华诞书法条幅

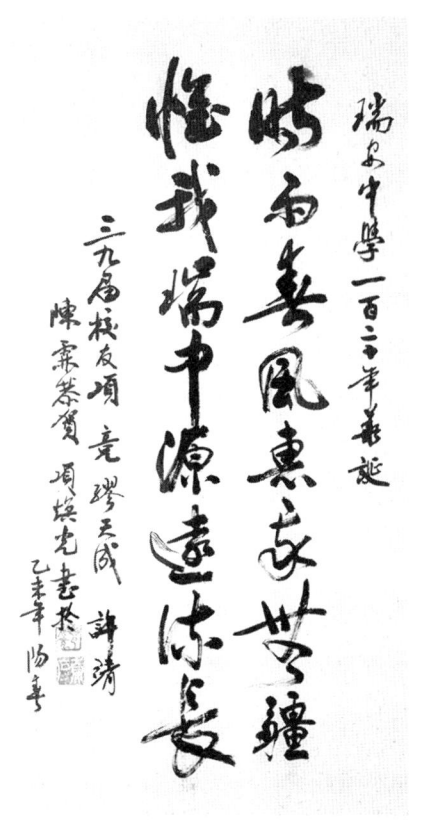

第一件事是：开展工读活动。1950年初，瑞中开展工读活动。我是"工读会"的负责人，从当时实际出发，组织学生参加农业生产劳动，开垦校园空地种植大白菜，捕捉鳝鱼，养殖猪、鹅、鸭等，还自制簿册、纸扇……在校外，还接收了丽岙白银岗庄园，在莘塍、上望、仙降等地垦荒种田，持续到1952年。这对增强师生劳动观念，培养劳动习惯与技能，解决困难学生的学杂费等起了一定的作用。

第二件事是：1981年瑞中跨入省首批办好的18所重点中学行列。1959年，曾被省教育厅列为16所重点中学的瑞安中学，在瑞安人的眼中，无疑是瑞安教育的龙头。1981年，瑞中胜利实现预定的"晋级首批办好重点中学"目标。我是瑞中"晋级"的见证者，也是参与者，感到无比的光荣和自豪。"晋级"的全过程，我是刻骨铭心，永记在心。

这次"晋级"历时两三个学期。时间长，要求严，要从不同层面全方位考察学校真正的综合实力。教学质量是考核验收的一个重要方面。当时，学校各科都成立了教研组，每个星期开一次交流会，讨论研究怎样提高教学质量。我主管教学，每会必到，倾听问题，提出对策。

申报省重点这个目标，大大激发了全体教师的斗志，大家都干得很起劲。有些教师带病上课，把医生开的病假条揣在口袋里，不愿请假，我们都很感动。各教研组进行评比活动，每位教师的讲课让师生共同打分。在良性的竞争中，教师们你追我赶，教学质量明显提高。

1981年4月，瑞中终于被重新确认为省重点中学。我们都长长地舒了一口气，来之不易啊！在这年"五四"纪念会上，我谈了自己的体会，总结了四个字：一是精，二是实，三是深，四是合（形成合力）。我认为1981年的瑞中，用"新起点，新希望"六个字概括最为恰当！同年寒假，温州全市8所中学在文成召开重点中学会议，我代表瑞安中学做重点发言，介绍经验反响很大。

项竞第一次到瑞中是1935年，在复习班补习，准备第二年报考瑞中。考入瑞中后，因学习成绩优异，被同学推选为班长。初二时抗战全面爆发，他积极参与抗日救亡运动。在1938年的《瑞中校刊》上，发表题为《精神国防》的文章，提出了"国防精神"的七点条件：民族自信、意志统一、互助合作、努力创造、埋头苦干、决心牺牲、自强不息，还对时局提出诸多评议。

他高中就读于处州中学，1943年毕业后考取国立英士大学。三年高中、四年大学的求学生涯，正值烽火连天的抗战时期，遭受了危难困苦的"流亡"生涯。在《八年抗战求学难》一文中，他深深感叹：我们这一代人的学生生活，是在战争中度过的，七年的高中、大学学习，就搬迁了六个地方。在日寇侵略下，真是神州大地上放不下一张安静的课桌。

大学毕业后，他曾在杭州海潮中学、浦江中山中学、杭州女子职业学校任教。1949年8月受聘瑞中，教过政治、历史、化学、数学，哪个课堂缺老师，他都欣然顶上，且备受学生欢迎，称得上"万能教师"。当然，他

项竞先生捐赠在瑞中使用过的刻蜡纸工具

最喜欢的还是历史教学。浓厚的兴趣，刻苦的钻研，使他不仅仅是一个有本事的"万能教师"，还是一位精通历史的教育行家。

在历史教学实践中，他坚持文史结合，摸索出一系列适合初中历史教学的方法：运用口诀，提高学生的识记能力，巩固学生的基础知识；运用歌词、民谣，充实历史事件的内容，加强感情色彩，达到潜移默化的教育；运用诗词、对联，刻画历史人物形象，教育学生爱憎分明，从善除恶；运用历史原著中有关词句，说明历史现象，增强学生的历史感，提高读史的兴趣；运用古诗充实教材内容，加深历史景物的印象，进行美的教育；运用诗句概括总结史实，起到画龙点睛的作用。

十年动乱期间，他受到严重冲击，一度下放校办工厂劳动，但并没有消沉，坚持拜工人为师，还学会了木工活。改革开放后重返领导岗位，他不忘初心，早出晚归，组织优秀教师为高考复习班学生补课，为家乡的多出人才、快出人才不遗余力。

法学院毕业的高才生成了普通中学的历史教师，不少人为项老师感到可惜，劝他专业归口去当律师，既体面又可赚大钱，然而他总是坦然回答："人活着要有点兴趣，有点精神，不能只为了钱。"

1983年秋他从瑞中退休，但退而不休，继续发挥余热，被瑞安教研室聘为历史教研员，直至1993年9月，时间长达10年。黄建一在《甘当历史教学的"老黄牛"——记瑞安市历史教研员项竞老师》一文中说：

> 项老师担任历史教研员以来，把全部心血都倾注到历史教学事业上，为了摸清历史教学第一线情况，不论刮风下雨，不管山区道路崎岖，都坚持和中青年教研员一起深入乡区各校，定期举行听课、评课等活动。为加快瑞安教学改革进程，1989年瑞安市教研室在全市开展学习布鲁姆掌握学习法（目标教学），项老师先到杭州取经，回来后不顾疲劳，接连做了10多场讲座。1991年以来，为贯彻"两史情"爱国主义教育，他先后到各区对广大师生做了10多场讲座……

项老师在教育战线耕耘40多年，无私奉献，著述颇丰。从20世纪50年代开始，就在《浙江教育通讯》《人民教育》《历史教学》等杂志上发表有关教育改革、教材探讨的文章。退休任教研员时，又在省、市级杂志发表论文20多篇，出版著作有《高中历史辅导》《史地知识题库新编》等，还参与了《中国历史人物述评》《中学生专题学法指南》《温州乡土史话》《瑞安中学校志》等书的编写工作。

项老师与瑞中结下不解之缘，把自己的一生献给了人民的教育事业，瑞中不会忘记他！

润物无声——陈继璜

陈继璜（1919—1991），温州市梧田区白象乡（现瓯海区梧田镇）南湖村人。中学毕业于温州中学。1938年上海暨南大学外语系肄业后，曾在丽水、绍兴直接税局及《浙江日报》社、温州海坛补习学校任职。1949年8月至1960年7月在瑞安中学任教兼语文教研组组长，后来调瑞安师范、温州师范学校任教。

陈继璜

1949年8月，瑞安刚解放不久，经温州市市长胡景瑊介绍，陈继璜来到瑞安中学担任语文教师。在当年学生的记忆中，他经常身穿一套蓝卡其中山装，头戴一顶颜色配套的解放帽，架着一副无边眼镜，温文尔雅，一口温州腔，轻言慢语，脸上时时露出浅浅的微笑。曾在瑞中初中、高中就读六年的中国艺术研究院博导孙崇涛说："陈继璜先生虽非宿儒，但于文科教育，中外、新旧兼修，最善启发与引导学子，他是指引我课余钻研文学，进而走向研究道路的关键老师。"

孙崇涛博导在《润物细无声——追忆我的两位语文教师》一文中这样回忆：

我上初中三年时，接替董先生语文课的老师是陈继璜先生，他一直教我高中三年毕业。陈先生的眼镜片就像玻璃瓶底那么厚。他每次上课堂，我老在琢磨这件事：见他那件蓝卡其上衣领口下总会有那么一大块褪色发白的地方，久思难得其解。又见他读课本时，低头紧收下颌，鼻尖、眼镜快要贴着书本的模样，我便做出如下的"判断"：这块褪色发白的地方是他平日勤奋读书、认真备课改作，被下巴给"顶"出来的。

陈先生确实勤奋而认真。他教我们《丹娘》《筑路》等课文时，总要把课文出处《卓娅与舒拉的故事》《钢铁是怎样炼成的》等长篇小说从头至尾地细读一遍，然后在课堂上介绍给大家，令我们听得津津有味，引起去借阅原书的兴趣。陈先生教语文课，就像做旅游向导，带领我们去遨游、品味书的世界。我就是在他的"导游"下，随着语文课进程，读了一本又一本的中外文学名著，成了读书迷，把瑞中图书馆内我想读的书几乎读了个遍。后来我读大学中文系，周围同学都感到惊奇："这么多的文学名著，你是什么时候读的？"我说："我的'中文系'，在中学年代实际已经开读；我的中学语文老师，就是我的'中文教授'。"

陈先生不善言谈，像"随风潜入夜，润物细无声"的春雨，在不显声色的平和之中，给你渗透充足的知识养分。陈先生的课堂教学一板一眼，却是句句货真价实，没有一点"水分"。他习惯板书，黑板上写的话，似比嘴里讲的话还要多。字体娟秀，一丝不苟，我至今还一直保留着他课堂板书的笔记本，有时还能用上它，拿出来看看。

性格比较拘谨的陈先生，对待学生却是另一番态度。我读瑞中时，平时行为规矩本分，而学习语文，却爱异想天开，时常会弄出一些与众不同的"出格"举动。读初中时的一次作文课，陈先生给的题目是把古文《愚公移山》译作现代汉语。那时我正热衷读拜伦、普希金的诗，想自己将来也做拜伦、普希金，心想何不现在就开始"拜伦""普希金"一番。于是将《愚公移山》编译成一行行的欧体诗，还加进许多个人想象出来的内容，怀着惴惴不安的心情交上作文本，准备挨批和扣分。料想不到，作文经批改后一看，竟然得了一个满分5分。陈先生还在我那些凭空想象出来的句子下头，加画了许多红笔螺丝圈，以示肯定和赞赏。想不到在陈先生的"拘谨"外表内却蕴藏着对于大胆创新的包容与欣赏，这大大激励了我学习语文课的兴趣和信心，胆子也更大了。

在我读高一的1954年，全国正掀起一场批判俞平伯《红楼梦》研究观点的文艺批评热潮，事情是由两位被毛泽东赞为敢碰大人物的"小人物"李希凡和蓝翎做起的。阅读报刊，引起了我对《红楼梦》研究的浓厚兴趣。一回作文课，陈先生让我们自由命题，我就写了一篇评析清代"旧红学"索隐派观点的"论文"（当时我不知道何为论文，以为讲道理的长文就算论文），足足写了整本作文簿，怀着试探而期待的心情交给陈先生，希望得到老师对我这行为的"反响"。待到作文簿发回一看，只见文后密密麻麻地写满大半面的评语，说的全是肯定、鼓励和希望的话，语重心长，使我感奋不已。评分则不高，记得是个 4 分。这大概是陈先生在肯定我的行为同时，对我的好高骛远、不自量力的一种小小的指责吧，令我心悦诚服。

滋兰树蕙，乐育菁莪。陈老师不仅学识渊博，而且极富敬业精神，曾任语文教研组组长。他的儿子陈光熙说：

当时瑞中教师很忙，我平时很少见到父亲，他连假期也没有空闲。甚至生病吐血卧床休息时，还让同事胡焕光老师来家中读学生的作文，他靠在床上边听边提出批改意见。

师恩难忘，历经半个多世纪后，好多学生对陈老师的教育情怀仍记忆犹新。黄希尧校友在《一张 57 年前的作文油印稿》中回忆说：

1957 年我毕业于瑞中高中。那年春天正值高考前夕，语文陈继璜老师布置的最后一次作文题目为《记一个平凡的劳动者》。我在作文中记述的是瑞中"二部"宿舍的工友，同学们尊称他为进友伯。想不到陈老师一眼就看中了这篇作文，并迅即"刻蜡版"刊印油印稿，作为"范文"发给我班同学，人手一份。

……我的那篇作文，就现今目光看，实在过于稚嫩，文笔也不十分精彩，但我猜测当年陈继璜老师之所以推崇该文，可能是赞成该文具有朴实无华、言之有物、短小精干及条理分明等长处，陈老师似乎引导同学们在高考时注重此类作文手法，因此将该文印发给大家。数月后，我在高考的语文试卷上，一眼便看见作文考题竟是《记我的母亲》，内心不觉为之一惊。陈老师在考前出的作文题目是《记一个平凡的劳动者》，与高考作文题目同为对人物的记叙文，难道这仅仅是简单的巧合吗？究竟当年陈老师是如何挖空心思、搜肠刮肚、费尽心机送给即将上考场学生们如此巧妙的作文题目，我们已无法知晓，但陈老师对作文备考的一系列做法，已切切实实地表达了他的内心世界，真可谓为"先知先觉，永念毋忘，深思力行，好学毋荒"而呕心沥血。我书至此，陈老师的音容笑貌又迅速在脑海中浮现，不禁眼眶湿润。当年教导我们毕业班呕心沥血的岂止陈老师一人。数学唐敬庵老师、物理林大真老师、化学曹振铎老师、历史马允伦老师、地理胡跃龙老师、俄语胡公善老师等均是我们心目中敬爱的恩师。

陈老师是温州梧田人，1937年温州中学毕业后，曾就读于上海暨南大学外语系。1938年参加"永嘉战时青年服务团"宣传工作，20世纪40年代曾在丽水和绍兴直接税局、《浙江日报》社、温州海壇建国中学补习学校任职。

陈继璜老师在瑞中执教11年后，1960年调瑞安师范任教，兼语文教研组组长。1962年调温州师范学校任教，直至1979年退休。30年的教书生涯，他兢兢业业，默默耕耘，润物无声，风化于成，深受学生的尊敬与爱戴。

书比人长寿
——马允伦

马允伦（1926—2011），出生于平阳县昆阳镇，1949年浙江大学毕业。新中国成立后在瑞安中学执教28年。1978年年初调温州参加全国重点科研项目《汉语大词典》编写工作，后留温州师范学院任教直至退休，曾担任温州市政协副主席等职。出版著作43本，累计达500多万字，发行量达300多万册。《瑞安市志》有传。

马允伦

人是文之根，文是其滋生的花朵与果实。自古以来，就有文如其人之裁定，以此为尺丈量一下马允伦老师的人生，可谓淡泊如水，高风高节。他一生以著书诲人为己任，废寝忘食地撰写历史读物，出版了43本书，累计500多万字，发行量达300多万册。正如古人所说的"书比人长寿"，人生有许许多多的记忆和梦，精神比物质更重要，肖像比躯壳更长久。

马允伦出身于书香门第，父亲马翊中是晚清秀才，浙江省文史馆馆员，从教多年，新闻界元老赵超构、马星野，著名历史学家林汉达等都曾是他的学生。母亲蔡墨笑毕业于近代第一所官办女子学堂——北洋女子师范，担任过平阳县立女子小学校长，擅长刺绣和山水画，其瓯绣作品曾获巴拿马国际博览会优秀奖。

马允伦在父母的熏陶教育下，从小勤奋学习，热爱写作，小学时就在叶圣陶主编的《儿童时报》上发表作品，并以第一名成绩考入平阳中学。1949年他从浙江大学毕业，又参加了浙江省第二期干部学校的培训。1950年4月毕业后，被温州专署文教科派到瑞安中学，先是教了一年半政治，后来转教历史，在瑞中共执教了28年。

他知识丰富，功底深厚，在历史教学方面堪称一绝。对历史事件他了如指掌，对名人典故如数家珍，还不时穿插温州地方乡土历史内容，娓娓道来，妙趣横生。瑞中1956届高中毕业、曾担任瑞安县副县长的孙中存校友回忆：

马老师的历史教学，史观明确，史料丰富娴熟，且有高超的教学艺术。在课堂上，他从不看教案，一边板书提纲，一边讲解，语言生动且富有节奏感，特别吸引同学们的注意力。我特别佩服的是他在每节课的最后阶段，精彩的总结概括，最后一句话与下课的铃声同时响起。马老师对上课时间的掌控那么巧妙，在我的印象中可谓"前无古人，后无来者"。

与孙中存瑞中同届毕业的中科院上海原子核研究所研究员蔡延璜也记忆犹新：

每节上下课，马老师都绝对准时，当他踏进教室那一刻，正好是上课铃声响起；当他授课完毕、戛然而止时，又正好是下课铃声响起。他从来不会拖堂，哪怕只是一分钟。而且节节如此，天天如此，年年如此！可见他对教学之用心。

作为历史教师，马老师十分重视校史教育，广泛收集瑞中建校史料，编写校史，对学生开展中华文化传统教育。每届新生入校，都由他主讲瑞中校史，给大家留下了深刻形象。

教学之余，他坚持著书立说，相继在《人民教育》《浙江学刊》《浙江教育》《历史教学》等刊物上发表过《太平天国时期浙南金钱会起义》《历史教学中进行乡土教育的经验》《教什么、学什么、写什么》等论文多篇，并运用广博的历史知识，对广大青少年开展爱国主义教育。在瑞中任教时，就出版了《浙南金钱会起义》《航海家郑和》《古代名将的故事》《程咬金》《冯子材大败法军》《张俭选布》等多本历史读物。

"文革"期间，他被打成"反动学术权威""吴晗黑爪牙"，遭到无情的批斗，宿舍被造反派侵占，藏书文稿悉数被抄，3个子女两个支边去了北大荒。直到粉碎"四人帮"后，才得以解脱。

1978年年初，他受组织调派到温州参加全国重点科研项目《汉语大词典》编写工作。他认真负责、全力以赴，为写好初稿释文，一头扎在古书堆中，分析资料、琢磨义项、推敲文字，经常至深夜。浙江省编写组对他的鉴定评价称："所写释文，释义准确，造例精当，源流演变，了了分明，质量属于上乘。特别是一些有关典章制度和史事故实的词条，除充分利用已有的资料外，还广泛搜集异闻别说，折中剖析，务期瞻详准确，不使阙漏舛讹，对于提高《汉语大词典》编写质量，做出了一定的贡献。"作为全省词典队伍的骨干，《汉语大词典》主要编纂人员，他获得了国家新闻出版总署颁发的荣誉证书。《汉语大词典》编写工作结束后，他留在温州师院任教直至1999年退休。耕耘教坛50年，校园留教泽，桃李遍天下。

　　在这期间，他的创作热情空前高涨，相继在京、沪、浙、辽、川、台等地的12家出版社，出版了《大义灭亲》《腥风血雨话当年》《古代政治家的故事》《中国古代军事家故事》《张骞通西域》《中国古代改革家故事》《戊戌变法的故事》《中华人物故事全书》《康熙皇帝的故事》《中国古代品

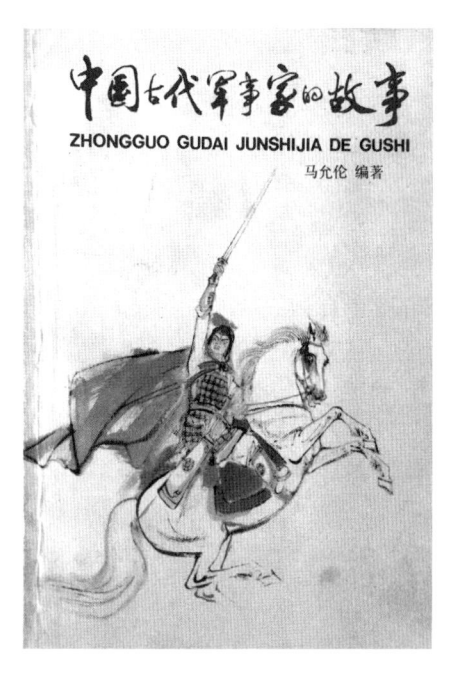

马允伦编著《中国古代军事家的故事》

德故事》等43本历史读物（其中12本与儿子马邦城合著），并在全国20多种省级以上刊物上发表历史小说、历史故事、历史人物评介等文章50多篇，总印数超过400万册，著作与文章总字数达500多万字。受到国内外读者好评。他在台湾出版的有《将略奇才》《包青天审案》《读历史话英雄》（上、下册）和《五百字故事》4本书，还担任大陆与台湾合作出版的30卷大型画册《画说中国历史》的历史顾问，被称为温州的"历史故事大王"。

作为温州文化界知名人士，他积极参政议政，是中国民主促进会温州市委会的创始人。曾任浙江省第五、六、七届政协委员，温州市第四、五、六届政协副主席，中国民主促进会浙江省委常委和温州市委副主委，温州市历史学会第二、三届会长。他关注温州地方的改革发展，积极建言献策，向市委市政府有关部门提出过不少的建议，在温州市政协大会上，他是提案数量最多的委员之一，多次受到表彰。就任温州市政协副主席兼文史资料委员会主任期间，他发挥自己擅长文史的优势，撰稿并主持编辑《温州文史资料》，并为各县、市政协委员和各界人士做历史讲座。还在《温州党

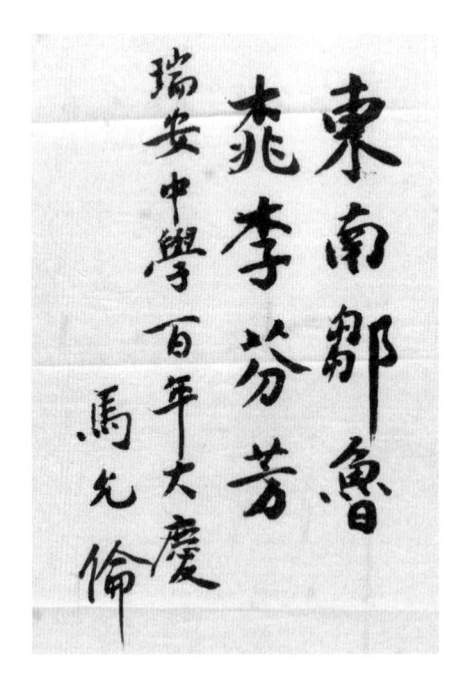

马允伦赠瑞安中学100周年校庆书法作品

风廉政》等刊物上开辟"清官史话"等专栏,为开展反腐倡廉工作宣传。

退休之后他仍笔耕不辍,参与《瓯越文化丛书》《温州文献丛书》《瑞安历史人物传略》等地方文献的编写工作。2001年担任《温州文献丛书》整理出版委员会委员。并于2002年和2005年,出版了《太平天国时期温州史料汇编》《黄光集》两书。2007年获"我与温州日报"征文二等奖,这也是他晚年最后一次的创作活动。2011年12月26日病逝于温州,享年86岁。他辞世后,温州等多家媒体发表哀悼纪念文章,温州日报同时刊登《温州市志》主编章志诚先生和原《浙江学刊》主编林树建先生的《史识渊博 治学严谨》《教书育人 撰书诲人》两篇文章,对他表示深切缅怀。他的学生也纷纷撰写纪念文章,深表哀悼。

一枝一叶总关情,值得一提的是,马允伦老师的儿子马邦城,孙子马知遥、马知力都是瑞中校友,同样爱好文史,学有专长。薪火传承、家风延续,半个多世纪的悠悠岁月,物换星移,世事变迁,终于圆了马氏祖孙三代的"瑞中梦"。

享誉画坛的美术教师
——邱禹仁

> 滋兰树蕙
> 瑞安中学前辈名师风采录

邱禹仁（1911—1998），原名邱维仁，出身于浙江平阳县的书香世家，20世纪30年代毕业于上海新华艺术大学国画系。毕业后一直从事中学、师范美术教育工作，曾在福建浦门中学、永嘉碧莲中学、温州济时中学任教美术、音乐、劳作（雕塑）。1950年到瑞安中学任教美术、音乐，同时还兼职瑞安师范（初师）美术教师。曾任瑞安县第三、四届人大代表，瑞安县政协委员。《瑞安市志》有传。

邱禹仁

2005年，中国画报出版社出版了《邱禹仁邱云龙画集》，收入49幅邱禹仁先生的代表作品，其中花鸟38幅，猛虎9幅，其他2幅。邱老师是一位花鸟画家，工画翎毛，擅长画虎。打开这本精美的《画集》品赏其作品，只见他信笔写的芦雁、塘鸭、燕雀、雄鹰、鸡雉，无不栩栩如生，活泼可爱；再配以春华秋实、残荷劲松、古树枯藤，使帧帧画幅更呈现出浓烈的情感和深邃的意境。他画的猛虎，则气势威壮，形神兼备，令人震撼。画面的题款，也字字苍劲有力，潇洒凝重，运笔刚健，魄力过人。书画同源，他以书法透于画而画无不妙，以画法渗入书而书无不神。读他的画，给人许多启迪和教诲；品他的字，给人以美的享受。

邱禹仁原名维仁，出身于书香世家，其祖父邱锦舒在清朝进士及第。邱禹仁平阳县县小毕业后考入温州市艺术学校图音班学习书画、音乐、雕塑，学习期间勤奋努力，进步神速，闯入艺术殿堂。1929年，年仅18岁的邱禹仁从温州市艺术学校毕业后，带着恩师温州著名画家马孟容亲笔推荐信，以优异成绩考入了闻名遐迩的上海新华艺专国画系。那是一个大师辈出的时代，在校期间，勤奋好学的邱禹仁师从著名国画大师张善孖、张聿光、俞剑华、熊松泉、诸文韵、王陶民等艺术大家，耳濡目染大师们的言传身教，使自己的绘画水平更上一层楼，受到了老师们的称赞与器重。

1932年，他从上海新华艺术大学毕业后回到平阳县，被平阳县教育局聘任为平阳县坡南小学校长。担任校长期间，正值抗日战争爆发，他利用自己所学专长，积极投身抗日洪流，教学生们唱抗日歌曲、画抗日宣传画，抗日宣传活动搞得轰轰烈烈、有声有色，并在全县学校文艺比赛中获得优异成绩，受到社会各界的好评。后来，他还先后到福建浦门中学、永嘉碧莲中学、温州济时中学执教美术、音乐、雕塑。

1950年2月，他来到瑞中担任美术教师。他积极参加新中国的建设，经常熬夜通宵画宣传画，宣传党的路线政策；还创作了大幅油画（毛泽东、朱德、列宁、斯大林、马克思、恩格斯画像）用来大游行和悬挂在大礼堂。

在瑞中工作的同时，他兼职瑞安师范美术教师，直至瑞安师范搬到平阳郑楼。他教学认真负责，工作任劳任怨，对学生关怀备至，与同事赤诚相处，赢得了同学们的爱戴和同事的尊敬，被推选为瑞安县第三届、第四届人民代表大会代表。任人大代表期间，他竭忠尽智，不辱使命，恪尽献策之责，深受瑞安教育界的信赖。

1953年邱禹仁担任瑞中初中部初一（丙）班班主任。班中几乎有一半同学来自农村，这些懵懂的孩子来到陌生的县城，觉得一切都很新鲜且又生疏，过集体的寄宿生活不很习惯。邱老师就像父亲一样细心关怀，谆谆教导，陪伴同学们度过了3年的初中学习和生活。学生在上课，邱老师常在教室外走走，看学生是否认真听课；学生在教室自修，他也经常来教室巡视，问大家学习上生活中有什么困难。晚上同学们回到寝室特别兴奋，熄灯铃响了，寝室关灯了，大家还是你一言我一语，叽叽喳喳说个不停。邱老师几乎每天晚上都会来到寝室门外，用手指敲着门壁说："睡觉了，不要说话！"同学们见老师在门口，才安静下来。一直等大家都入睡了，他才回家。早上学校起床的铃声响了，寝室内电灯也亮了，邱老师已在寝室外说："起床了！起床了！"他看见有些同学还在睡觉，或懒得起床，就将他们叫醒，或拉他起床。就是这样，邱老师慢慢培养了同学们集体生活的习惯。

邱老师对全班60多位学生了如指掌，诸如个性习惯、学习成绩、家庭状况等。那时，同学们的家庭经济都很困难，特别是农村来的寄宿同学，个别的有时连每月4万元（旧币）的伙食费都不能及时交纳而遭停伙，邱老师除发动同学互相帮助外，有时还自掏腰包帮助停伙的同学交纳伙食费，以解燃眉之急，使其免受挨饿之苦。一次，孙鹤龄同学身患重病，亟须输血治疗，他是农村来的，家庭十分困难，根本无钱买血。危急之时，邱老师立即动员全班同学献血，其中沈洪保、张维众两位为鹤龄同学献了300CC鲜血，终于挽救了他的生命，此事成为全校师生口中的美谈。当时，邱老师教全校初、高中美术，工作够忙的，但他还是利用课余时间，组织了美术课外小组，指导对美术有兴趣的同学习画，初一（丙）班的沈洪保、蔡存福等都是小组成员。学校体育工作也搞得轰轰烈烈，各班都有自己的篮球队和排球队，级段之间、班级之间经常有友谊赛。每逢比赛，邱老师都亲临现场"督战"助威，那个劲儿简直比运动员还大。

1958年"大跃进"期间，他调入刚创办的瑞安艺专，后来并入瑞安师范（普师）。瑞安师范停办解散后又回到瑞安中学工作，1967年调到莘塍中学工作，直至退休。退休当年他又被时任教育局局长林星元聘请回瑞安中学继续担任美术教师，3年后才真正完全退休。邱禹仁先生高才隐世数十年来教书育人，为家乡培养了一大批艺术人才，他的不少学生后来在绘画上取得了成功。

20世纪40年代，邱禹仁先生曾在温州和福建泉州等地多次举办过个人画展，他的画深受读者欢迎。50年代，他的国画《红梅报喜》《芦雁》在杭州参加浙江省画展，得到美术界的一致好评。他的许多国画作品被美国和我国台湾、香港及国内友人收藏，其个人传略及代表作品入编《当代美术》《翰墨中国》等大型画册。

他的画作非常讲究笔墨的运用，重视笔墨的功能，作品章法谨严，笔

《邱禹仁邱云龙画集》

邱禹仁绘画作品

墨淋漓，通过笔墨和宣纸的接触、渲染、浸润，产生了象征寓意的气势和韵味，抒发画家的情感。

我国当代著名国画评论家张公对他的作品有很高的评价：

邱禹仁先生的写意作品，有着深厚的传统功底。作品读后，给人一种酣畅淋漓之感，笔墨饱满酣畅，动势怡人，恰在似与不似之间生动造型，传情达意，神韵使然，无论是写意花鸟，还是春机盎然的蜡梅，气势威壮的猛虎，还是平和的秋沙落雁，皆映照出邱老先生的风骨和率真的赤诚之心。真可谓笔墨传情见精神，写意妙笔铸丹青。

这个评价真实地反映出邱禹仁老师不凡的艺术成就。

文史学家——董朴垞

滋兰树蕙 瑞安中学前辈名师风采录

董朴垞（1902—1981），名允辉，号敬庵，以字行，瑞安县城人。1922年瑞中旧制毕业考入杭州工专，后转法政专门学校。1930年被燕京大学国学研究所破格录取，为首届国学研究生。先后执教厦门集美中学、杭州高级中学、温州中学、瑞安中学，后调浙江工学院任教兼图书馆馆长。一生从事教育，潜心国学研究，著有《清代学术编年》《中国史学史》等。《瑞安市志》有传。

董朴垞

　　董朴垞少耽文史、笃学好古。他以第一名成绩考取瑞中，在校学习四年（旧制），在周小苓、张次石等名师教导下，成绩优异，1922年再以第一名成绩从瑞中毕业，人称瑞安"才子"。同年负笈杭城，考入浙江工专，因专业与个性爱好不合，又转学法政专门学校。

　　1925年因家庭困难而辍学，居家自修旧学。其时，民国财政部次长项骧辞职回乡，礼聘他为家庭教师，教其子女诵读经书。家教结束后，经项骧推荐赴上海大同大学任讲师。

　　1930年，燕京大学国学研究所招收首批研究生，在项骧的鼓励下，他将撰写的《永嘉耆旧传》《敬庵文内外篇》寄去投考，其文章言辞典雅，风格独特，深受国学大师陈垣所长的赏识，破格录取他免费入学。在陈垣、张尔田、顾颉刚等名教授悉心指导下，他刻苦钻研，严谨治学，博览群书，学识益增，成为燕大国学研究所首届毕业的研究生。

1932年，受聘为厦门集美专科学校教员，面对学校宏富藏书，他如饥似渴，利用空暇时间，浏览大量古籍名著，亦搜集整理了不少史料。回到浙江任杭州高级中学教员后，又利用浙江图书馆的借书之便，边教学边研究史学，编纂《中国史学史》，全书20余万字，开我国史学有史之先声。敢于凭一己之力率先编写此书，他这样解释："民国十八九年时，予赴北平，研究国学于燕大，固亦欲继章氏遗志，以纂成之。后又读近人梁启超所作《中国历史研究法补篇》，与夫何炳松所译《西洋史学史》，俱怪无人肯编《中国史学史》，故而简略而续之。"他苦费十数年编纂《中国史学史》，晚年又撰写了《中国史学史长编目录》，可见其炽热的治史情怀和刻苦钻研之决心。

抗战期间，他受聘为温州中学国文教员，执教长达10多年，在温州教坛享有盛名。他学识渊博，热心教学，严谨朴实，深怀家国情怀，与学生一起参与抗战救亡运动，其爱国敬业精神深受学生敬佩。

1942年他发起组织"永嘉学会"，研究乡先哲陈傅良、叶适的经制之学，搜集整理乡土文史，编著《乡邦文献集》，为弘扬瓯越文化颇有贡献。为纪念瑞中建校40周年而作的《瑞安文风与瑞中》，发表于1942年的《瑞中校刊》，约1.6万字，内容翔实，概述瑞安文风的历史渊源，分述近代瑞安孙、黄、林、洪诸世家和人才崛起的陈、项、许等家族简况，以及瑞中的创办和人才培养，颇有史料价值。

他喜文史，爱书法，是温州著名书法家，师法两代帝师翁同龢，得其精髓，功底深厚。笔力苍劲，纵横跌落，气势雄健，自成一体，声震浙南，当年温州五马街、府前街多家商店和瑞安县城许多商店的招牌字都出于他的手笔。

1950年8月，董朴垞任瑞中国文教师。他一袭长衫，戴宽边眼镜，温文尔雅，以满腔热忱和执着信念，为教书育人默默奉献。瑞中毕业的中国艺术研究院研究员孙崇涛回忆：

我的初中语文老师董朴垞，是燕京大学国学研究所首届研究生、国学大师陈垣教授的高足，学养深厚、学术精研自不必说，他的宽厚、低调为人和厚积薄发的严谨治学态度，对我影响至深。

董先生的开堂课给我留下一生难忘的记忆。班长喊完"起立""坐下"之后，董先生微笑道："大家先认识认识吧！"就用粉笔在黑板上疾书"董朴垞"三个龙飞凤舞的大字。接下来是一次很特别的"点名"：凡点到一位同学的姓名，他总要在姓名上头"推敲""诠解"一番。当点到我的姓名时，他说："名字不错：崇涛，有高山，有大海，高山仰止，大海无边，有气派！姓孙则更好……"于是他就从孙中山一直说到孙仲容，称赏他们的了不起，敬慕之情，溢于言表。当他点到汪焕澄同学的姓名时，一位调皮的同学在下面搭腔道："汪精卫的'汪'！"课堂上哄然大笑。董先生正色道："不能这样说。中国自古英雄出少年，你们知道春秋鲁国有个少年英雄叫汪琦吗？他姓汪。"如今几十年过去了，我一直在回想着董先生这开堂课上很特别的"点名"。它不仅使我感受到了董先生的博学，而且使我体味到了先师的善导，如"汪琦"一名，就连《二十四史》中也没法找到。董先生竟即兴道来，可见其胸藏的丰富。董先生就是在这种在别人看来毫无课堂教学章法的轻言慢语中，把知识和人品的甘露灌注到每位学子的心田之中。

瑞中1954届初中、1956届高中毕业的美国纽约科学院院士、上海大学通信与信息工程学院博士生导师钟顺时说：

我在初中时有幸得著名学者董朴垞亲授语文课两年半。他博古通今，谆谆教导，鼓励专心治学，要我们多看课外书，勇于继承光大。记得当时我曾如饥似渴地阅读中外名著，当费尽心机借到一本《三国演义》时，废寝忘食地三四天就看完了。前几年我编写的两本书，普遍反映文字流畅，一本已获全国电子类优秀教材奖。其实我在大学再没有机会学语文，所有文字功底一概源自瑞中。

瑞中1958届初中、1961届高中毕业的陈学奎校友对董老师的教学也记忆犹新：

董老师讲课生动，改作认真，学生每篇习作都仔细看过。那时推行苏联的"五分制"，我发现自己几次作文都得5分，但"5"字却大小差别明显。一次，我特地去问董老师，这是为什么？董老师回答说，原规定80分以上都可打5分，但这一档也应有差别。我认为上80分档的则给个小"5"，够

董朴垞纂述《孙诒让学记（选）》

90分档的就给个大"5"。你仔细看看，我给大"5"的作文，全篇布局、用词是否比给小"5"的好些？从这里足可看出董老师认真的教学态度。

董老师爱书如命。1952年春和林炜然、陈仲坚老师发现申明亭巷一座楼房存放着一批古籍，立即向校领导汇报，最后经温州地委和瑞安县委决定，这批古籍除复本给温州图书馆外，其余3万多册全部划归瑞中，为瑞中成为今日省级古籍重点保护单位奠定了基础。1956年，他调至浙江工学院执教，兼任图书馆馆长。

在执教空暇，他勤于著述编纂，笔耕不辍，对乡邦文献研究做出很大贡献。特别是致力于孙诒让学术思想、著撰论述及活动史事的整理与研究，数十年如一日，纂成洋洋百万字的《孙诒让学记（选）》书稿，叙述了孙氏的家世、传略、交游、学术、著述、治学方法举例、名家评论诸方面，为孙诒让学术思想研究提供了系统全面的丰富史料，堪称史学佳作。

董朴垞老师潜心国学研究，坚持唯物史观，既继承中国史学传统，又吸收西方史学方法，造诣精深，著述宏富，有《清代学术编年》《中国史学史》等著作15部，深受史学界赞许。

杏坛贤师 护法卫士
——张世楷

张世楷（1925—1999），居瑞安县城西山麓。初中就读于瑞中。国立英士大学法学院法律系毕业，积极参加学生爱国民主运动，是英大进京请愿的学生代表之一。1952年开始在瑞安中学、瑞安师范执教语文。退休后从事律师工作。曾任瑞安县第二届至第六届人大代表，政协第四届至第九届常委、副秘书长，温州市第四届政协委员。《瑞安市志》有传。

"植桃栽李鞠躬尽瘁风范梓里，护法颂善正直不阿声震邑城"，这是学生们拜挽杏坛名宿张世楷老师的联语，借此追思张老师毕生从事教育和法律事业所做的奉献。

1941年7月，张世楷从瑞安县立初级中学毕业后，因当时瑞安未设高中，便投考了在抗日烽火中成立的永康新群高中。翌年仲夏，日寇侵扰浙东，新群高中被迫解散，他仓皇逃离回到家乡。9月浙江省教育厅在文成县大峃龙川创办浙东第三临时中学，正为失学而担忧的张世楷于是负笈龙川，成了"三临中"的学生。

龙川离大峃有五公里路，群山环抱，闭塞落后，是一个穷乡僻壤。其时，正值抗战后期，物资匮乏，物价飞涨，省厅拨给流亡学生的补助，可谓杯水车薪。"三临中"的学习与生活环境非常艰苦，住的是简陋民房，吃的是咸菜淡饭，在破旧祠堂里上课，在昏暗的青油灯下夜读，但是张世楷十分珍惜这个重新获得的学习机会，随遇而安，坚持勤奋苦读。

他赋性聪颖，善动脑筋，勤于钻研，从不轻易放过不懂的问题，遇上难题总是反复思考，一定要弄明白才肯罢休。他偏爱文科，对学习语文情有独钟，加上两位语文老师擅长古典文学，古体诗和散文课讲得娓娓动听，这更加深受了他的喜爱，经常在课间情不自禁地高声朗读诗文，直到能背诵为止。

从"三临中"毕业后，他考入国立英士大学法学院法律系。学生时代，他就是一个进步青年，富有正义感，积极投身爱国民主运动。1947年5月，他是英大进京请愿的学生代表之一。在震惊中外的三大学生运动（1946年年底、1947年年初的抗议美军暴行运动；1947年的"反内战、反饥饿、反迫害"的"五二〇运动"；1947年10月的"于子三运动"）中，他爱憎分明，大义凛然，在英大地下党的领导下，和爱国学生战斗在一起，做了许多卓有成效的宣传工作。

1948年8月，他从英大毕业回到家乡，立即与就读外地大专院校回乡的瑞中校友钱旺珍、洪惠如、陈仲河等，筹建"瑞安大学专科学生联谊会临时工作委员会"，担任该会秘书长，并组织举办"瑞安大联暑期补习班"，向学员推介《大众哲学》《历史唯物主义》《共产党宣言》等进步书籍，传播新的历史观点，开展革命启蒙教育。

1949年5月10日，瑞安和平解放，他怀着对革命胜利的喜悦和激情，积极配合党在解放初期的中心工作，热情地为桑梓的父老乡亲，宣传革命形势和党的政策法令，为稳定社会秩序和团结广大群众，发挥了积极的作用。

1951年2月，他在瑞中开始了中学教师生涯。1958年9月调瑞安师范任教，1962年8月重返瑞中。从执教伊始，他就怀着对教育事业的赤诚之心，几十年如一日，兢兢业业，做一个恪尽职守的园丁。大学他学的是法律，在中学教的是语文，本来隔行如隔山，一个改行的人在工作中会有很大的难度，但是他原来就喜爱国文，有比较坚实的基础，加之执教之后，争分夺秒，孜孜以求，且不耻下问，善于向其他老师虚心求教，很快就熟练地掌握了中学语文教学的规律，成为一名优秀的高中语文教师，赢得同行的一致赞赏，被推选为语文教研组组长。

他教学态度认真，讲课重点突出，脉络清晰，深入浅出，通俗易懂。瑞中1959届高中毕业的缪天舜校友回忆：

1956年中学语文分文学与汉语两科，张老师担任我们班（高一）汉语教师。他以精湛的分析讲解、清楚生动的语言，把抽象枯燥的汉语课讲得生动活泼，同学们都感到好懂易记。

瑞中1967届高中毕业的曾云川校友也说：

张老师教学条理很清晰，还引导我养成喜欢看课外书的习惯。

语文同人章毓光听了张老师的观摩课后如此评赞：

他以极强的逻辑思维剖析《天论》，又经由极清晰的语言表述出来，再配以有条有理且风流倜傥的板书，教学格调显得那么高雅、严谨，偌大的阶梯教室里鸦雀无声，仿佛轻轻的一声咳嗽也是对神圣教坛上这位老教师主导出的庄严的不恭。

张老师气质儒雅，不但善于教书，还注重学生道德品行的养成，对学生坚持严要求，既言传又身教，循循善诱，从不板脸孔，也不厉色疾言斥责学生，总是和颜悦色晓之以理，耐心地启发诱导。

他博学多才，能文善诗，书法篆刻造诣颇深，喜爱话剧表演。1957年和朱昭东、张建业等老师组建瑞中教工剧团，公演曹禺的经典话剧《雷雨》，他饰演周朴园，演技精湛，传为佳话。平时为人正直，作风正派，与人共事平易亲和，在担任校工会主席、教研组组长期间，恪尽职守，善于发挥众人的聪明才智，取长补短，共同提高，把工会、教研组打造得生气勃勃，成绩斐然。

从20世纪50年代开始，他就投身社会活动，当选为瑞安县第二至第六届人民代表，担任瑞安县（市）第四、五届政协委员，第六至九届政协常委、副秘书长，祖国统一工作联络组组长和社会法制委员会、文史资料委员会副主任，温州市第四届政协委员，肩负重托，不辱使命，在人大、政协的各项活动中，竭忠尽智，任劳任怨，尽建言献策、勤力兴邦之责。

1982年12月退休后，他并未享受悠闲安度晚年，而是把心血倾注于社会法制建设。他担任律师工作的18年，正是我国加强法制建设，急需大量法律人才之时，法律专业毕业的他可谓得其所，尽其才，适其时。

身为律师，他正派刚直，爱憎分明，以主持公道、伸张正义为己任。对群众反映强烈的"文革"以及"左"倾错误所造成的冤假错案，进行深入调查研究，秉笔直书，提出全面复查，给予平反昭雪。他在深入调查研究后，撰写了《提请复查纠正1957年瑞安城关开展的"反复辟运动"案》，提交温州市第四届政协会议，同时向省、中央做了反映。此案后来得以重新处理，并落实了相关政策，受到社会广泛好评。

他系瑞安市府常年法律顾问、瑞安法学会秘书长，常说：做一个律师，应该自律、自重、自爱，清正廉明。一件本应胜诉的官司，你打输了，固然不是一个好律师；而本应败诉的官司，你打赢了，也不是一个好律师。律师工作不能拿原则做交易，不推波助澜，更不助纣为虐，要正气浩然，高洁自恃，刚肠侠胆，铁骨铮铮。正是抱着这样的理念，他办过不少大案要案，引人注目，在温州地区名重一时。

惟贤惟德 风范昭人
——王从廉

王从廉（1923—1994），乐清高园村人，1949年毕业于浙江大学历史系。先后任温州师范团总支书记、瑞安中学副校长兼教导主任、瑞安师范学校副校长。1958年受错误处理，1979年获平反。1980年当选为瑞安县第四届政协常委，享受离休干部待遇。

王从廉

王从廉老师是"瑞中十老"之一。老校长项维新先生在《怀章远》一文中说过"瑞中十老"的由来：50年代初期，我们都在瑞安中学工作，后来又在教育战线上同受风雨的洗礼。80年代中期，我们在瑞中共事过相知较深的十位教师，时常过往，怀旧说今，颇得共乐，有几年还轮流做东聚饮，自称"十老"。

"瑞中十老"中的项维新、杨谟、王从廉、方镜仁、马允伦、张世楷、陈章远、冯志清、胡跃龙、朱昭东老师，他们在新中国建立后，分别担任过瑞中的校长、书记、副校长、工会主席、教导主任和教研组组长，在旧教育向新教育转变的过渡时期，是瑞中建立新的教学秩序、新的教学理念和新的管理制度的领导力量，也是瑞安教育事业鼎力革新的先行者，德高望重，深受业内人士的崇敬。

王从廉出生于乐清象山南麓的高园村，系南宋状元王十朋的后裔。天资聪颖，智力超群，学习勤奋，深得师长的赞许。高园村虽是状元后裔聚居地，历史上却没有出过读书成名的达官显贵。累世务农的祖父，见从廉年幼懂事，热衷学业，全力资助培养他读书成才，盼其光耀门庭。

王从廉不负长辈和老师所望，1939年以公费考入省立温州中学初中部，毕业后又以优异成绩，公费考进省立临时联合高级中学（联高）。初高中的六年求学生涯，正值抗日战争时期，为避战乱，温中搬迁至青田县水南村，以寺庙、祠堂、民房和搭建的茅棚，作为教学和生活用房，生活非常艰苦。联高则办在偏僻的文成南田，山高路远，交通闭塞，物质条件极差。然而，王从廉没有畏难气馁，自觉接受命运的挑战，克服物资匮乏、环境恶劣等重重困难，勤奋苦读，乐观豁达，学有所成。

"这六年中，我学业上进步较快，成绩一直居于班级前头。同时，由于实际生活的锻炼，也逐步培养起憎恨日寇、热爱祖国、艰苦奋斗的思想和作风。"王从廉很珍惜这段艰难的岁月。

1945年夏他从联高毕业后，以公费考入浙大文学院历史系。其时抗日战争已经取得胜利。在美丽的西子湖畔，他如饥似渴地上课听讲，自学文史典籍。在发愤读书、潜心学问的同时，自觉接受革命道理，积极参加"反饥饿、反内战、反暴行"的学生民主运动，坚持与进步同学一起秘密学习列宁、斯大林著作及毛泽东的《论联合政府》《新民主主义论》，夜间偷偷地收听解放区的电台广播，向往新中国的诞生。

杭州解放时，他从浙江大学毕业，又在浙江干部学校学习了两个月。1949年8月，分配到温州专员公署教育科工作。怀着建设新中国的热情，他甘于吃苦耐劳，作风勤奋踏实，博得大家的好评。同年11月，被任命为温州师范学校教导主任。他更加积极向上，要求进步，1950年加入了中国新民主主义青年团。不久，被任命为温州师范团总支书记。同年12月，被抽调参加平阳县土地改革，任命为郑楼乡土改工作队队长。

1951年8月，温州专署任命他为瑞安中学副校长主持工作（校长空缺）。翌年2月，又任命他兼教导主任，直至1954年8月。在新民主主义教育向社会主义教育的过渡时期，他既管教学，又管学生思想教育，为摒弃旧的传统教法，推进新的教学方法，建立新的教学秩序，呕心沥血，尽职尽力。一些学生与同人至今仍记忆犹新：个子矮小的王校长，里外操劳，事无巨

"瑞中十老"合影,王从廉(前左一)(1983)

细,说着浓重乐清口音的普通话,整天连走路都是匆匆忙忙的,不仅要制定教育教学管理的各项规章制度,并要负责检查执行,还要指导团委、学生会、少先队,组织学生开展各项活动。

1951年冬至1952年春,瑞中教师董朴垞、林炜然等发现城关申明亭巷一座楼房内存放着几万册古籍,即向王从廉副校长反映。他获知后即实地调查,并向瑞安县县长张洪勋报告,要求将这些古籍划归瑞中,以便发挥作用。此时温州图书馆也坚持要求保管这批古籍,经王从廉的据理力争,温州地委和瑞安县委最后决定,这批古籍除复本给温州图书馆外,其余3万册古籍全部划归瑞中。1979年他又牵头整理古籍,通过清理粗分、分类入架、查漏补缺、登记造册等一系列工作,使古籍得到妥善收藏。2014年,瑞中图书馆被列为省级古籍重点保护单位,在全省中小学中唯一获此殊荣。王从廉可谓功不可没。

1953年,王从廉当选为瑞安县人民代表和瑞安县人民政府委员,并于1956年6月加入中国共产党,这是他人生最美好的一个时期。在《自传初稿》

中他写道："我是在无经验的情况下,凭着一股革命热情,坚持学习马列主义和社会主义教育理论,遵循党的方针政策,团结全体教职员工,大胆而谨慎地从事教育实践,逐步改革旧的教育制度,建立新的规章办法,使瑞安中学成为社会主义学校……"

1956年3月,他被任命为瑞安师范学校副校长(校长空缺),负责建校筹备工作。在短短的两年里,他不辱使命,任劳任怨,兴建建筑面积5500平方米的校舍,先后招收普师班、速师班、幼师班、艺师班,并建立函授部,使瑞安师范教育事业有了新的发展。

他为人严以律己,洁身自好,谦恭礼让,忠孝两全。在"反右运动扩大化"中,却遭人陷害,蒙受不白之冤。

"1957年,开展整风和反右斗争,国内开始出现极'左'思潮,一些自称'革命者'竟颠倒黑白,罗织罪名,对我加以陷害,当时我在无法进行申辩的情况下,受到校长撤职、工资降级等无理的处分。然而我自己十分清楚,我自参加革命以来,对于人民事业,扪心无愧。历史是人民写的,人之功罪,人民自有公论。"他在自传中如此叙说。

撤职、工资降级,及随后的三年困难时期,又遇上1961年的"精简",全家七口除他之外,口粮关系全都迁至原籍,使他陷入前所未有的困境。因家庭生活窘迫,就读小学的子女被迫辍学,去生产队挣工分以补家用。这对崇尚教育、舐犊情深的父亲无疑又是沉重的精神打击。

1962年瑞安师范学校撤销,他作为历史教师重返瑞中。其时,他穷困潦倒,身心俱损,好在有热心的同事和学生,纷纷伸出援手,凑钱为他缓解燃眉之急。他一一记在本子上,待日后逐一归还。这段日子过得相当艰难,但依然初心不改。他说:"我重新被调入瑞安中学任历史教师。那几年中,我精神上受到了极大的折磨,生活上碰到了不少困难。但是,为了革命和家庭生活,我一如既往地为培养年轻一代而辛勤工作,最后以至于积劳成疾。"

1979年6月,中共瑞安县委为王从廉平反,恢复政治名誉。1980年他当选为瑞安县第四届政协常委,1986年享受离休干部待遇。

民办教育的探路者
——曹振铎

滋兰树蕙 瑞安中学前辈名师风采录

曹振铎(1913—2004),河北安国县人,1935年考入北京大学,主攻化学,从"西南联大"毕业后再就读于黄埔军校,成为黄埔军校第七分校第二期军官生。毕业时先留校任科员,后任国民政府陆军部新闻处机要秘书、杭州中正中学事务主任。1952年8月任瑞中化学教师,1983年退休。1987年秋创办瑞安市私立实验中学,荣获"优秀民办中学创办者(校长)"、瑞安"教育功臣"等称号。

曹振铎

1993年12月,浙江省教委授予80岁高龄的曹振铎先生"优秀民办中学创办者(校长)"称号;1999年瑞安市政府授予他"教育功臣"称号,褒奖他为民办教育事业做出的突出贡献。

1935年曹振铎考上北京大学,主攻化学专业。1937年7月7日"卢沟桥事变",抗日战争全面爆发。北京大学、清华大学和南开大学三校合并,成立"国立西南联合大学"。曹振铎在西南联大尚未毕业,抗战已经到了紧张激烈的相持阶段。在中华民族生死存亡的关键时刻,他和许多有志报效祖国的热血青年一样,毅然投笔从戎,以优异的成绩被黄埔军校录取,成为黄埔军校第七分校第二期军官生。

1941年,曹振铎从黄埔军校毕业,被留校担任少尉科员,后升迁为中校主任科员,被提拔到国民政府陆军部新闻处担任机要秘书。1948年任命为杭州中正中学(官僚子弟学校)事务主任。翌年在西安西北中学任化学教员。

1950年1月，他投考温州防治站被录用为技工。1952年8月经温州专署调配，安排为瑞安中学化学教师。从此，他面对讲台，背靠黑板，无怨无悔地为教育事业奋斗了一辈子。

化学是他的当行本色，登上讲台，就表现得与众不同。他的讲课，目的明确，信息量多，深入浅出，方法巧妙，节奏明快，气氛活跃，很受学生欢迎。在教学实践的锤炼中，他在化学教学上得心应手，成为相当出色的化学教师，担任了瑞中化学教研组组长。

他爱岗敬业，性格耿直，责任心极强。遇到同学上课分心，会严厉斥责，有时甚至会骂人。

瑞中1984届高中毕业生，现复旦大学会计系主任、博士生导师洪剑峭回忆说：

当年在瑞安中学读书时，曾经因为参加全国中学生化学奥林匹克竞赛仅获二等奖而被曹振铎老师叫到办公室痛骂了一顿。被骂过之后，自己的学习认真多了。今天能取得这样的成绩，就是因为当年碰到了像曹老师这样的好老师。

1985届高中毕业的陈斌在《那些尘封的记忆》中说：

曹振铎老师教我们上课时已是70岁高龄，满头银发透露着他从黄埔军校毕业生到人民教师的变迁。他以幽默、生动的讲解，用烃基为武器为我们打开了有机化学的大门。

曹老师70岁时才从教学岗位上退了下来。"老骥伏枥，志在千里"，即便退休，他也不愿待在家中过清闲安逸的生活，继续在有生之年发挥余热，为教育事业再做新贡献。1984年秋，瑞安民盟根据社会的需求和盟员智力优势，创办了瑞安飞云进修学校，聘请瑞中数学教师戴望强和他负责学校日常事务，在他们的努力下，取得了不凡的成绩和影响力。于是，他俩便开始琢磨能不能自己也办一所学校。

在改革开放的大潮中，民办教育有了生存与发展的空间。在广大家长强烈渴望子女能接受高中教育的呼唤声中，戴、曹两人认为自己办学的条

曹振铎老师工作照

件已经成熟，在市政府、市教委和广大学生家长的大力支持下，在1987年秋创办了瑞安市私立实验中学，戴望强任校长，他任副校长。这是瑞安解放后第一所自负盈亏的私立普通高级中学。

万事开头难，白手起家更是难上难。学校创办伊始，既无校舍，又无资金，他和戴望强校长凭着对教育的满腔热情及高度的事业心，撸起袖子干了起来。第一年租用城北村的一个旧畜牧场做校舍，这里阴暗、潮湿、环境差，然而学校狠抓教学管理，教学成绩较好，高考上线率达到39%，赢得社会普遍关注，吸引了广大家长的眼球，新学年学生纷至沓来。随着办学规模的扩大，又先后租用了瑞安市委党校和市总工会的教室，但仍然不能满足教学的需要。建造校舍成为全校师生的迫切愿望，然而三年办学所收的学费，在分发教师薪金之后已所剩无几，建设校舍的巨额资金又从何而来？

在面临重重困难之时，又遇到一个沉重打击，老搭档戴望强老师积劳成疾，1991年不幸去世。忍痛送别了老友，他独立支撑起建校大局，想方设法筹集资金。先向市教委、财政局借款，向银行贷款；再向学生家长发倡议：凡自愿向学校捐资者，子女可享受优惠待遇。这个倡议得到家长的积极响应，在社会各界的大力支持下，实验中学的基建项目飞速上马：1991年10月破土动工，1992年4月新教室即投入使用。在不到一年的时间里，一幢三层教学楼，一幢四层学生宿舍，一幢三层综合楼及食堂餐厅相继落成。

解决了校舍问题，一个更严峻问题又摆到他的面前：教学质量是学校的生命线，如何进一步提高教学质量呢？他牵头制定《实验中学发展的若干规定》，明确提出教育教学质量的目标：要在三年到五年内，达到本市同类学校的中上水平，力争在建校十周年之时，实现"管理严、校风好、设备全、师资强、质量高"的办学目标。为此，他根据教育方针和"四有"新人的要求，提出"勤学、守纪、求实、奋进"的八字校训。 参照借鉴浙江省首批办好的18所重点中学之一的瑞安中学有关管理文献，结合本校实际，制定了一整套学校管理制度。同时加大德育工作力度，要求德育工作须从日常教学做起，每一位教师要自觉做一名德育工作者，既教书，又育人；从小事抓起，教育学生养成良好的学习生活习惯。

学校发展靠教师，教师是办学的主力军。他明确规定：应聘的教师，不论本地或外地，都得过"五关"（学历、考试、试讲、说课和健康），不唯资历而唯能力，精挑细选年富力强、经验丰富的教师，坚持科学管理，教学、教研双管齐下，齐头并进，取得显著的成绩，赢得了学生家长的普遍赞誉和社会的广泛信赖。

耄耋之年的曹老，仍不忘初心，老当益壮，把自己全部精力和智慧投入办学之中，学校效益逐年趋好，声望逐步提高，为私立实验中学的发展奠定了坚实的基础。2005年、2006年分别获得中国民办教育联合会授予的"全国先进民办学校""中国品牌学校"称号。

作为黄埔军校毕业生，曹振铎先生十分关心祖国的统一大业，多次通过黄埔军校同学会，给中国台湾地区《中国时报》董事长、国民党中常委余纪中老师，以及国民党海军陆战队上将总司令孔令晟同学，要求他们为祖国统一大业出份力。直到临终，他还念念不忘祖国的统一，时常低声吟诵陆游《示儿》中的诗句："死去原知万事空，但悲不见九州同。"对自己没有机会亲眼看到一个完全统一的中国感到非常遗憾，希望儿女及后世子孙们能精忠报国，为中华民族的伟大复兴竭智尽力。

学生心目中的恩师
——张德坤

张德坤（1920—2000），安徽歙县鲍家庄人，1943年在浙江大学数学系肄业后，曾执教于淳安严州师范、严州中学、盐城中学、昆山中学。1949年8月参加革命工作，1952年8月调瑞安中学任数学、物理教师，曾任数学、物理教研组组长。1958年5月因历史问题受到行政开除的错误处理，1981年5月瑞安县人民政府给予平反，恢复公职。1983年离休，享受县处级干部待遇。

张德坤

业精为师，德高为范。做一个学生所喜爱的好老师，应是每个教师所致力追求的目标。然而，做一个好老师不易，若做一个学生心目中的恩师，那就更难了。但是，张德坤老师做到了！

新中国成立后，张德坤老师经过华东人民革命大学的短暂学习，又在绍兴地委和衢州专署工作了三年，1952年8月被分配到瑞安中学担任数学教师。刚到学校时，经常穿着一身蓝色干部服，头戴蓝色解放帽，脚穿黑面白底布鞋，踱着方步，好多同学都猜测他一定是个"南下干部"。与他接触后，同学们发现张老师特别平易近人，圆圆的脸庞常挂着笑容，平时一句口头禅"好得来"，亲和力特别强，引得同学竞相模仿。

他待人热情、和蔼可亲，师生关系十分融洽。同学在学习上遇到什么疑难问题，喜欢到他寝室里请教，有时连中午休息时间寝室也坐满学生，但张老师从不嫌烦，总是十分耐心地为大家指导、讲解。有一次高考结束后，部分同学提出请他补习"解析几何"（当时的高中教材此内容被删除），他亦欣然应允，为这些同学无偿补课了好几个星期。

瑞中1954届高中校友王鉴中在《缅怀恩师张德坤》一文中回忆：

张老师1952年调到瑞中担任数学教师，因我们班缺物理教师，张老师"客串"来教物理。高二下半年，教我们数学的王懋椿老师调浙师院了，张老师又兼教数学，直到我们1954年高中毕业。1954年高考，我们班仅有30人参加，大部分同学数理化考得好，所以考上的大都是理工科大学。其中有北大、交大、南大、同济、南开、浙大、复旦、厦大、南工（今东南大学）、北钢（今北科大）和华东师大等著名院校。这与张德坤、王懋椿、曹振铎等老师很高的教学水平是分不开的。

张德坤系安徽歙县人，1946年7月毕业于浙江大学师范学院数学科，曾担任过淳安严州师范、盐城中学、建德严州中学、昆山中学的数学教员，对数学教学颇有造诣，从任教瑞安中学开始至1958年，他一直担任数学教研组组长。学生对他相当敬佩，赞其讲课如庖丁解牛，游刃有余，思路清晰，重点突出，讲解透彻又不拖泥带水，每堂课下来，都会感到有很大的收获，而且学得一点也不累。后来成为中学数学高级教师的瑞中1955届高中校友钟兆楷回忆说：

我的视力极差，因为个子高，只能坐在最后一排，黑板上的字，一个也看不清，仅靠听张老师讲课的声音，结果都懂了，很轻松。

瑞中1955届高中毕业、被誉为我国航天工业"顶梁柱"的博士生导师黄本诚在《怀念中学时期的恩师》一文中说：

张德坤老师讲课深入浅出，我曾去过他的二层小楼的住所请教，他谈笑风生，平易近人，不仅让我懂得了电学、力学、声学、光学等的原理、定律、发展过程等基础知识，同时了解了国内外科学家的发明、创造与艰苦奋斗的历程，激励我向科学进军，攀登科学高峰。张老师的事业心、师生情，及精神、人格、魅力，是难以用语言去描绘的。

张德坤老师的教学特点是从来不搞"题海战术"，布置的作业并不多，但有代表性，也不乏题型新且有一定难度的，尽可能让学生们开拓思维，因而深受学生的欢迎。瑞中1954届高中毕业生，现为中科院院士、天体力学家的孙义燧说：

> 张老师是授人以渔，不是授人以鱼，使我有较强的解题能力。高考时拿到试卷，感到自己都能做，一点也不紧张，进入大学后，能很快适应新的学习环境和学习方法，学得很自在。

张老师有很强的事业心，十分关心每个学生的成长，经常为学生个别辅导，当面批改作业，耐心地答疑解惑。高考前夕，他会根据每个学生的学习情况及个性特点，主动热情地指导同学们填报志愿。孙义燧回忆说：

> 张老师教我们班数学、物理，课教得有趣生动，让当时的我非常着迷，成绩也不错。当年高考，他建议我要报就报全国最好的专业——北大物理系或南大天文系，在他的指点下，我误打误撞地与天文学结缘。

孙义燧校友后来毕业于南大天文系，成为中科院院士、天体力学的领军人物，他对恩师感激不尽，说："张老师是我走上科学道路的指路人。"

在高中数学、物理教学上得心应手的张老师，其出色的教学被一场降临头上的厄运终止了。1958年5月，他因历史问题被列为反动党团骨干分子，处以管制三年、劳动教养、行政开除的处分，被迫离开了自己心爱的讲台。如果没有这个劫难，他一定能为国家培养更多的优秀人才，也会有更多学生称他为恩师，然而命运有时就这么不公。

在那个极"左"的年代，一个"政历有污点"的外乡人，手无缚鸡之力，又无社会人脉，能在社会上做些什么呢？他无奈在温州一个小巷口摆了一个补鞋摊，一名出色的高中教师沦为补鞋匠，替人补鞋以维持生计，生活维艰无以名状。幸好度尽劫波公理在，1981年5月，瑞安市人民政府为他平反，落实政策，恢复公职，结束了他23年的苦楚日子，重新返回瑞安中学执教，然而岁月不饶人，终因年老体衰，旋即便彻底告别了教坛。

作为张德坤老师得意门生的孙义燧，虽然离开家乡多年，但时时惦记着他的恩师。1996年通过辗转联系，终于联系上了分别42年之久的张德坤老师，此后常有书信来往。知道老师际遇不佳，怕当面给钱会伤了老师的自尊，便通过寄钱方式表示自己的心意。有一年，孙义燧校友特意把全国天文学会年会安排到家乡瑞安召开，以便去温州看望张老师。会议期间，瑞安市领导盛情招待孙义燧院士，问院士有什么需要帮助时，孙义燧回答说："我个人没有什么需要帮助，我的老师张德坤先生现在身体很差，请多多关心他吧！"当时的副市长林锦麒了解情况后，立即组织瑞中工会，带上人民医院的医师，赶赴温州为张老师体检。此后，张老师经常得到瑞中的关心和照顾。孙义燧院士每次回到温州，一有机会就与同学们去拜访恩师张德坤。

何谓恩师？真正能称得上恩师的老师，是启迪你的思想，让你明确人生正确方向的人；是你人生发展的重要阶段或遇到困难之时，及时施与援手，给你帮助的人；是以他的人格魅力，影响你一生的拥有正能量的人。张德坤老师不愧是学生心目中的恩师！

宽仁厚德 润物无声
——李方成

李方成（1917—2007），浙江乐清人。1938年任乐清青年服务团清江办事处主任，1939年加入中国共产党。曾任中共乐清中心县委《时事简报》（通俗版）和《工农报》《浙南周报》括苍分社编辑，括苍中心县委宣传科科长，温州地委宣传部教育科科长。1952年至1961年任瑞中政治、历史教师，政治教研组组长。离休后在乐清市委党史研究室任顾问。著有《往事追忆》《风雨生涯》。

李方成

李方成老师年青时就从事革命活动，是位老革命、老党员。1952年8月调瑞安中学执教政治、历史，担任过政治教研组组长。

瑞中1956届高中毕业的华东师范大学胡方西教授回忆：

方老师时年30刚出头，平时衣着极其简单，戴一副高深度的眼镜，为人非常随和，教我们政治课。教材内容主要是《中华人民共和国宪法》，就教材本身来看是条文式的，要引起学生的兴趣是有一定难度的。但李老师讲课时充实了很多实例和资料，引起大家浓厚的学习兴趣，加上他那原汁原味的"乐清腔"，顿时使学生们觉得听他的课也是一种享受。偶尔，我们私下也议论，这李老师恐怕有一定"来头"。原来李老师1939年就加入中国共产党，是位老党员、老革命，还是一个搞宣传工作的能手，所以教我们的政治课会如此生动，此乃轻车熟路。但对此他从未自我宣传过。

早在温州中学读书时，李方成就组织同学成立野火读书会，积极参加抗日救亡运动，因此遭到学校当局退学处理。复学后仍参加党的外围组织活动，坚定走抗日救国的道路。

1938年，他放弃考大学机会，也不顾新婚宴尔，不贪图富裕生活，奔赴穷乡僻壤搞革命。当年6月，中共乐清中心支部为便于开展工作，将大荆、白溪、清江和西乡各个农村青年服务团合并，成立了统一的抗日群众组织——"乐清青年服务团"，并在鲤鱼山村成立"乐清青年服务团清江办事处"。经邱清华提议，李方成任办事处主任。由此，鲤鱼山村的抗日救亡运动搞得热火朝天，禹王庙大戏台上经常演出《醒狮》《铁蹄下的吼声》等现代话剧、文明戏，以揭露日寇侵华暴行，激发民众抗日斗志。李方成和乐清老一辈革命者邱清华、郑梅欣等多次一起参加演出。鲤鱼山村还组织建立了"儿童团""妇女识字班""农民夜校"，让穷苦农民学文化、学知识、学唱抗日革命歌曲，提高阶级觉悟，支援抗日救亡斗争。

1939年9月，李方成加入中国共产党，随之政治气候日趋恶化，他不畏白色恐怖，与一些同志转入地下，坚持隐蔽斗争。1944年7月，他被叛徒出卖而被捕，但没有泄露党组织机密，表现了共产党员应有的气节。出狱之后，继续开展地下宣传工作。1945年2月，中共乐清县委领导虹桥起义，成立乐清人民抗日游击总队，下设秘书处，他担任秘书，在自家小楼聚会开展活动。

1946年他秘密组织乐清中学的师生，建立"七人读书会"，也叫"中心读书会"，以此开展青年工作，分头组织下属的青年读书会，推荐阅读进步书刊，开展革命启蒙教育，还多次星夜在县城张贴革命标语，震慑敌人，激励民众勇敢斗争。

中共乐清县党史第九章第七部分《加强宣传工作》中有这样的记载：1948年1月3日，中心县委出版了《时事简报（通俗版）》，由李方成负责编辑……同年8月该报改名《工农报》，由郑梅欣任主编，李方成为编辑，其内容从原来的单纯的时事报道，增版了小言论、小常识、工农习作、文艺专栏等，发行量1300份……

瑞安解放前夕，他曾担任《浙南日报》括苍版编辑、括苍中心县委宣传科科长、括苍支队文工队副队长，编导过《白毛女》《小二黑结婚》《渔夫恨）等剧本。温州解放后，任乐清县府秘书、温州地委宣传部副教育科长、温州干校副大队长、《浙南日报》编辑等职。1952年被降职转任教师。

他教学认真，工作负责，瑞中1954届高中校友董邦龙在《我们的班主任——李方成先生》中回忆：

> 李先生原籍乐清，身材消瘦，来到瑞中就担任我们的政治课兼班主任。在教学上一丝不苟，他认为业务能力是教师站稳讲台的基础，是做教师的生命线，务必备好每节课。当时没有教材，只有提纲，为了上好课，不分昼夜搜集资料。李先生家离我们宿舍只有一箭之地，我睡在靠东窗，有时半夜醒来，发现李先生房间灯光通明，此时此刻李先生还在伏案备课，为了给我们系统知识，他不知熬过多少不眠之夜。政治学科可以不布置作业，可是李先生还是自编题目，每周选择2至3题给我们练习，嗣后还精批、面批，实在难能可贵。

李方成老师十分眷恋在瑞中工作了9年的这段岁月。2003年4月18日，他与昔日学生团聚瑞中，叙旧言欢，共话人生后，在《上海瑞中校友通讯》发表《永远难以忘怀的一天》，深情地感怀：

> 忆往昔我和32位同学朝夕相处，师生平等，几年中彼此没有红过脸，班级像温暖和睦的大家庭。实话实说，我没有受"龙生龙，凤生凤，老鼠生儿打地洞"形而上学极"左"思想的影响，对不同家庭出身的同学一视同仁，深得同学们爱戴，几十年来彼此怀念着，并保持着联系。

他与学生亲密无间，对同学爱护有加，这可在许多学生的回忆中得到印证。瑞中1957届高中毕业的杭州大学潘仲麟教授在回忆中说：

> 1956年暑假后，我们升入高三，一位戴着镜片特别厚的近视眼镜，操着浓重乐清乡音，和蔼慈祥的老师接任我们的班主任。他就是深受历届同学崇敬的李方成先生。他讲授的政治课没有枯燥乏味的通病，内容丰富，观点鲜明，敢于阐明自己的观点，课堂生动活泼，大家都喜欢听他的课。他对待我们既严格又宽容，就像对待自己的子女一样。我们毕业前夕正是"反右"运动高潮，我班不少同学出身非工农家庭，但他对学生一视同仁，切实执行"重在本人表现"，鼓励这些同学努力学习，这在当时是极不容易的。

在他的爱护下，不少出身不好有才华的同学升入高校，如胡鸿璋同学升入北大物理系，学业优秀，毕业后分配在天津大学任教，成绩卓著，现在已是知名度颇高的教授。

李老师宅心仁厚，为人亲和，处处事事为学生着想，关心学生的健康成长，董邦龙校友深印心底的一件事，历经半个世纪仍记忆犹新：

一次在运大米后我着了凉，体温很高，李先生得知后赶来看我，坐在床头语重心长对我说："你担任学生会膳食委员会副主席，工作积极，干起活来就忘记一切，几千斤米搬进米仓，出了这么多汗要及时擦干或热水洗个浴，往后干活出了汗到我家打点热水，切勿遗忘……"讲后回家拿来开水和清淡小菜，叫我趁热吃饭，好好休息。

1954年10月，李方成因1944年"被捕自首"之事被开除党籍，这给他的人生带来很大的磨难。直至1983年2月，中共瑞安县委撤销原处分决定，其党籍才得以恢复。

李老师步入耄耋之年时，学生依然对他思念在心。2002年，瑞中1954届高中学生派代表去温州拜望，令他欣喜不已，在与学生合影照片后题诗曰：

阔别转瞬四八年，鹿城重叙乐无边。

惟怪老园耕耘少，喜看绿荫盖蓝天。

《工农报》　　　　　　　　　　　《浙南周报》括苍版

鞠躬尽瘁 情洒教育——戴望强

戴望强（1928—1991），瑞安白门乡（今属丽岙镇）下墩村人。上海复旦大学经济系肄业。1952年任瑞安中学数学教师，担任过数学教研组组长。历任青田中学、玉环中学、瑞安师范学校的数学、物理教师，瑞安市实验高级中学校长、瑞安数学学会理事长，瑞安民盟组织部部长、瑞安市第五至第七届政协委员。《瑞安市志》有传。

戴望强

　　戴望强老师大学就读于上海复旦大学经济系。求学期间就是一位思想前卫的爱国青年，富有正义感、责任心，在进步思想的影响下，积极参加学生爱国民主运动。瑞安解放前夕，为推翻反动派的黑暗统治，毅然参加中共瑞安县委领导的地下组织，投身革命，向往新中国的明天。

　　他所学虽非师范专业，但对教育情有独钟，毕生以教书育人为职业。入职起初担任青田中学、玉环中学的数学教师和教导主任，1952年以后任瑞安中学数学教师、数学教研组组长，瑞安师范学校数学、物理教师，教书育人30多年，粉笔写春秋，桃李满天下。

　　1978年，戴望强老师应瑞安教育局的要求，深入各区做《集合与对应》的巡回学术报告，他精心准备，不辞辛劳，以生动通俗、深入浅出的演讲，受到听众的好评与欢迎。

　　1979年，科学的春风吹遍神州大地，激荡起重视科学研究、尊重知识分子的洪流，经瑞安县科学技术委员会批准，瑞安县数学学会成立，在数学界颇有声望的戴望强老师担任首任理事长。数学是一切科学的基础，为尽快提升数学教学的质量，他力倡创立瑞安市数学竞赛委员会，培养更多更好的数学人才。

20世纪80年代初，电子计算机应用技术逐步得到推广。1984年6月，经浙江省教育厅批准，瑞安中学建立电子计算机教学中心，配备了苹果机1台，RI机12台，由戴望强老师负责筹建计算机房，并组织数学教师学习计算机操作。11月，经温州市教学仪器站验收，114平方米的瑞中计算机教学中心正式投入使用，计算机应用技术进入课堂教学之中。当年，戴望强老师被评为瑞安市先进科技工作者。

1983年，戴望强加入中国民主同盟，1984年任民盟温州市委瑞安直属小组副组长，1985年任民盟瑞安支部宣传委员。1989年瑞安民盟通过选举产生第一届委员会，他担任了组织部部长。在全面建设社会主义现代化的新征程中，他不忘初心，以家国情怀激发使命担当，关心国家大事，关心瑞安教育事业，担任过瑞安市第五届至第七届政协委员，兼任教育组副组长，积极参政议政，多次被评为政协工作积极分子和教育先进工作者。

1984年秋，瑞安民盟小组根据社会对教育的需求和盟员的智力优势，创办了瑞安飞云进修学校，为企业青年工人补习文化，为社会青年高考复习功课，提高瑞安民众的整体教育水平，并指定戴望强和瑞中离休教师曹振铎一起负责学校的日常事务。两位老教育工作者不负众望，认真负责，积极配合，学校取得了不凡的成绩和影响力，同时也获取了不少办学经验。于是，他俩便开始琢磨能不能自己也创办一所学校。1986年2月，戴望强获准离休。同年6月，光荣地加入中国共产党，实现了自己多年的夙愿。站立在鲜红的党旗下，举起右手庄严宣誓那一刻，他心情澎湃，下定决心要退而不休，为教育事业再立新功。

1987年，在改革开放的大潮中，高中教育受到民众的高度重视。但是，公办高中的有限资源，满足不了广大家长强烈渴望子女能接受高中教育的需求，因而民办高中具有了生存与发展的空间。遵照"人民教育人民办，办好教育为人民"的宗旨，戴望强与志同道合的曹振铎老师决定创办一所全日制的私立高中，以满足人民群众的需求。他俩急群众所急，忧群众所忧，解群众所难，多次拜访瑞安县教委、县政府和温州市教委，递交有关申办材料，陈述办学夙愿。在他们的努力下，瑞安市私立实验中学终于获准创办，戴望强任校长，曹振铎任副校长。这是瑞安解放后第一所自负盈亏的私立普通高中。

学校创办伊始，一无所有。他与搭档曹振铎不畏困难，撸起袖子就干了起来。当年秋季就面向社会招聘教师，其中有教学经验丰富的退休老教师，也有名牌大学刚刚毕业的新教师；在城北租用了教室和办公室，招收了首批43名初中毕业生。开学之后，他一心扑在学校的工作上，每天早出晚归，为学校大大小小的事终日操劳，千方百计理顺关系，办好学校。随着办学规模逐渐扩大，教学质量逐步提升，学校的社会声誉也越来越好，赢得人们的普遍关注。

学校又先后租用了瑞安市委党校和市总工会的教室，但仍然不能满足学校发展的需要。其时，校舍问题已经成为私立实验中学进一步发展的瓶颈，建造自己的校舍成为全校师生的迫切愿望，为此他们付诸了建校行动：申请工程项目，选择校址，筹集资金，向市教委、财政局借款，向银行贷款，向学生家长发出捐资的倡议等，在社会各界的大力支持下，1989年，瑞安市计划委员会批准同意瑞安市私立实验中学新校舍工程立项，校址选择在交通便利、环境幽静的西河小区环城河畔，1991年10月破土动工。不到一年的时间，1992年4月新教舍即落成并投入使用。可是戴望强老师因积劳成疾，于1991年离开人世，遗憾没能看到私立实验中学新校园的新气象。

戴望强老师毕生奉献于教育事业，爱岗敬业，努力开拓，用心去谱写对教育的忠诚，用爱去诠释师德师风，树立起师者的楷模，受到人们的崇仰。他曾任瑞安数学学会理事长、温州市数学学会理事、瑞安市小学数学研究会顾问，论文《平面几何起始课要加强与小学几何知识的联系》发表于理科综合类期刊《数学通讯》。

一片丹心育桃李
——马龄

马龄（1921—？），原名陈振伦，湖南大庸后坪人。小学毕业后通过自学，成为《文汇报》记者。1947年8月投奔括苍游击区参加革命，负责创办党内报纸《时事简报》。1949年担任《浙南日报》编辑。1953年调任瑞中语文教师。60年代初受到不公正的处分，回湖南老家任教。粉碎"四人帮"后，落实政策，恢复名誉。

马龄

　　马龄并不是马老师的原本姓名，而是他1947年在括苍游击区时的化名，后来一直沿用化名，以至于许多人都不知他的真名实姓了。

　　马龄老师本姓陈，名振伦，湖南大庸（张家界）人。只有小学毕业学历，但通过刻苦自学，具有较好的文字功底。20世纪30年代初，疾恶如仇的他在《大庸民报》发表的《石仲衡：武装贩运鸦片》，引起官坪乡乡长石仲衡的恼怒，扬言要杀他，遂逃离大庸。

　　抗战期间，他写了不少抗战作品。1947年在国民党要员举行的一次记者招待会上，他作为上海《文汇报》记者，提出一个尖锐敏感的问题，令要员十分尴尬，并引起国民党当局的注意。为了安全，当年8月他毅然离开报社，投奔括苍游击区参加革命。括苍中心县委赏识其才，委以重任，令他负责创办党内报纸《时事简报》。由此，他独自负责收录陕北新华广播电台、华东广播电台以及河北邯郸新华广播电台的新闻，并整理编辑，共刊出了《时事简报》38期，使游击区战士们能及时听到党中央和解放区的声音，极大地鼓舞了革命斗志。

1948年10月，浙南特委在永嘉县云岭乡创办《浙南周报》括苍版，他担任编辑和电讯工作。温州解放后，温州特委将《浙南周报》改为《浙南日报》，由马龄担任第四版编辑。他撰写的瑞安阁巷乡劳动模范苏芝贤随团访问苏联集体农庄的一篇通讯，曾给不少读者留下深刻的印象。

1953年11月，他从《浙南大众》报社调到瑞中任教，担任初三两个班的语文教学，并兼任甲班班主任，开始了完全陌生的教书生涯。从一名记者、编辑到中学语文教师，这个瞬间的角色转变，对他来说也是艰难的过程。从毫无教学经验的"外行人"，到逐渐成为挥洒自如的高中教师，源于他对教育事业的崇仰，以及真诚的教学态度和好学的刻苦精神。

瑞中1954届初中毕业的方浦仁校友撰写的《回忆马龄老师》，做如此的描述：

我记得非常清楚，当他第一次走进课堂时，身穿一件灰色的棉大衣，带着一个罐头匣子放在讲台一角，开口说今天我伤风咳嗽，匣子是吐痰用的。接着在黑板上写了马龄两个大字，并做了自我介绍。令我记忆最深的一句是，我是小学毕业，学历比你们还低，不一定能保证把书教好，但我会努力的。老师与学生初次见面，毫不讳言自己的小学学历，自曝家底，他的虚怀若谷，令同学们肃然起敬。

毕竟教书不同于记者和编辑，初来乍到的几周，马老师讲课缺乏头绪，显得有点凌乱，比起那些有多年教学经验的教师确实有点逊色，但是马老师非常虚心，深入学生，深入课堂，听取意见，摸索规律，总结经验，不久就逐渐进入角色。

那时，我们初中学生年少，求知欲很强，喜欢听新鲜事。老师经历丰富，见多识广，对某些问题有独到的见解。讲课时经常穿插一些我们从未听到过的新知识，让人耳目一新。有时发觉自己讲课离了题，就来个自我检讨，说声"对不起"。他这种课内课外相结合的方式，既传授了课本知识，又增加了不少课本里无法学到的知识，使我们受益匪浅。不久，我们逐渐适应了老师不按"常规"的教学方法，和教者达成默契，从而对语文课产生了浓厚兴趣。老师教学得法，学生学习愉快，成绩也就有了进步。老师也在学生成绩的不断提高中得到了鼓舞，教学艺术日趋完善。

马老师当过记者，做过编辑，对文章的谋篇布局、遣词造句和标点符号的运用要求十分严格。当时，同学们作文中的病句、错别字、标点符号的乱用比比皆是，老师总是不厌其烦、一丝不苟地订正，还写下言简意赅的评语。当时，他教两个班语文，按规定两周一篇作文，共有120本作文簿，为了及时发放，老师经常挑灯夜战，甚至通宵达旦，使我们深受感动。老师的教学水平不断提高，成绩斐然，被提升为高中语文教师。

在教学水平渐入佳境后，他担任了学校二部主任。1958年12月，瑞中开展社会主义与共产主义教育活动和历时30天的教改活动，以"师生齐动手，大破资产阶级教学思想"为口号，全校贴出大字报11000多张，批判所谓的资产阶级教学观点、教育思想、学术思想。其时出现了对教学中一些问题无限上纲、过激批判的现象。平时敢于独立思考、不唯书不唯上的马龄首当其冲，受到最严厉批判，学校油印的《教改小报》头条刊发《马龄思想等于修正主义》，给他扣上当时最吓人的"修正主义"等许多大帽子。他和一些教师因此受到了深深的伤害。

他为人率性，签名很有个性，写成"马〇"，同学们背后称他"马零、马圈儿"，甚至戏称为"马卵"。他很关爱学生，同学们都说他对学生的爱是发自内心的，有时候挨他批评了，也颇感温暖。方浦仁同学回忆：

有一次上课，我正津津有味地偷看课外书，老师讲课的声音戛然而止。我抬头一看，发现他正目不转睛地盯着我，全班同学也跟着把目光转向我，我无地自容，涨红了脸等待老师的呵斥。但只见他微笑着不无幽默地说："方浦仁同学平时很认真，不料今天也分心了！"老师算是批评又不像批评的口气，令我既愧疚又感激。

谢公望校友对马老师也是感激在心，在《相处一学期，怀念大半生》一文中说：

1960年上半年，我从马屿中学初中毕业后，被瑞安中学录取。开学后被分在高一（2）班，任课教师中有语文老师马龄、物理老师陈国柱、历史老师马允伦、体育老师陈晋昌等，最让我难以忘怀的是马龄老师。依稀记得马龄老师中等身材，身高一米六五左右，西装头，肤色白净，五官端正，消瘦中带有书生气。目光犀利，炯炯有神……

"三年困难时期"的1961年春节过后，当同学返校报到走进课堂的时候，我为生计所迫，到莘塍建筑社当了一名学徒工。大概是当时有相当数量的学生辍学，学校便组织老师分头寻找这些没有返校的学生，劝说大家抓紧返校上学。似乎马龄老师对我情有独钟，到莘塍找到了我。他知道辍学的学生往往都是家庭经济条件非常贫困的，不似纨绔子弟的逃学现象。因此当他看到我的时候，心情也是沉重的，怜悯之心完全可以从他的脸上看出来。我向他诉说，自己幼年失怙，兄弟两人靠母亲和一亩薄田省吃俭用度日，家中实在没有经济能力支持我继续上学了。听了我的诉说并劝慰几句后，他带着同情惋惜又无可奈何的心情与我握手告别……

20世纪60年代初，厄运降临在马老师身上，他受到不公正的处分。1961年暑期被调离瑞中，回到湖南老家的一所中学任教。粉碎"四人帮"后落实政策，恢复名誉，在家乡编纂地方志及党史，成为当地知名的文史学者。

值得一提的是，马龄与著名画家黄永玉同为湖南老乡，还是莫逆之交。1982年5月下旬，两人阔别40多年后同游张家界国家森林公园，在大庸招待所下榻。招待所负责人知道黄、马都是名流，特请二位题写对联。两人推来推去，黄永玉执意要马龄出上联，自己出下联。马龄略加思索，吟道"屈骚歌澧水"，黄永玉随口接对道"羿箭射天门"，在场众人皆赞不绝口，被传为联语佳话。

三进三出瑞中 —— 项维新

项维新（1924—2000），瑞安人。1946年参加革命，1948年2月入党，1985年5月离休，享受地市级干部待遇。曾从事地下革命活动，为和平解放瑞安立下不朽功绩。新中国成立后历任瑞安县人民委员会委员、县政府文教科科长等职，长期从事教育工作，曾任瑞安工业专科学校、湖岭中学、城东学校、瑞安中学等学校副校长、校长、党支部书记等职。《瑞安市志》有传。

项维新先生身材颀长，神态飘逸，仿佛北疆的白桦；心灵净洁，人情练达，宛如旷野的晨风。他早年为追求美好社会，不计生死投身革命；新中国成立后为瑞安教育事业奋斗终生，品德、业绩有口皆碑。正是毕生的嘉言善行，把他推上了很高的人格台阶，为他层累了丰厚的道德遗产和巨大的灵魂资源。

项维新初中就读于瑞中。1946年从温州高中毕业不久，任瑞安东南小学校长。其时白色恐怖笼罩瑞安，作为满腔热血的知识青年，他勇于投身革命事业。在瑞安城区地下党的领导下，他团结教育公会的同人，秘密组织读书会，发展党的组织，多次发动教工开展罢课、罢教斗争，抗议国民党政府的倒行逆施。1948年1月，他毅然离家参加中共浙南游击队，并加入中国共产党。

1949年4月，瑞安解放前夕，按照中共浙南特委和瑞安县委争取国民党驻军起义的指示，他不顾个人安危，秘密潜入城内，两次与国民党政府在瑞安的军政代表谈判，为和平解放瑞安立下不朽的功绩。

瑞安解放后，项维新为县人民政府5个筹备委员之一，之后任县人民政府委员兼文教科科长。当时教育是全县最大的摊子，他依靠各级党政组织，团结调动教育战线干群力量，在短期内完成接管工作并着手改造旧学校，甄别校长，调配师资，筹措经费，迅速建立正常的教学秩序，使瑞安教育走上新生道路，被称为新中国成立后瑞安教育事业的奠基人之一。

在瑞安教育界，流传着项维新"三进三出"瑞中的故事。

1954年10月，项维新调任瑞中校长。在任四年，他以高昂的热情，全面贯彻执行党的教育方针和对知识分子的政策，充分调动教师积极性，努力改善教师的工作条件及待遇，领导师生发愤图强，教职工意气风发，学校面貌焕然一新。

1958年10月，因在"反右"运动中受到冲击和错误处理，他被调离瑞中。1959年，被抽调去创办湖岭中学，任命为初中副校长。他无怨无悔，依然兢兢业业，满怀信心地把全县最偏僻地区的湖岭中学办得十分出色，深受师生的信任和拥戴。1970年冬，他被任命为瑞中革委会副主任，但没有赴任。

1983年2月，年近花甲的他第三次调到瑞中任校长、书记。当时的瑞中，拨乱反正后刚刚走上正轨，1981年被列为全省首批办好的18所重点中学之一，任重而道远。特别是教师队伍，经过"文革"的磨难，有名望、有经验的老教师越来越少。要把瑞中办成名副其实的重点中学，建设好一支优秀的教师队伍迫在眉睫。为此瑞中除从其他中学调配一批优秀教师外，还从温州师范挑选了一批优秀毕业生。为使这批教师尽快成为教学骨干，他政治上严格要求，生活上热情关心，业务上放手培养，为此耗费了大量心血。

瑞安市教育委员会撰写的《缅怀项维新同志》一文，对他三进瑞中的办学功绩做如此评介：

1954年10月项维新调任瑞中校长，扩建了本部，增建了二部，改原分部为三部，瑞中的规模迅速扩大，增至33个班级，教学质量跃居温州地区前茅。1955年、1956年两届高中毕业生，绝大部分升入全国名牌大学，其中一部分学生成为国家高新科技领域的带头人。1957年上半年，他在省教

项维新纪念文集《湖清岭秀》

　　育工作会议上介绍办学经验，瑞安中学从此名闻遐迩，跨入省名校行列。1983年春，他三进瑞中任校长兼书记。1984年秋，瑞安中学高考升学率为历史最高水平。

　　在瑞中工作期间，项维新任劳任怨，勤奋治校，关心团结教师，师生对他平易近人、和蔼可亲、以理服人的工作作风，有口皆碑。瑞中副校长黄吉光老师在《回忆项维新先生》中如此叙述：

　　1983年，我和德春搭档教的82级学生，在温州市重点中学数学竞赛中取得了很好的成绩。为了总结经验，表扬同学，鼓励进步，决定利用一个下午课外活动时间，召开获奖学生的座谈会。当时身为瑞中党支部书记兼校长的项维新不知从哪里获得消息，那天上午就找到我，说："吉光，下午这个会我一定参加。"那次座谈会开得很长，也开得很好，先生始终在听同学们和老师的发言，最后他讲了话，话语不多，肯定了同学们的成绩和老师的努力，要求大家再接再厉，争取在全国大赛中取得更大的成绩。事后听人说，先生那天身体发烧，我们很是感动。1984年瑞中能获得全国中学生数学竞赛的好成绩，应该说跟项校长的关心和支持是分不开的。

后来评上省特级教师的谢树光老师一提起项校长，就满怀深情地说：项老师给我最深的印象就是平易近人，一位老校长，把我们这些小青年当成朋友一样，我们不知受到多大的鼓舞！1983年春节后开学的第一天，谢树光去学校上课，到校门口的时候，一位长者向他问好。"你好！"只轻轻的一声，给人的印象是那样地亲切，那样地和蔼。经熟悉的老师介绍，才知道他就是新任的项校长。此时，他更觉全身暖洋洋的，心想，这位校长真好。在以后的接触中，项校长经常深入教研组、宿舍，谈生活、谈工作、谈进步，不久，他们就成了好朋友。

刚分配到瑞中的青年教师杜军义、陈良明、程志强等，当时学校的条件比较困难，几个人住一个房间。项校长来看望他们，就坐在格子铺的床沿上与他们聊天，询问生活习惯不习惯，工作顺心不顺心，对学校有什么要求。后来大家说，校长这样关心，我们有什么理由不努力工作呢！

1981年，瑞安县委决定成立瑞安党史资料征集领导小组，特邀项维新担任副主任，主持日常工作。为此，他长年累月为征集党史而奔波，不顾年迈体弱，率党史办同志前往杭州、上海、南京等地拜访老领导龙跃、程美兴、胡景瑊及项景文等老同志，搜集党史资料。《瑞安党史资料》前后刊出30期，每一期的刊出，都经过他精心修改、润色，比较全面地反映了瑞安新民主主义革命时期的战斗历程。瑞安党史资料的征集编纂，他做出的特殊贡献，功不可没。

1985年离休后，享受地市级干部退休生活待遇。他仍不辞辛劳，担任瑞安县地方志编委会办公室副主任，为编写瑞安地方志尽心尽力，为瑞安政治社会文化史留下宝贵的史料。《瑞安市志》《瑞安年鉴》两书合计约600万字，字字饱含着他倾注的心血。辞世前，他尽管视物模糊，仍以耳代目审稿，由夫人给他念稿并记下修改意见，令人可敬可佩。

项维新同志一生和教育事业结下不解之缘，为瑞安教育事业做出了重大的贡献，是瑞安教育界的楷模，瑞安教育史、瑞中校史将铭记他的不朽业绩。

三十一年的瑞中情愫

——项宝澄

> 项宝澄（1925—2018），瑞安陶山镇人。1942年瑞中初中部毕业，从温州中学高中毕业后回家乡陶山当小学老师，任校长。1954年调瑞中任语文教师，1956年在省教师进修学院带薪学习专科毕业，1966年杭州大学中文系本科函授毕业。曾任瑞中语文教研组副组长，瑞中工会副主席、主席。

2014年8月，瑞安中学为筹备建校120周年庆典活动，向全体校友发出《关于征集瑞中史料、实物及校庆书画的通知》，记得那年9月的一个晚上，项宝澄老师就送来了他的校庆纪念文稿。

项老师与我邻居，住在同一小区同一幢楼的不同单元，相隔很近，但毕竟已经90岁高龄，上下楼梯不很方便，我告诉他有事来个电话让我跑一趟就行。可是没隔多久的一个晚上，他又敲响了我的房门，说自己找到一张"文革"初期的"革命师生步行串联证明信"，1967年1月由瑞安县人民委员会签发，应该有存史价值。他估计我晚上在家，就给送过来了。看着拄着拐杖、步履蹒跚的老先生，我深为一位老教师的淳朴真情所感动！

阅罢项宝澄老师撰写的文稿《三十一年的情愫——写在我与瑞中相处的日子里》，他31年来在瑞中的步履历历在目，我读到了他对党对瑞中的感恩之心，读到了他坚忍不拔、奉献教育的精神，也读懂了他心系瑞中、热爱瑞中的炽热之情。

1939年暑期，项宝澄考入瑞安中学初中部。他如此回忆那时的瑞中模样：

当时的校舍在县前新街卓公祠，校舍古旧，教学设备差，仪器室的房子也只有20多平方米，礼堂是卓公祠神龛前祭祀用的地方，只能容纳二三百人。操场只有50多米长、30多米宽，还有一个球场。当时，正值抗日战争时期，日寇飞机经常来轰炸，有一段时间，师生整天到北门郊外躲避敌机轰炸，只得晚上点煤气灯、菜油灯上课、自修。县城三次沦陷，学校先后搬迁到文成大峃、仙降常宁寺、碧山寺设分校。在如此动荡的时代，学生的读书是何等艰难。

从温州中学高中毕业后，他回到家乡陶山当上一名小学教师，还当上中心小学校长，原以为生活就会这样平平常常地过下去，没想到一纸调令改变了他的人生轨迹。1954年10月，瑞安县教育科调动他到瑞安中学任教，当时他有些犹豫，恐怕自己学历不够，难以胜任县中的教学任务，但上级调令已经到手，组织纪律不容他再去推辞，第二天便挑着行李去报到。

在瑞中，他受到热情接待，项维新校长坦率地告知此次调他的原因及学校的安排："新中国成立后，经过三年的经济恢复，全国人民的生活水平得到逐步提高，现在要求读中学的孩子增多了。可是我们这些县城中学，一时还分配不到大专师范生，所以只能暂时采取一些措施，从小学第一线抽调具有高中学历的骨干教师。而你恰恰具备了一是区中心小学校长、二是高中毕业的两个抽调条件。来校之后，学校将采取'以老带新'的办法，由老教师当辅导员，先听辅导老师两周的课以后，再正式开始上课。计划还要去杭州的省教师进修学院学习。"

就这样，项宝澄从一名小学教师迈进了瑞安最高学府的中学教师行列，从此开始了终其一生的中学教师生涯。他的辅导员是钱云林老师，教学经验丰富，为人热情谦虚。起初两周，他跟着钱老师上课堂，认真听课做笔记，并及时交换听课的心得体会。两周之后倒了过来，由他上课，钱老师听课。每节课后，钱老师都会指出他教学中的优缺点。经过一段时间实践，他初步掌握了中学语文教学的一些基本功。

为了达到初中教师必须具备的大专学历，弥补教学中缺乏的专业知识，

项宝澄1967年在学校大会上讲话

瑞中派送项宝澄等4位教师到省教师进修学院带薪学习，从1955年2月到1956年暑期，要求用一年半的时间完成专科的全部学习任务。为此，他利用一切可以学习的时间，如饥似渴地埋头学习，连寒暑假也没休息一天。功夫不负有心人，他取得了良好的学习成绩，毕业时被评为"三好积极分子"。

1956年暑期进修结束后，他返校继续任教。1959年担任瑞中语文教研组副组长，负责初中语文教学，而且担负了全县初中语文教研的辅导任务（当时县里未设教研室），每年暑期组织全县初中语文教师集中备课，指导一些教师编写初中各段的语文练习册，因而付出了不少的心血与汗水。

"要给学生一杯水，教师要有一桶水。"项宝澄并没有满足于自己的专科学历和时有的教学能力与水平，学无止境，1962年8月他报考了杭州大学中文系本科函授的首次招生。在四年的函授学习期间，他工作与进修两不误，既很好地完成学校的教学任务，又于1966年暑期获得杭州大学本科毕业的学历。

项老师为人敦厚笃实，工作兢兢业业，不计辛劳，曾担任了27年的班主任，特别喜欢与学生在一起。他认为这对语文教学有利，语文教学必须

"文道结合",因为班主任对学生最了解,所以在教学时就可以根据学生思想进行教育。

他勤于家访,认为这对班主任工作非常有意义。1977年担任高二(1)班班主任时,有一位学生自由散漫、不思学习,发现此情况后,他几乎每周到该生家中访问三四次,在家长配合下对其进行耐心细致的思想教育,并发动班干部一起开展互帮互助,促使这位同学改正缺点,得到长足的进步。对班级团支部工作他也一贯重视,给予关心和热情支持,班级团的活动搞得有声有色。1977年高二(1)班(二年制)毕业时,班团支部被温州地区团委评为温州地区优秀团支部。

项老师勤勉敬业,工作踏实,办事认真,为人亲和,深受同人的信任与好评。从1959年到1982年退休,连续担任瑞中教育工会副主席、主席22年。在工会兼职工作期间,恪尽职守,全心全意为教育工会和教职工服务。在此同时,坚持承担两个班的语文教学任务并兼班主任工作,从未要

班主任在田头交流情况,项宝澄(左一)(1971)

求学校减轻其工作量，以出色成绩多次被评为优秀教师、先进教育工作者。1980年7月7日，他光荣地加入中国共产党，成为瑞安市教育系统"文革"之后第一批入党的党员。1981年暑期，经市总工会的推荐，去杭州市工人疗养院疗养，这是组织对他工作的肯定和奖赏。退休之后，他发挥余热，参加《瑞安市志》的编纂，撰写的乡土史料《古镇陶山》，在《玉海文化研究》上发表。

从一名高中学历的农村小学教师，项宝澄老师以忠诚教育之志，刻苦钻研，积极进取，成为浙江省十六所重点中学之一的瑞安中学优秀教师，深受师生的尊崇与敬佩。

他在《三十一年的情愫——写在我与瑞中相处的日子里》一文中，感恩党与瑞中的关怀，满怀深情地说：

从我在瑞中读书到在瑞中当教师共31年，在人生的征途上并不算短。我亲身经历过瑞中的发展、变化，从小到大，从古老到现代化，现在进入全国百强中学之列，我相信明天将会更加美好。同时，我也深深地体会到党对我的教育、关怀与培养，衷心感谢党对我的支持、关怀、教育与培养。

不计辛勤一砚寒
——郑心增

郑心增（1928—2015），原名圣增，浙江温岭新河镇人。中学高级教师，历任瑞安中学工会主席、教导主任、副校长等职，系浙江省教育学会、瑞安市文联会员，发表论文、散文、小说、杂文近50篇，摄影作品和中国山水、花鸟画作品曾参加省体育摄影展览和温州市书画展。

郑心增

　　郑心增老师身材高挑而略显清瘦，说话带点台州口音，气度儒雅，兴趣爱好广泛，包括文学、音乐、美术、书法、摄影等无不精通，颇有才学，系瑞安文联第一届委员。他出生于浙江温岭，1947年温岭师范学校普师部毕业。1955年9月调瑞安中学任语文教师，先后担任瑞中语文教研组组长、副教导主任、教导主任、副校长等职，为中学高级教师。

　　郑老师常说：矩不正，不可为方；规不正，不可为圆。他任教导主任时以校为家，每当下课铃声响起，就会走出办公室在校园巡视。他脸型略显瘦长，表情严肃，不怒而自威，敏锐犀利的目光，似乎可以洞察人心，令多少调皮捣蛋的孩子瞬间变成循规蹈矩的乖学生。在他的管理下，凝聚在教与学过程中不断成长的治学精神、治学态度逐步地形成和固化，演变成一种学校的传统和风格，对每一位学生的成长起着重要的作用，对学校的发展和建设产生深远的影响。

　　担任瑞中副校长期间，他和其他校领导做了一起造福所有瑞安学子的大好事。由于历史原因，瑞中集聚了瑞安最优秀的教育资源，在温州地区只有温州中学与之并驾齐驱。但是优质教育资源的过于集中，也带来了种种不公平的弊端。当时瑞中有初中部，每个年级4个班，由于有优越的学习环境，每年考入瑞中高中部的占了绝大部分的比例，然而广大农村的学生因为文科的薄弱，凭借中考成绩进入瑞中高中是难上加难。为了改变这种状况，当时郑老师和同事们做出一个非常大胆的决定，逐渐减少瑞中初中部的招生直至停办，同时逐步增加高中招生人数，让优质的高中教育资源可以覆盖更大的范围，给瑞安所有好学上进的初中毕业生创造更多的机会。在这次改革中，他发挥了非常重要的作用。

郑心增老师在学校管理方面取得不少业绩，在教学方面也同样艺术精湛，正如80年代的学生蒋峰所描述：

记得初中刚刚进入瑞中时，当时作为瑞中教导主任的郑老师经常一脸严肃地在校园里巡视，在即将初中毕业班时，听说郑老师将教我们语文，内心非常担心他的严厉会否给课堂带来莫大的压力。但是当新学期的第一节语文课上完之后，我所有的担忧都荡然无存了。循序渐进、深入浅出的讲解，伴随着和蔼可亲的表情，中午放学后回家吃饭时，心情异常激动地与父亲描述对郑老师的好感的场景至今我仍历历在目。

郑老师凭借自己的多才多艺，在讲课时巧妙地把艺术融入语文课本的各个知识点，一如他做管理工作时的认真负责，总是要花大量的时间备好每一节课。语文课有着与其他学科不同的特点，书本上看似单调的一篇篇文章，如果想让学生理解其中描写的深层内涵，为了突出其中思想的巧妙的铺垫，更为了让学生明白在阅读的过程中如何消化吸收，语文老师必须准备远远超越课文内容的庞大的关联知识，包括与课文内容有关的历史、音乐、美术、天文、地理等各种背景知识。郑老师总是可以轻松自如地驾驭，吐字清晰、抑扬有致、生动亲切的语音，条理分明、深入浅出的分析，让学生们听起来津津有味，觉得上他的课是一种精神享受，让每一篇看似并不生动的课文能够像一部部电影一般，形象生动地展现在每一位学生的面前。

在多年的教学生涯里，郑老师非常重视培养学生的写作能力。有一次，一位平时作文成绩一般的同学在郑老师的鼓励下，写了一篇反映水电站建设生活的散文，在全校作文比赛中十分意外地获得了一等奖。一天晚上，郑老师特地让他到自己的寝室里来，亲切地对这位同学说：语文教研组的老师们看了这篇作品，都觉得不错，主要是题材新鲜，内容丰富，有真情实感。郑老师由此谈到文学与生活的关系，说要写出好作品，绝不能靠闭门造车。说着，又顺手从书架上取下一本杂志，翻到某篇小说的一段描写，说："来，你过来看。"把翻开的杂志放到面前，一字一句地缓缓朗读，然后赞叹说："你看，写得多么生动、多么细腻啊！如果没有对生活的深切体验和精细观察，怎么能写得出来呢！"郑老师的耐心教导使该同学获益匪浅，一直至许多年以后，老师的人格魅力依然在影响着他，更为他以后的学习和工作打下了终生根基，伴随一生。

毕业于20世纪60年代初的瑞中学生李家琪，在他2004年出版的《感怀集》中对郑心增老师有这样的描述：

作为文成山区的一个农家孩子，我在读高中前一直没有离开过家乡，对山外的世界充满好奇和向往。当走进全省闻名的瑞中，第一次看到那么高的教学楼，那么大的操场、食堂和图书馆时，感到既兴奋又新鲜；而看到瑞安当地有些同学，穿着入时，花钱大方，常在不经意间流露出某种优越感，又不禁产生一种莫名的自卑。因此不大喜欢与其他同学一起玩耍说笑，也很少主动接近老师。但想不到当时教语文的郑心增老师，对我不仅没有丝毫的冷淡和轻视，反而关爱有加。特别是郑老师经常把我的作文作为范文印发和讲评，让我的感恩之心油然而生。后来，我常去郑老师寝室，或是借书看，或是请教学习中的问题，记得当时他住的房子与大操场一墙之隔，那是一座木头结构的两层楼房，前面有一个栽植各种花木的花园。郑老师好像住在楼上西侧后面的那一间，一张木床、一张桌子、一个衣橱、一个摆满了书籍和杂志的书架，陈设简单，却整洁干净。室内书香飘拂，室外花香浮动，主人热情好客，在这温馨亲切的气氛中，我度过了不少美好快乐的时光。

李家琪还在文中深情地忆及"文革"期间与郑心增老师的一次见面，

郑老师语重心长地对他说："无论什么时候，都不能失掉做人的良知。"在那个人人自危的年代，郑老师对他说这番话，可见老师已经把他视同亲人般的信任。而老师的正直善良、忧国忧民之品格，也由此可见一斑。

　　郑老师为人低调，一身正气，始终保持知识分子的良知，深受学生、同行的好评。对学生和年轻教师要求严格又关爱有加，既是严师又是慈父，非常惜才爱人，是一位德高望重，深受大家尊敬的前辈。据郑老师的子女回忆：他们印象最深刻的是"文革"后刚刚恢复高考时，年轻学子们的心都沸腾了，当时的社会学习氛围浓厚，因为有太多的学生慕名而来，郑老师干脆就在家里支个小黑板，不管白天还是夜晚，只要有时间就免费给大家上语文课。

　　时光如电，往事悠悠，先生虽逝，风骨永存，郑心增老师之于我们的印象也永远定格在了过去……

人生无处不青山
——吴引一

吴引一（1921—1994），江苏淮阴渔沟人（今淮安市淮阴区渔沟镇），1955年瑞安中学跻身省十六所重点中学行列，调吴引一到瑞安中学工作，担任语文教研组组长，1982年离休。曾发起创立瑞安语文学会和高则诚研究会，担任会长，离休后先后获得离休干部先进个人、五好离休干部等荣誉表彰。

吴引一老师在瑞中宿舍有一间小书房朝北，名曰"北望亭"，意为北望故乡怀想淮阴，多年节衣缩食购置好书，乐寓其中读书备课撰文数十年，直到生命的最后时刻。

他是江苏省淮阴县渔沟镇人，出身书香门第，早年就读淮阴师范附小、淮阴师范初中和淮安中学高中部，高中阶段正逢抗日战争，国难当头，家乡沦陷，在乡村辗转中读了几所流亡学校才得以高中毕业。由于谋生维艰，他回乡在私立小学任教了一段时间，生活过得清苦困窘。后来依靠同乡亲友的帮助，去安徽屯溪的上海法学院学习法律，但半工半读一年多时间就辍学了，然后通过关系去皖南田粮处做办事员，有时靠写些诗文糊口。

1945年年初，吴引一以自身经历创作了一部抗日长篇小说《绿的原野》，真实地记叙了抗战时期发生在苏北胡家镇敌后沦陷区的抗敌救亡故事。20世纪90年代初小说重新发表时他回忆道："我对革命虽无认识，然因日寇侵略，家乡沦陷，自己流亡在外，内心充满爱国思想以及对现实一些不满的感情。"可以想象，如果不是抗战时局影响和生活所迫，他在青年时代或

欢送吴引一老师合影

许会走上一条文学创作之路，成为一名作家。

社会的动荡黑暗，失业的苦闷焦虑，使得吴引一开始觉醒，产生对旧社会的仇恨，在中国人民解放战争节节胜利的形势鼓舞下，他在南通投身革命，成了中共上海敌情工作小组成员，为秘密迎接解放军渡江，解放大上海做出贡献。后来党组织保送他到华东人民大学学习培训，从此成为革命阵营中的红色人员，翻开了人生崭新的一页。

1949年10月，组织调派吴引一到台州专署当了司法科秘书，同时担任团专署支部书记。他在回忆中写道，"这是个新鲜的工作，既没有经验又缺乏理论，只凭着对革命的热情与钻研政策来摸索前进"。由于他工作谨慎认真，在处置某些突击交办任务时，能仔细研究讨论案件，注意立场观点，并按时完成，不使出现大的偏差。在当时特定环境下，司法工作中能够依规公正办事，这十分难得。例如，20世纪50年代初期，台州地区在开展"三反五反"时，抓了一些人，也误伤了有些同志，他作为司法审判员能够实事求是，矫正过激做法，不冤枉好人。

由于台州专区撤销，1955年10月，吴引一离开法官队伍调到瑞安中学任语文教研组组长。50年代，高中语文课本分为《文学》和《汉语》，文言文教学内容增多了，于是他就发奋钻研《离骚》《论语》《孟子》《荀子》等古典经籍，不但自己学，而且组织语文组的老师一起学。为了克服教学中普通话读音不准的困难，纠正方言语调过重的问题，他特地编写一本《普通话正音手册》，供师生朗读以更好地推广普通话。为了满足高中学生全面了解中国古代文学史的需要，还编写了《中国文学史概述提纲》，从先秦文学《诗经》到明清小说，一一列出专题，印成讲义。

吴老师的高中作文教学经验丰富，采用的主要方法就是多练多写，设计各类作文题，一学期写近20篇文章，每篇规定在两节课内完成，切实提高学生的写作能力。瑞中1956届高中毕业的林文校友在《爱生如子的吴先生》一文中回忆：

吴老师在上课时那洪亮略带苏北口音的普通话，声情并茂的教态，深入浅出的阐述，使堂堂语文课都能引人入胜，45分钟瞬息而过。他对我们的作文批改甚为详细，每篇都写下评语。

他在瑞中大部分学年都教高三，对学生的培养，坚持以鼓励为主，不以分数论英雄，从不给学生作业打不及格分，或不让成绩较差的学生毕业。经过多年的共同努力，逐步提高了语文的教学质量，语文分数也提高了，高中升学率连年上升，语文高考成绩名列全省前茅，吴老师成了瑞中毕业班的语文"把关大将"，并多年担任浙江省高考语文阅卷分组组长。那10年是吴老师高中语文教学的丰收年，也是桃李芬芳满园，特别值得庆贺自豪的岁月！

"文革"伊始，学校"停课闹革命"，由于吴引一老师是高中语文的"把关大将"，是"追求升学率"的典型，被当作学校资产阶级路线的执行者，成为所谓的"资产阶级反动学术权威"而受到严重的冲击。为了早日摆脱过关，他只得违心地做自我批判，当时其身心遭受的苦楚深埋心底，难以言表，气愤之下曾打算调回江苏老家。次年年底他要求到瑞中机械厂参加劳动锻炼，学习钳工，又学刨工操作，接受"再教育"。两年后重回课堂，

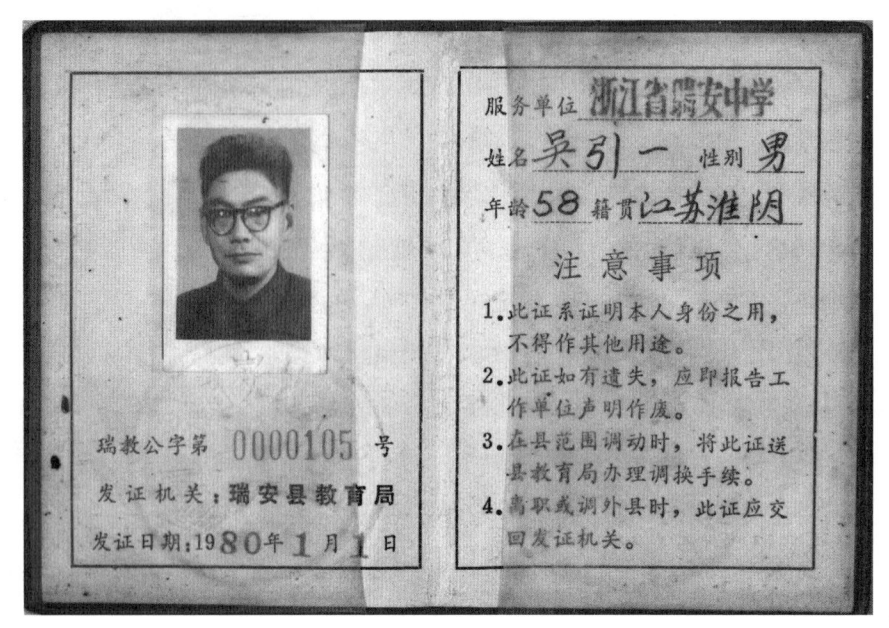

吴引一老师工作证

被撤去语文教研组组长之职，担任初一年级的语文教学兼任班主任。

"文革"结束后，国家拨乱反正，百废俱兴，学校教育教学秩序逐渐驶入正道。吴老师精神焕发，多次提出要重视提升语文教师的教学和教研能力，呼吁提高语文教师的业务水平，打好语文基本功，着重于字词基础和历史基础学习，业余时间要多动手，试笔练笔，要写文章，不要顾虑写不好，要勤于写些诗词，多锻炼自己短文写作。

吴引一老师勤于笔耕，在《浙江教育》《语文战线》《浙江师大学报》等期刊上，先后发表了《关键在于教师》《命题作文的好处》《朱自清与梅雨潭》和《关于高则诚籍贯和生卒年月的考证》等10多篇论文，多次在省市语文刊物上发表瑞中语文组撰写的文章，并参加省市相关会议做典型发言，为学校赢得声誉。他在自拟的《老师》一诗中，回顾总结了自己语文教学的生涯："当年戎马半平生，晚景悠悠作笔耕。善诱循循诲不倦，春风桃李满门庭。"这是多么值得欣慰荣耀的人生乐事。

1982年，吴引一老师离休，但在1985年才落实县级政治、生活待遇的享受，恢复了红色光环。岁月不饶人，但他还是继续为社会发挥余热，1987年筹备建立瑞安高则诚研究会，担任会长，在温州南戏学会专刊发表《关于高则诚籍贯和生卒年月的考证》和《关于琵琶记作者高则诚的一些考证》等文章，为高则诚故居早期修复提供历史依据。写诗、写杂文是他晚年生活中的一大乐趣。后来受聘担任瑞安老年大学讲授古典诗词、文史课，自编教材讲义，多次被评为五好离休干部。

20世纪90年代初，杨作雨、项维新和吴引一等10多位老同志联名发出倡议，提倡死后火葬，带头在万松公墓选买骨灰墓穴，为瑞安推行殡葬改革做出表率。1994年8月吴引一老师在弥留之际诗云：人生在死后，埋葬成尘土。何如火灰烬，飞扬空中去。去世后，家属遵其遗愿，将他骨灰安放于瑞安万松公墓。"埋骨何须桑梓地，人生无处不青山"，吴引一老师在青山白化、土葬盛行的瑞安开启一个时代的新风尚。

滋兰树蕙 瑞安中学前辈名师风采录

一片赤心为学子
——蒋兴国

蒋兴国（1927-2018），浙江温岭人，1949年7月参加工作。毕业于华东军政大学，在浙江荣誉军人速成中学担任过数学教研组组长，1956年调入瑞安中学任教数学兼教研组组长。系浙江省第二批特级教师，也是瑞安市的第一位省特级教师，曾当选浙江省人大代表，浙江省劳动模范，还是中国科技协会委员。

蒋兴国

古人云：夫君子之行，静以修身，俭以养德，非淡泊无以明志，非宁静无以致远。2018年8月14日深夜，91岁高龄的蒋兴国老师永远地走了，之于每一位认识他的人，之于每一位他的学生，之于他为之工作了一辈子的瑞安中学，始终都有些许的遗憾。在蒋老师的晚年，几乎所有的人都不再以"蒋老师"称呼他，而是直呼"蒋老"，他的一生以自己的为人方式让我们体会到什么才是君子之交，什么才是师德！

1949年7月，新中国成立前夕，怀着建设新中国的满腔热情，年仅22岁的蒋兴国毅然选择考入南京的华东军事政治大学，即现时国防大学的前身，当时由陈毅任校长兼政委，毛泽东、朱德曾先后为该校题词。在大学求学期间，他奋发图强，努力学习各项技能，以优异成绩毕业，被调派到绍兴诸暨的荣誉军人速成中学担任教官，并任数学教研组组长，成为一名穿军装、扛军衔的数学老师。

他面对的学员是当时被全国人民称为"最可爱的人"——抗美援朝前线受伤下来的志愿军战士。随着抗美援朝的全面胜利，他送走最后一批学员时也面临着命运的再一次抉择。上级给他两个选择，一是温州党校，二是在浙江省知名度颇高的瑞安中学。蒋兴国考虑到自己出身于一个曾经有田地、有商铺、有实业的商人家庭，而非贫下中农家庭，便俨然走上教书育人的道路。在瑞安这座并非他故乡的江南古镇，在瑞安中学这所与他青年时代经历南辕北辙的学校，兢兢业业，勤勤恳恳，一干就是一辈子，这似乎契合了白居易的诗句："扬鞭簇车马，挥手辞亲故。我生本无乡，心安是归处。"

1956年，蒋兴国老师调入瑞安中学，任教数学兼任数学教研组组长。为站好三尺讲台，成为一名好老师，他苦练教学基本功，如为了帮助学生建立立体几何的数学模型，亲自动手制作数学教具，还通过刻苦训练，掌握了徒手画图的绝技。他上数学课可以不带圆规和三角板，照样可以画出精准、漂亮的几何图形。一堂课，一支粉笔，一张板书，清清爽爽，没有一句废话。当年的学生回忆说：

听蒋老师的课是一种享受，而且是很轻松的享受。本来我们都认为数学很抽象，一经他深入浅出的讲解，就变得具体、直观，容易理解。

在平时，经常会看到蒋老师只带一支粉笔去上课，感觉作为老教师不需要备课，其实，他在课前花了大量的精力投入备课，把上课所有的细节都"备"在了自己的脑子里。

20世纪五六十年代，蒋老师的课堂教学通过精讲、精练，讲练结合，达到上课有趣、考试有效的课堂效果，教学成绩显著，名列温州前茅。当时瑞中的另一位数学老师胡雨，上课条理清晰，逻辑严谨，深受学生的好评。同事们总结他们两人的教学风格，分别冠之以讲练学派与逻辑学派。

蒋老师曾总结了学期备、单元备、课时备、课前备和课后备的"五备"经验，不仅教案写得非常详细，课堂提问精心设计，板书严谨漂亮，更让人不可思议的是：一堂课所有的例题他都记在心里，甚至连解题的步骤也记得住，几乎不看课本、备考本和练习册就直接写到黑板上，这样做的目的是有利于提高课堂教学的流畅性和时间的利用率。

他一边学习，一边教学，一边研究。通过教学研究，先后在《国内外

蒋兴国老师特级教师证书

中学数学》《数学研究》等刊物发表多篇论文，编写了浙江省《高考复习用书》立体几何部分。经过长期总结摸索，形成了自己一套精讲多练的教学方法，课堂实效性很高，教学成绩特别显著。

他是浙江省第二批特级教师，也是瑞安市的第一位省特级教师，系浙江省人大代表，浙江省劳动模范，省科技拔尖人才，还是中国科技协会的委员。他不是真正的数学科班出身，但凭着好学的精神，善学的方法，刻苦钻研，勤奋工作，成为瑞中、温州乃至全省著名的数学教师，特别是立体几何的教学，在全省有很大的影响力。

他关心年轻教师的成长，对青年教师教学中遇到的问题，总是毫无保留地给予热心的帮助指导，经常给温州地区的数学老师上辅导课、示范课。同时他也不耻下问，虚心向年轻人请教自己不明白的地方。他编写的《立体几何》铅印成册，是温州地区高中数学老师必备的教参。

蒋老师师德高尚，为人光明磊落，乐观豁达，工作认真负责，勇挑重担，竭诚帮助其他老师成长，用实际行动赢得同事们的尊重与爱戴。在担任

蒋兴国（前右一）和同事合影（20世纪80年代）

教研组组长期间，带领全组老师苦练教学基本功，组织集体备课，研究教材，磨题磨课。在他带领下，瑞中数学教研组享誉全省，涌现了一批省特级教师，如黄吉光、池一伍、李雅模、郑日锋、谢树光、戴海林等，是浙江省一个教研组涌现特级教师最多的学校之一，学校三次荣获全国高中数学联赛浙江赛区第一。

到离休年龄时，他接受了市教育局的挽留，发扬无私奉献的精神，没有选择像其他老师那样办补习班赚大钱，而是继续留校任教五年，担任教学研究委员会主任，负责全校的教研工作。他继续保持独特的工作作风，经常拿着一张小板凳，穿梭于各教学楼之间，出其不意地出现在青年教师的课堂，静静地坐在教室角落听课，由此形成了全校老师努力提升教学质量，互帮互学的良好氛围，为瑞中始终保持浙江省名校的地位打下了坚实基础。

蒋老师从事教育37年，担任过24年班主任，以大爱之心，对学生既关心又严格。几十年辛劳的教学工作使他身体不堪重负，右臂经常痛得举不起来，但忍受着身体的痛苦也要坚持上课，用投影机代替板书，或用左手托举右手写字。他不仅倾心传授知识，还用高尚的人文情怀感染学生，教育学生做一个有思想、有理想的人。他经常说，做人就要多为人家办好事，多想想人家的好处，要学会宽容待人，这样自己心里才安坦，也活得潇洒轻松。

对学生他十分关心，常说"要把学生当子女教"。有一个学生脚被铁钉戳破了，他急得不得了，匆匆忙忙帮学生洗脚，亲自背学生到瑞安医院打预防针，这一幕已过去几十年了，当年的学生回忆起来依然饱含深情。蒋老师用教学艺术和师德征服了一届又一届学生，给一批批学生留下深刻的记忆，真正做到了一片赤心为学子，勤勤恳恳育英才。

在他的晚年，经常会有从前的学生去看望他，即便数十年未曾谋面的学生站在面前，他也能快速地报出学生的名字，每次都会让学生们诧异、感动而落泪。蒋老师总会说："不是我记性好，而是我把你们都当成自己的孩子，孩子的名字怎么会忘记？"

「小发明之父」——洪景椿

洪景椿（1938—2018），瑞安城关人。瑞安中学物理教师兼科技辅导员，中学高级教师，浙江省特级教师。指导学生创造发明作品获奖1000多项，获专利100多项，6项转让工厂生产，连续三次被评为全国优秀青少年科技辅导员，被誉为"小发明之父"，获全国先进工作者、全国中小学创造教育先进个人、全国创新型优秀教师、瑞安市十大教育功臣等荣誉称号。

洪景椿

洪景椿，瑞安中学科技辅导员、特级教师，瑞安风云人物，在省内外大名远播。他长期致力于"学习、动手、创造"三结合的创新教育理论与实践研究，成果丰硕，获得全国先进工作者、全国中小学创造教育先进个人、全国创新型优秀教师等荣誉称号，跻身瑞安市十大教育功臣之列。

洪景椿以教师为业或许有些偶然。1957年秋，他从瑞安中学高中毕业，如愿考上了安徽医学院。可是上学没有多久，就因患肺结核而被迫休学，读大学当医生的梦想顿时烟消云散，不受命运青睐的他被推向人生的十字路口。他也曾惶然，也曾迷惘，但并未深陷于萎靡不振，经过冷静的思考之后，毅然决定要做一名教育工作者。因为他坚信：教育是改造灵魂、改变人的命运和贫困的灵丹妙药。

病愈后他到了一所乡村学校任教初中物理，站在三尺讲台，面对稚气纯真的学生，"甘当园丁育百花，愿做黄牛俯身耕"的决心油然而生。可是尽管他对物理这门学科有着浓厚的兴趣，自己中学阶段物理考试也屡得满

全国先进工作者洪景椿老师（1995）

分，但毕竟不是教育科班出身，全无教学经验，而且乡村中学教学设备简陋，图书资料缺乏，这给初涉教坛的他带来了重重困扰。

以其昭昭，使人昭昭。当教师岂可误人子弟，洪景椿暗暗地告诫自己。年轻气盛的他认定了自学之路，用微薄的工资购置了物理书籍和教学参考用书，如海绵吸水一样在书本中拼命吮吸着"营养"，每读至夜深人静才去就寝。书看多了，知识储存多了，也越发有自信了。他学以致用，将学到的知识不断充实到课堂教学中，所教的课受到了学生的喜爱。

物理是一门以实验为基础的学科，教学中遇到的一些复杂物理现象，有时"千言万语说不清，一看实验便分明"。可是乡村学校条件差，几乎没什么教具可用，怎么办？从小头脑活络、喜欢动手制作的他望着漫山遍野的竹子，心生一念，自己动手制作教具。他因陋就简，土法上马，制作了不少"土教具"。如用毛竹制作的组合教具，可演示"马德堡半球""牛顿七色盆""活塞式抽水机"等32种演示实验，参加浙江省创新教具发明比赛获得一等奖。他先后研制了创新物理教具150多件，获全国、省、市奖45件，被评为省、市自制教具先进个人。

尝到了成功的喜悦，他一发不可收，染上了一个"嗜好"：白天一有空就去逛旧货店，看到还可利用的旧物品就掏钱购买，晚上泡在寝室里用这些旧元件、旧零件制作教具，搭了又拆，拆了又装，寝室成了名副其实的"工场"和"实验室"。每当独特新颖的教具试制成功或新的物理实验被攻克时，疲惫的脸上才会露出舒心的笑容。

在自制教具过程中，他更加明白创造发明的实践不仅能学习、巩固知识，也是培养技能的好途径，更是知识的活化与再创造。他决定带领学生一起制作教具，在动手过程中激发学生的创造潜能。由此，一批批学生爱上小发明活动，并取得不少成绩。

1979年，扬名在外的洪景椿调到瑞中任初中物理教师兼科技辅导员。其时在全国科学大会的精神鼓舞下，科技创新受到全社会的高度重视，科学的春风也吹进瑞中这所历史名校，为他施展才华提供了更多的机会。他因势利导，在温州市中小学中率先建立科技兴趣小组，以兴趣激发学生的科技意识。1986年又开全省先河，自编教材，开设发明课、实用小发明选修活动课，开展创新教育，培养学生创新思维和动手能力。

在课堂教学中，他创立的物理、劳技、发明三结合的教学方法，把学习、动手、创造三者有机结合，作为开拓青少年创新思维、培养创新型人才的重要途径。在一无经费、二无器材、三无场地的状况下，一切从零开始，白手起家。没有经费，自掏腰包；没有器材，领着同学走街串巷收集废品边角料、废旧元件；没有场地，就挤在办公室和寝室里制作。到了周末，他家门庭若市，学生满座，俨然成为小发明创造活动的基地。

在他的精心指导下，瑞中发明协会日益壮大，学生爱科学、学科学、用科学蔚然成风，小发明成果源源不断地诞生，奖励一项又一项接踵而来，如周志晓的"定位墨水瓶"获省青少年发明比赛一等奖、省首届亿利达青少年发明比赛二等奖；何熙明的"多功能节水阀"获第九届全国青少年发明创造比赛一等奖；岑锷的"电话遥控装置"获第六届全国青少年创造发明比赛一等奖，其发明事例还被编入全日制高中二年级思想政治课下册的"注意培养科学思想方法"一节中。

洪景椿老师上电子制作课（2000）

　　据瑞中2011年统计，参加全国和浙江省青少年科技创新大赛获奖的项目分别达118项和208项，其中申请国家专利73项。洪老师被称为"小发明之父"，瑞中被誉为"小发明家的摇篮"，先后获得全国青少年科技活动先进集体、全国中小学创造教育先进集体、全国创新型学校等称号。

　　一花独放不是春，万紫千红春满园。为了推广青少年科技创新发明活动，洪老师结合自己创新教育的实践和研究，编写了《实用小发明指导》《青少年发明创造技法》《青少年发明创造活动指南》等10本创新教育校本教材，在全国、省级刊物上发表20多篇论文，接受省内外250多所各级各类学校邀请，去指导学生训练发明技能，培养创造意识。

　　瑞中1990年高中毕业的中国当代钱币学术领军人物黄瑞勇在《我的老师洪景椿》中说：

　　洪老师的成就，恰恰在于他出神入化的动手能力。在把物理原理转化为实际生活的时候，他纵横驰骋，是指挥若定的大师；他谈笑风生，是桃李成蹊的高人。如果把实验室变为舞台，他就是整个舞台上的明星。

2003年他退休后并不离岗，继续发挥余热，不断探索创新教育的奥秘，编写创新教育校本教材，参加浙江省高中教材《无线电技术基础》的编写；2007年他带领10名学生参加首届中国青少年创意大赛，一举拿下3个一等奖、5个二等奖和2个三等奖，再次被评为全国创新型优秀教师。他的事迹先后入编《中国当代教育家大辞典》《中华劳模大辞典》等辞书中。

2018年7月26日，"小发明之父"洪老师因病与世长辞，追悼仪式上500多人前来含泪送别，全国总工会、浙江省总工会、浙江省劳模协会发来唁电表示深切哀悼。

杏坛耕耘54年，洪景椿老师硕果累累，深为人们敬佩。他的治教格言是"春风化雨，诲人不倦"，这是他半世纪工作最朴质、最真实的写照，也正是他辉煌教师生涯的最好诠释！

名师补遗

蒋作藩

蒋作藩（1875—1924?），字屏侯，号植庵，居瑞安县城东小街。少从金鸣昌治颜元、李塨之学，学识渊博，为心兰书社社员。清光绪十九年（1893）中举人，掌教过乐清梅溪书院，"浙东三杰"之一宋恕称赞他"学问不凡"，与陈虬、陈黼宸"皆浙东英杰，留心经济，光明磊落"。光绪二十八年（1902）瑞安普通学堂建立后，曾应聘为国文教习，1906年任瑞安公立中学堂监督。

光绪三十三年（1907），参加举贡会考及格，以盐大使分发两淮，未授职。青田陈琪办两江军事书报社，聘他为主编。民国时任岩县知事，禁烟缉盗颇有劳绩。后来主持省因利局（慈善机构，建于清末），厘定局规，减取息金，扩大告贷范围，行之经年，局务大振。调任省城警察厅警正，在全国警务会议上主张于各省会道区，多设教练所，提高警察文化、法制及专业知识水准。其言切中时弊。在职6年，警务处处长夏超上其绩于政府请奖。

1914年，翰林院编修、湖北乡试监试官、瑞安普通学堂副总理黄绍第先生逝世，蒋作藩挽联云："故乡文献，《百咏》是徵，郑缉之功在先民，老去应垂里社祀；南国梗枏，大匠所录，欧阳公晚而正命，心丧犹有旧门生。"

蒋作藩著有《植庵文稿》4卷，池源瀚为之作序。《瑞安市志》有传。

蔡念萱

蔡念萱（?—1907），字逸仲，居瑞安县城汇头街。祖树勋，清道光五年（1825）经魁。父庆恒，道光二十四年举人，官江山县学教谕。念萱家学渊源，自少倜傥有胆识，治永嘉经济之学，兼习技击歌曲，不以科举辞章自囿。

光绪二十三年（1897）拔贡，曾任瑞安普通学堂国文教习。温处学会分处成立，负责文牍。黄绍箕任湖北提学使时，聘请他为掌书记，重要奏章多出其手，因积劳成疾，卒于武昌学署。《瑞安市志》有传。

林永栩

林永栩（1901—？），又名泳仁，瑞安人，上海大同学院毕业。曾和王毓烻等创办瑞安私立女子中学，1928年并入瑞安中学。1927年8月始任瑞中英语教员。英语功底深厚，为人率直大方，喜爱网球等体育活动。

林永栩

瑞中1929年毕业的著名学者、中科院编审黄宗甄回忆：

林老师上课时，除讲解课文内容外，凡涉及文法时，必定对学生"吊黑板"（指定某学生上讲台，在黑板上以粉笔写出答案）。如需要做出图解的，便让学生在黑板上绘出文法的图解。英文考试卷（尤其是英语作文）公开评卷，让大多数学生观看他的评分标准，指出卷中答案的错误。

他爱好网球，曾亲自出资，捐赠两个银杯，举行全校男女网球单打比赛。他亲自任裁判，经多日激烈比赛，何宗韩获男子冠军，许淑华获女子冠军。林老师就读瑞中的妹妹林惠钗把住宅的庭院、天井予以拓展，辟成球场，串联10余位同学课余在家练习网球。林惠钗后来转学绍兴省立第五中学，适逢杭州举行浙江省运动会，她代表五中参加，获得浙江全省网球冠军。

洪特民

洪特民（1894—1982），名彦璋，瑞安县城洪宅人，毕业于日本东京高等师范学校理科。1921年夏，与同乡金嵘轩、李笠、周予同、伍叔傥、李孟楚、陈逸人、林炜然等创立"知行社"，联络青年知识分子，进行教育普及工作。1928年2月始任瑞中博物、生物、卫生教员。思想前卫，家国情深。1928年5月3日，日本军队入侵山东济南，大肆屠杀中国军民和外交官员，制造了震惊中外的"济南惨案"。受胡哲民校长的邀请，他与林维猷老师在全校集会上演讲日本帝国主义的本质、日本国内状况和世界各国对日本军阀暴行的反应，愤怒声讨日本帝国主义的暴行，对学生进行爱国思想的教育。同年在《瑞中》（创刊号）上发表《血族结婚之研究》。

洪特民

瑞中1929年毕业的中科院编审黄宗甄回忆：

> 洪特民老师曾在日本留学，他专攻博物学，上课时携带好些彩色植物或动物图片、挂图或者矿物标本，常拿实物示范使我们认识植物、动物的本来面目。他讲解生理卫生课，感到挂图不能完全解决问题，便自费购置山羊一只，定某个星期天，在教室中解剖山羊，辨别其体内各部器官，增强学生的实感知识。

瑞中1943届初中、1946届高中毕业的北京医科大学第一医院

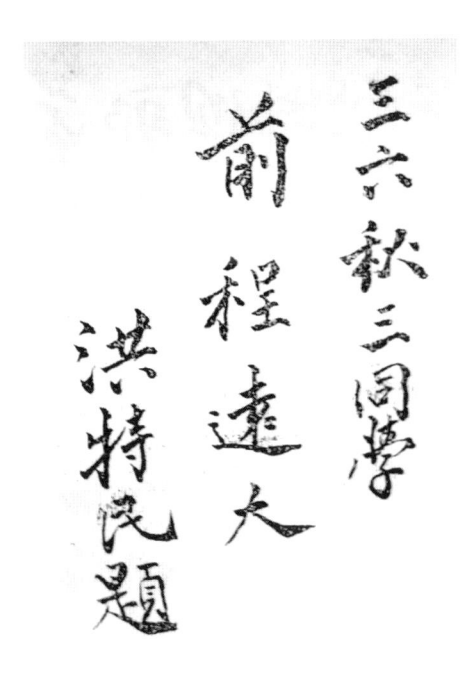

洪特民为学生题词（三六秋三同学 前程远大 洪特民题）

教授、主任医师项佩英在《情系母校》中回忆：

我的导师是洪特民老师，他教动植物课。洪老师和蔼可亲，平易近人，我们每周写周记，他总是认真批改，我有什么心里话就在周记上向他反映，他认为好的句子，就用红笔画上圈，以资鼓励。

洪特民历任台州中学、省立温州中学教员，温州市政协第二、三届委员，毕生献身教育事业，名列"抗战时期温州部分名师"。

金介三

金介三（1906—1958），祖籍瑞安县城大隐庐，出生于苏州，1925年苏州工艺专科学校毕业后，因父亲亡故只身返乡。1928年应聘为瑞安中学美术教员。当年，在新文化运动的推动下，瑞中学生自治会创办了校刊《瑞中》（创刊号），旨在"发扬新文化运动，宣传三民主义"。这是瑞中最早出版的校刊，在当时的温州地区也是一个创举。《瑞中》32开本，封面由金介三老师设计，以蓝色为基调，以花草鱼鸟为背景，版面刀笔精工，简洁明快，以鸟鸣鱼跃、树茂草丰的场景蕴含瑞安中学生机勃勃、欣欣向荣的韵味，富有五四时期的文化气息。

金介三离开瑞中后，在浙江省交通驿运管理处任职，后改派到瑞安驿运站任站长，后来在台湾安居。

金介三

金介三设计的瑞中校刊封面

林大年

林大年（1884—1950），字健庵，瑞安东北镇人，日本明治大学毕业。博学多才，三四十年代在瑞安中学执教国文，1931年开始多次担任教务主任之职。喜爱诗文，尤喜杜诗中侘傺愤慨的篇章，这可能与他怀才不遇贫困落魄，跟已两"鬓如丝"仍为讨"五升米"而奔波的杜甫、郑虔有共同的感受吧。

林大年

瑞中1949年秋季高中毕业的文史学者陈镇波在《林健庵与杜诗》中回忆：

1946年秋，我考入瑞高，教语文的是林健庵先生，先后约两年。先生人较清癯，略显苍老，一袭长衫，和蔼可亲。那时，文史均无统一课本，由任课老师自选一些古诗文，油印发给学生。他教的一些杜甫诗歌，并非脍炙人口的"三吏三别"之类，而是《醉时歌》《丹青引赠曹将军霸》和《乾元中寓居同谷县作歌七首》等。那时，我不理解他选文的心情，但听他以瑞安话声情并茂，抑扬顿挫，朗诵着"诸公衮衮登台省，广文先生官独冷；甲第纷纷厌粱肉，广文先生饭不足"时，似乎有一种抑郁不平之气从诗中透出。而到"日籴太仓五斗米""焉知饿死填沟壑"等时，联系当时内战正炽，物价飞涨，货币急速贬值，大街上拖着空洋油箱闹罢市和抢米风潮，似乎先生苍凉的声调，不是教杜甫的七古，而是对旧社会的控诉。

……

"四一九"瑞安第一次沦陷时，健庵先生写的两首诗，该是他少有的传世之作。一首为五律：妖氛迷白日，大地动悲歌。百战三军血，九空十室多。流离亲骨肉，破碎旧山河。步月清宵立，南天一雁过。

诗的后两句脱胎于杜甫《恨别》的"思家步月清宵立，忆弟看云白日眠"，和《月夜忆舍弟》的"戍鼓断人行，边秋一雁声"。

还有一首七古《四一九纪念》："奇耻大辱四一九，吾邑忽沦倭人手。

延秋门上乌夜啼，皇皇长官徒跣走。警鼓不敲衙署空，一更窬墙逃恐后，数千卫队散如烟，全城变成逋逃薮。道路错乱红灯灭，铁鸟横飞皓月中，喊哭连天声甚惨，枪炮震地耳为聋。维时我急披衣起，手携姬人肩负子，弹丸纷纷顶上过，生命轻几如蝼虫。饥肠雷鸣寒彻骨，越陌度阡八九里，自伤老大劫遭兵，血泪洒染茅根紫。足茧幸抵南镇亲，须臾喘息病中身，饭箩已空娇儿哭，勉求一餐心酸辛。陡闻城寇唱凯歌，衮衮冠裳唤奈何？茕茕遗黎无处避，如鸟入笼鱼入罗！

全诗以亲身经历揭露了国民党县长等事先不通知，率先逃窜，纵敌入城给百姓带来的灾祸和苦难，是纪实之作。

两首诗都留有杜甫诗歌带给他的影响，句法也借用了杜诗《哀王孙》"长安城头头白乌，夜飞延秋门上呼"，及《悲陈陶》"群胡归来血洗箭，仍唱胡歌饮都市"，《哀江头》"黄昏胡骑尘满城"之意，可见他钻研杜诗功底之深。

蔡执盟

蔡执盟（1892—1944），瑞安县城人。幼时勤奋好学，毕业于瑞安普通学堂。擅长文学，亦精于医。清末民初任温州瓯海中学国文、历史教员。民国十二年（1923）弃教从医，曾言"教育须授文理，治病即能救人"。次年，在瑞安创办国医馆，任馆长。著有医案、医话多篇，现已散失。1934年8月始在瑞中执教国文。1937年在《瑞中校刊》上发表《谈谈诗格》。

蔡执盟

瑞中1939年毕业的陈霖校友在《勤思楼畔忆瑞中》中说：

初中年代我的第一位国文教师是蔡执盟先生。他气度儒雅，疏疏的几绺头发梳得整整齐齐。他教的古文，一律要求背诵。背诵是古老的学习古文的方法，词语篇章，全部吞下，理解了的、易于背诵，一知半解的，囫囵吞下，久而久之，也能融会贯通。

执盟师朗诵古文时，音调铿锵，抑扬顿挫，富音乐美，我们按照他的腔调诵读，易于记忆。从前瑞安读书人诵读古文的风格，在全国范围内是独具风格的。

执盟师娴于辞令，有时出口成章。他对班中聪明伶俐小伍妥的评语，是这样的文雅："伍妥仅是庸中佼佼，还不是铁中铮铮。"今日小伍妥，一似南天鹏翼，直上扶摇。闻早年寓居于新加坡，成为腰缠万金喜气洋洋的大亨了，未知他在赤道边的马来半岛，还记得南浦云飞，西山雨卷的瑞安渡口秀丽景色否？记起卓公祠里老师培育你们的殷殷情意吗？……

在文言文教学中，蔡执盟老师坚持用瑞安传统的诵读法，张弛得度，雍容自若，用抑扬顿挫的声调，有节奏地读出作品的独特神韵，别有一番飘逸境界。他力倡"反复诵读，读出情味"，达到"读书百遍，其义自见"的效果，给学生留下很深的记忆。瑞中1942届学生孙师敬在《闲谈先生逸事》中也说道：

"云英者，沈将军……至绪女也——将军守备崑州……"这是昔日国文教员蔡执盟老师以传统的朗诵方法教我们学习古典文言文。他的嗓子特别洪亮，丹田之气十足，精力充沛，尤其擅长瑞安传统朗诵古文的曲调，所以朗诵起来抑扬顿挫，感情真实，娓娓动听，且余味无穷。由于他朗诵得生动，我们学得有兴趣，所以他教的文言文，大家都能很快地背出来，且数十年难以忘怀。

蔡执盟先生儒医皆通，在瑞安颇有名望，《瑞安市志》有传。

蒋咸平

蒋咸平（生卒年不详），早年就读于浙江省第一所外国语专门学校——瑞安方言馆，后来从上海教会学校——尚贤堂攻读英语毕业，先后任温州中学、平阳中学、瑞安中学的英语教师，是瑞安最早的外语教师之一，著作有《英语语法》。

瑞中1941届学生何宗镠、周臣孚有一段这样的回忆：

蒋咸平先生满头银丝，穿的是中式黑色长衫，用左手写粉笔字教我们高中英文，老先生面部表情严肃，未见露过笑容。据说他是上海圣约翰大学毕业的，英文的根底深厚自不待言，高中教我们时用的《实验英语法》全英文本。蒋先生曾劝告我们，同学们要努力求学，每学期来此读书不容易，家中都要花了不少费用啦！

刘承芳

刘承芳（生卒年不详），字起丰，永嘉人，毕业于复旦大学。1940年2月应聘于瑞中，曾任国文、公民教员兼级任导师（班主任）。

瑞中1942年春季毕业的学生孙师敬回忆：

刘承芳先生任级任导师有其独到之处：一是与全班同学逐个进行谈话。有一天，轮到他与我谈话了，约我午饭后早半个钟头到校，当时他住在卓公祠礼堂前右边的第一个房间里，我步入房间，他正在喝茶，并点着烟斗"吧嗒、吧嗒"地在抽烟。他与我谈话时家庭情况、个人性格、爱好特长、学习状况等方面无所不谈，并做了记录，其目的是了解情况，因材施教。且还向我介绍他自己的习惯，如勤俭节约、注意身体健康、每天看报、吃饭不讲话、今日事情今日了等。这些话虽然说的是他自己，实则在教育学生。二是到学生家里做客，犹今之家庭访问。虽然不是挨家到，却也走了半个班级。

他在离开瑞中的一次纪念周大会上，向学校提出三点要求：一是希望瑞中有个规模较大的图书馆；二是希望瑞中有个较大的操场；三是希望瑞中建立实验室。这三点希望语重意深，今天都一一实现了。

刘承芳博学多识，教学成绩优秀，1942年2月任瑞中训导主任，名列"抗战时期温州部分名师"。

王懋椿

王懋椿（1910—1996），字永和，居瑞安县城木桥头。出身书香门第，自幼聪颖过人，就学时成绩一直名列前茅，1925年瑞安中学初中毕业。温州中学高中毕业后，到国立浙江大学数学系深造，专攻数学，受到系主任陈建功教授的青睐，时加嘉奖。1943年8月到瑞安中学任教数学，担任过教务主任。在任兢兢业业，慎行谨言，循规蹈矩，不结党营私，人们皆服其公正。

他学识渊博，治学严谨，为人厚朴，言出必信，应对必诚，待人从宽，律己从严；钻研教学，精益求精，讲课深入浅出，循循善诱，不厌其烦，深得学生尊敬钦佩。

瑞中1950届初中、1953届高中毕业的唐汝钧在《怀念您，亲爱的母校》中回忆：

余振棠和王懋椿两位老师当时任教物理和解析几何，他俩的讲课是那样由浅入深地吸引我们。余老师讲述的物理概念清楚明了，王老师对公式异常熟练，每一步的演算让人一目了然，听他俩讲课，往往令人入神。在教学上，他们是那样严格，一丝不苟，在平时却又那么平易近人，有问必答，老师的身传言教使我对物理与数学产生兴趣，乃至在报考高等学校时，我选择了物理专业，并从事了30多年这一专业的科研工作。

与唐汝钧初中、高中均为同学的鲍景旦也在《怀念瑞中》中说：

王懋椿先生上课是那样有条有理，批改作业是一丝不苟，对我们学生又和蔼可亲，至今仍是我们的楷模。

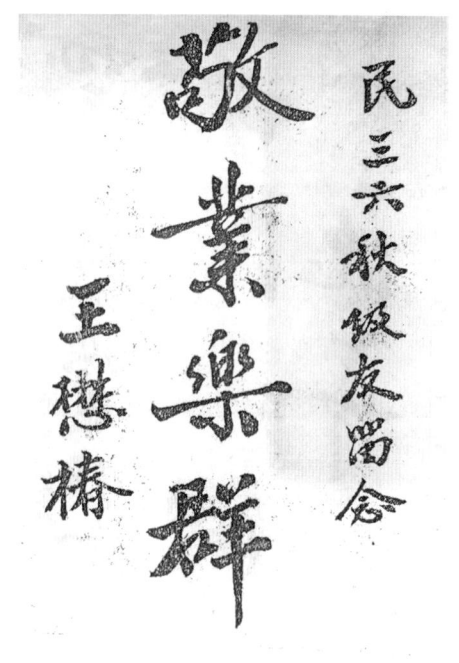

王懋椿为学生题词

王懋椿先生后来被调任为杭州师专讲师，继而又调至温州师专，最后辗转温州二中、温州四中任教。为教育事业，他矢志如一，忠贞不贰，称誉教坛，蜚声遐迩。名列"抗战时期温州部分名师"。

伍咸中

伍咸中（1913—1979），瑞安县城人。早年毕业于浙江定海（舟山）省立高级水产职业学校，因喜爱体育运动，后来又去中央大学体育系就读肄业。擅长武术、网球、乒乓球，民国时期曾获全省网球比赛第二名，获得银质奖杯；乒乓球在

伍咸中

瑞安县曾多次蝉联冠军；担任过瑞安县体育场场长，在数届瑞安县体育运动会上担任过总裁判长，也是新中国瑞安县体育运动委员会最早的成员之一。

1946年到瑞安中学执教体育，是继周守常老师之后的新中国成立后瑞中第二任体育教研组组长。体育技能扎实，教学认真负责，严格要求学生，培养了李观云、张建业、许炳禧、蒋钟挺、朱国荣、郑闶泽、孙昌荣、彭鹤鸣等一批体育专业人才和终身从事体育运动的骨干。在完成课堂教学之外，协同体育组同人参与组建校篮球队、排球队、田径队、体操队及教师与学生乒乓球队，积极策划组织校内外的各项体育比赛。

1954年9月，瑞中始行"劳动和卫国体育制度"，翌年在全校全面推行。学生自愿组成锻炼小组，教职工也参与其中，体育锻炼空前活跃。至1958年年底，全校"劳卫制"达到一级合格的有1100多人，占全校总人数的90%以上，其中155人达到等级运动员标准。取得这样的好成绩，离不开周守常、伍咸中等体育教师的共同努力。

瑞中1955年高中毕业考入中央体育学院（今北京体育大学）的郑闶泽校友回忆：

1948年我考入瑞中初中，执教体育的是伍咸中老师。那时体育教学没有教学大纲，也没有教学计划，体育课师生都很自由。伍老师上课的内容大部分是队列、体操和球类。他对学生很亲和，很少见到他训斥学生，学生若遇到困难他总会倾力相助。记得1950年秋季开学不久，学校开展"工读"活动，大部分学生到农村参加生产劳动，另安排部分学生在城关参加不同形式的劳动。我们几个同学与伍老师商量采用何种方式开展勤工俭学，他最后给我们出主意：到农村推售一些小孩要吃的糕点类东西，他可以帮助制作。同学们统一意见后，即在伍老师的小沙巷家中制作白豆糖。他手艺很好，制成的白豆糖又香又脆，由我们分头到农村叫卖。事过境迁，如今70多年过去了，此情此景仍历历在目。

胡跃龙

胡跃龙（1918—2013），籍贯江苏宝应，1944年毕业于国立中正大学（今南昌大学）经济系。1949年5月参加工作，在瑞安中学执教过地理、俄语、英语，曾任教务组组长、地理教研组组长、外语教研组组长，是德高望重的"瑞中十老"之一，深受瑞中同人及学生的尊崇。

胡跃龙

瑞中校友、被誉为"航天工业顶梁柱"的黄本诚回忆说：

1950年春季我考入瑞安中学，当年12岁，胡跃龙先生教我们地理课，并任班主任。那时他很年轻，大概只有30岁，浓眉黑发，有一双锐利的眼睛，一腔外地口音，也能讲几句瑞安话。他颇有才华，平易近人，关爱学生，态度和蔼，给我们留下颇深的印象。上地理课他不带讲稿，讲得灵活生动、深刻易懂，我们且聚精会神，鸦雀无声，思路开阔，放眼世界。他不仅教我们知识，而且教导我们"遇到挫折时要坚强面对"等一些做人的道理，地理课成为我最喜欢的一项课程。当我走上工作岗位，面对各种困难时，就会以开拓创新、艰苦奋斗的精神来勉励自己。瑞中求学已是70年前的事了，我仍记忆犹新，胡老师是我中学时期最令人敬佩的老师之一。

胡老师襟怀坦荡，宅心仁厚，淡泊名利，待人亲和，对学生关怀备至，情感笃深。瑞中1984届高中毕业的黄立晚把胡跃龙老师称为自己的恩师，曾追忆与他的一段深情往事：

我就读瑞中高中时，由于家境相当贫寒，以至营养不良，还不到一米四的个儿，心智也是那么晚熟。母校却没有亏待我，进校第一年就被推荐为学代会代表。高三时，英语老师胡老师还让我当了课代表，每天课前帮老师提提录音机，很是神气。可是高考是那么残酷，我的不成熟直接导致第一年榜上无名，只好回到贫穷的家。那是落后的山村，说有多落后就有多落后。一个广播就是最先进的通信工具，每当乡里村里有什么重要通知

黄本诚等同学拜望胡跃龙、金玉璇老师

要插播，广播员就会打断美妙的音乐和重要的新闻。

"木坑阿晚，有人打电话给乡里，明天来乡里一趟。"自从我落榜后那段时间，爸爸每次都很仔细听广播，期盼奇迹会发生。我清晰记得，老实巴交的爸爸听到广播里这个消息时，笑得像个小孩子的模样。

第二天我赶早到了乡里，才完完整整地知道事情的过程。胡老师，我的英语老师，一位60多岁的老人，知道我没有考上，知道我家里很穷，于是想介绍我去代课，并替我找好了代课的学校。可是联系不上我，就打电话给乡里，乡里广播员再通过村广播通知我。我至今还很难想象，这过程需要胡老师动多少脑筋，跑多少路，费多少心思……

第二天，我和爸爸赶到胡老师家里，胡老师和师母给我们父子烧了桂圆莲子加鸡蛋。临走时，还塞给五元纸币，说是当路费。此后，每当我回温州，都会带上爸爸到胡老师家探望。参加工作后，我也会懂事地带上那么一点伴手。只是，胡老师和师母给我们吃的会更好更多。胡老师还时不时地问我的工作、我的家庭、我的生活、我的身体……

瑞中1952届初中、1955届高中毕业的陈永康也曾在回忆中说：

地理老师胡跃龙教课更是令人叫绝，他上课备一盒彩色粉笔，在黑板上画山脉、河流、森林，栩栩如生，直观形象，令人记忆深刻。他的夫人金玉璇老师在瑞中图书馆工作，她总能满足我阅读课外书籍的欲望。为此，经常耽搁了她的下班时间，因此也培养了我阅读书籍的习惯。我在图书馆看完了几大古典文学名著，还读完苏联小说《静静的顿河》。有时中午带了干粮去看书，到下班时，她也不关门，交代我自己注意，出去后关好门。

1967届高中毕业的曾云川、戴金莲对金玉璇老师也感恩在心，十分感激地叙说：

我们经常去校图书馆借书阅读，管理图书的金玉璇老师对同学们很和好，总是尽量满足我们的需求。每次有新书到，金老师总是招呼我们去看书。

胡跃龙、金玉璇伉俪情深，携手在瑞中干了一辈子，最后都在瑞中退休。

陈高德

陈高德（1931—1990），瑞安人。1960年中国人民大学中共党史专业毕业后，分配到瑞安中学担任政治教师，曾担任政治教研组组长。政治理论知识扎实，教学水平高超，能把政治课上得通俗生动，妙趣横生，系中学高级教师职称。他担任班主任20年，工作认真负责，一丝不苟，深受学生的尊崇。

陈高德

瑞中1967届高中毕业的曾云川说：

我班班主任是陈高德老师，他讲课从不看备课本，深入浅出，很好懂。他对学校的公共财产十分负责，"文革"中有的同学曾经向学校借用蚊帐、水壶等日用品，陈老师后来一家家登门，既是探望同学，同时又逐户询问，收回借用的公家用品。他曾经到我家中了解有关情况，询问有无借用学校用品。这种工作态度我一直牢记，并认真向他学习。

曾是陈高德老师的学生，后来又成为同事的瑞安中学校长陈良明回忆：

1980年，我在瑞中读过一年的补习班，陈高德老师刚好教我的政治课，而且担任文科补习班的班主任。当时陈老师肝病严重，身体状况很差，师母经常送中药到教室。即使这样，陈老师上课还是很有激情。

1983年我分配到瑞中任政治教师，非常有幸与他共事了一段时间。陈老师毕业于中国人民大学，理论功底扎实，善于思考，上课逻辑严谨，表达清晰。课堂教学最大的特点是深入浅出，形象生动。他上课讲的是瑞安话，特别善于利用乡土教材，利用学生身边的事例和生活中的趣事融入政治课堂。记得有一次讲到认识的第一次飞跃时，他用瑞安渔民在南门飞云江上"张虾虮"的例子，把去粗取精、去伪存真的哲学讲得妙趣横生。陈老师的教学风格对我的教学产生了很大的影响，让我认识到政治课不一定是枯燥乏味的，政治课可以上得与语文课一样生动，甚至比语文课还生动。

主要参阅书目

《瑞安历史人物传略》余振棠编著,浙江古籍出版社 2006 年出版。
《瑞安历史名人列传》马邦城编著,中国文史出版社 2016 年出版。
《栉风沐雨》林云江、夏海豹主编,新星出版社 2006 年出版。
《往事如昨》蔡瑞琛主编,光明日报出版社 2016 年出版。
《溯源追昔》林云江编著,光明日报出版社 2016 年出版。
《兰台存真》陈伟玲主编,光明日报出版社 2016 年出版。
《玉海人韵》许希濂、林成植主编,中国文史出版社 2016 年出版。
《瑞安历史文化品读》俞海主编,中国文史出版社 2009 年出版。
《瑞安旧事》施世通、夏海豹主编,中国民族摄影艺术出版社 2015 年出版。
《瑞安轶事》施世通、夏海豹主编,中国民族摄影艺术出版社 2016 年出版。
《至美瑞安》叶艳主编,浙江人民出版社 2018 年出版。
《瑞安市志》宋维远主编,中华书局 2003 年出版。
《瑞安历史名人故居》林成植主编,浙江人民出版社 2014 年出版。
《瑞安旧联今读》张瑞雯主编,中国文联出版社 2008 年出版。
《温州历史人物》殷惠中主编,作家出版社 1998 年出版。
《陋巷不息》余振棠著,现代文学出版社 2019 年出版。
《李逸伶诗集》李森南编注,洪氏出版社 2004 年出版。
《山水诗人谢灵运》李森南著,文史哲出版社 1989 年出版。
《学府寻梦》温州大学编,浙江摄影出版社 2008 年出版。
《瑞安文化名人》李淳主编,青海人民出版社 1997 年出版。
《温州教育志》李方华主编,中华书局 1997 年出版。
《瑞安市教育志》林益修主编,江西人民出版社 1992 年出版。
《当代温州人物》潘善庚主编,今日中国出版社 2001 年出版。

《瑞安市志》瑞安市地方志编纂委员会编，商务印书馆2020年出版。

《俞大文诗文翰墨选》俞大文著，作家出版社2001年出版。

《孙诒让学记（选）》董朴垞纂述，天马有限公司2000年出版。

《瑞安中学校志》林云江、裴胜度编著，瑞安中学1996年编印。

《瑞安中学100周年纪念刊》瑞安中学编，1996年编印。

《解惑追韩》鲍景旦主编，2007年编印。

《椿萱集》项新、项宁、项宏、项潮主编，2010年编印。

《荣辱不惊见高尚——王超六纪念文集》王鉴中、王鉴远编著，2009年编印。

《炜然先生逝世周年祭》宋维远、应承果编辑，1994年编印。

《悠悠偶集》汤建治主编，2006年编印。

《流星随笔》郑宏泽主编，2004年编印。

《顶天立地》孙辰也、陈兆瑞编著，2019年编印。

《许世铮文稿》瑞安市科协、生物学会1995年编印。

《瑞中校友》瑞安中学校友会编印。

《上海瑞中校友通讯》（合订本）上海瑞中校友会编辑，2016年编印。

《瑞安文史资料》政协瑞安文史委编印。

《玉海文化研究》瑞安玉海文化研究会编印。

《温州会刊》台湾温州同乡会印行。

鸣谢

滋兰树蕙 瑞安中学前辈名师风采录

余振棠	俞　光	陈之川	马邦城	杨作雨	董朴坨	张永坝
张耀宁	宋维远	陈　霖	黄宗甄	孙师敬	缪天舜	吴天跃
吴　亮	王治文	林安君	郑梦熊	黄庆洲	鲍景旦	沈美英
曾衍霖	伍　龙	孙义燧	黄质中	林树建	戴家祥	蔡圣波
李秉钧	李森南	许世铮	万锡春	赵火里	洪光斗	陈钧贤
唐一川	李毅军	洪普清	陈朝墀	林良爽	尤荣开	何宗镠
邹伯宗	姜嘉镳	周臣孚	游修龄	张宪文	肖伊绯	许希廉
张德贤	董邦龙	周田田	邵霭吉	陈国华	陈镇波	邵存权
林　杰	施菲菲	易瑶瑶	陈良明	汤建治	郑成航	俞大文
俞　咏	黄鸿森	金　陵	李　淳	胡今虚	孙辰也	陈兆瑞
林兆丰	谢秉淞	王鉴中	张世烈	项维新	董希凯	蔡瑞庭
龚剑锋	马允伦	金晓刚	王海燕	郑宏泽	黄信榆	黄信孚
项　竞	黄建一	方浦仁	孙崇涛	黄希尧	项文蓉	陈培周
胡方西	潘仲麟	余寿权	殷学贵	王鉴中	黄本诚	谢瑞淡
钟顺时	章毓光	谢公望	耿海军	朱杞华	何仲麟	项佩英
唐汝钧	项宝澄	黄立晚				

本书参阅以上作者的作品，特此鸣谢！

人物索引

三画：马

马　龄（陈振伦）.. 334

马允伦 297

四画：王、方

王　沉（王剑生）.. 128

王从廉 314

王超六（王毓榛）.. 123

王锡涛（王伯川）.. 114

王懋生 084

王懋椿（王永和）.. 377

方介堪（方溥如、方　岩）.................................. 215

六画：朱、刘、许、池、孙、伍

朱昭东 254

刘承芳（刘起丰）.. 376

许　藩（许介轩）.. 027

许世铮（许一楷）.. 131

许学彬（许朔方）.. 200

池源瀚（池仲霖、池　虬）.................................. 022

孙正容（端　颀）.. 266

孙诒泽（仲　闿）.. 041

伍咸中 378

七画：李、杨、吴、余、邹、宋、张、陈、邵、邱

李　笠（李雁晴　李作孚） 204

李　翘（李孟楚　李炜仪） 164

李逸伶（李　篯） 110

李方成 327

李森南 172

杨绍廉（杨志林、杨志龄） 018

吴之翰（吴子屏、吴树谐） 073

吴引一（吴引液） 351

余振棠 271

邹伯宗 155

宋慈抱（宋墨庵） 191

张　楷（张则民） 148

张　棡（张震轩） 036

张世楷 310

张德坤 323

陈　范（陈式卿、陈式虙） 003

陈仲公（陈　湜、陈守法） 250

陈　超（陈轶尘） 047

陈燕甫（陈　琮） 102

陈逸人（陈　骏、陈　俊） 160

陈高德 382

陈德煊（陈德辉） 187

陈楚淮（陈江左） 228

陈继璜 293

邵成萱（邵汝雨、邵　颖） 177

邱禹仁 302

八画：林、金、周、郑

　　林大年（林健庵）……………………………………… 373

　　林永梣（林泳仁）……………………………………… 370

　　林调梅（林和叔）……………………………………… 003

　　林炜然（林　熹）……………………………………… 239

　　金介三 …………………………………………………… 372

　　金作镐（金仲坚）……………………………………… 088

　　金嵘轩（金　嵘）……………………………………… 219

　　周守常（周秀犘）……………………………………… 280

　　周彧甫（周鸿文）……………………………………… 081

　　郑心增（郑圣增）……………………………………… 347

九画：项、胡、俞、洪、侯

　　项　竞 …………………………………………………… 288

　　项启中（项启钊、项起中）…………………………… 119

　　项宝澄 …………………………………………………… 342

　　项桂荪（项山荪）……………………………………… 140

　　项棣荪 …………………………………………………… 284

　　项维新 …………………………………………………… 338

　　项黼宸 …………………………………………………… 233

　　胡　旭（胡哲民）……………………………………… 058

　　胡　雨 …………………………………………………… 058

　　胡今虚（胡经舒）……………………………………… 224

　　胡跃龙 …………………………………………………… 380

　　俞春如（俞煦牲、俞和卿）…………………………… 068

　　俞大文（俞有闻）……………………………………… 210

　　洪天遥（洪　演）……………………………………… 144

　　洪炳文（洪博卿）……………………………………… 009

洪特民（洪彦璋）... 371
洪蓉轩（洪演畴）... 052
洪瑞槎... 263
洪景椿... 361
侯家声... 168

十画：郭、唐

郭凤鸣（郭潄霞）... 013
郭凤诰（郭筱梅）... 031
唐敬庵（唐　赟）... 093
唐澄士（唐　溥）... 151
唐唯逸（唐伟熤、唐魏臣）..................................... 135

十一画：黄、曹

黄质中（黄文斌）... 098
黄运筹（黄忠文）... 246
曹振铎... 318

十二画：蒋、董、曾

蒋兴国... 356
蒋作藩（蒋屏侯）... 369
蒋咸平... 376
董玉衡（董仲璇）... 047
董朴坨（董允辉、董敬庵）..................................... 306
曾　约（曾博孚）... 243
曾联松（曾　楧）... 195

十四画：蔡、管、缪

  蔡执盟 374

  蔡念萱（蔡逸仲）.. 369

  蔡屏周（蔡平庄、蔡镜清）.................................... 106

  管仲远（管　超）.. 259

  管文南 276

  缪天瑞（穆天澍、穆　静）.................................... 077

十六画：薛

  薛钟斗（薛储石）.. 064

  薛凝嵩（薛吟松、薛凝松）.................................... 182

十七画：戴

  戴望强 331

后记：致敬瑞安中学前辈名师

习近平总书记在全国教育大会上强调："教师是人类灵魂的工程师，是人类文明的传承者，承载着传播知识、传播思想、传播真理、塑造灵魂、塑造生命、塑造新人的时代重任。"

天地君亲师，中国自古就有尊师重教的优良传统。"红烛有爱育桃李，粉笔无言谱春秋。""小树长成栋梁材，不忘园丁培育恩。"人们总是以"蜡烛""园丁"比喻师者，赞美他们默默耕耘、无私奉献的精神。

难忘恩师，师恩永远。为了致敬瑞安中学前辈名师，推介他们平凡又不平凡的人生故事，展示他们德才兼备的亮丽风采，讴歌他们甘于奉献的博大情怀，传承他们教书育人的敬业精神，在瑞安中学建校125周年的日子里，列入瑞中文化丛书的《滋兰树蕙——瑞安中学前辈名师风采录》得以付梓，谨此以表对瑞中先辈老师的感恩之情。

瑞安中学自1896年创办学计馆伊始，坚持以"甄综术艺，以应时需"为办学宗旨，走过两甲子，跨越三世纪，砥砺奋进，弦歌不绝，名师荟萃，精英辈出。从这所百年历史名校走出了4万多名学生，他们学有所成，业有所精，有的声誉卓著、独占鳌头，成为自然科学的巨匠和人文领域的泰斗。例如，"洋状元"、三度任民国财政部次长的项骧；光复会会员、陆军中将林撝；同盟会会员、辛亥革命的先驱人物许櫟；五四运动参加火烧赵家楼的亲历者、中国经学史研究的奠基者周予同；中国"鱼类学之父"、中科院院士伍献文；当代中国最有影响的戏曲史论家、文学史家王季思；"百岁学人"、著名音乐教育家缪天瑞；著名经史学家李笠；国学鸿儒林尹；中华人民共和国国旗设计者曾联松；对数视力表发明者缪天荣；台湾"中央研究院"院士、数学家项黼宸；中国科学院院士、天体力学家孙义燧和大气学家伍荣生；中国工程院院士、海洋学家方国洪；"航天事业的顶梁柱"、中国航天空间环境工程的开拓者黄本诚；国家科学技术进步一等奖获得者林成鲁，还有美国国家发明家科学院院士林景瑜、王朝阳；世界统计学最高奖——"考普斯总统奖"获得者蔡天文；"长江学者"吴联生、陈积明；国家杰出青年科学基金获得者、化学家潘秀莲；"硬核医生"、上海市新冠肺炎医疗救治专家组组长张文宏；26岁就攻克了"世界数学难题"的青年数学家陈果，群星璀璨，各领风骚。

春风化雨育桃李，丹心如烛照春秋。感恩老师，为了学生成才出彩，他们甘为人梯，青蓝相继；滋兰树蕙，风化于成；兢兢业业，知行合一，捧着一颗心来，不带半根草去，用忠诚与奉献，以坚毅与汗水，愿做园丁默默耕耘，甘为蜡烛燃烧自身，浓墨重彩地写下一行行教书育人的壮丽诗篇。

致敬老师，为了传道授业解惑，他们化初心为恒心，将生命融入使命，坚守一方净土，勤耘三尺讲台，修身立德，言传身教，无怨无悔地传递着人类文明的接力棒，铸就了瑞中这所百年历史名校的灿烂辉煌，矗立起"瑞中教师"这座令人仰慕的丰碑。

"国将兴，必贵师而重傅。"一日为师，终身为师。瑞中学子不会忘怀老师的杏坛恩重、泮水情深。没有老师的辛勤耕耘、百般呵护，就不会有从丑小鸭到白天鹅的童话；没有老师的披肝沥胆、精心培育，哪会有懵懂稚童成长为名家大师的奇迹。老师们用自己的人生实践告诉人们：世间有一种事业叫教书育人，有一种使命叫坚守初心，有一种情怀叫无私奉献，有一种幸福叫桃李满园……

"经师易求，人师难得。"名师是学校发展的宝贵财富，继承弘扬名师精神，以榜样的精神感染人、鼓舞人，是师德师风建设的重要组成部分。本书推介的百位名师，几乎涵盖了中学教育阶段的政治（伦理、公民）、国文、历史、地理、外语、数学、物理、化学、生物（博物）、音乐、体育、美术、生理卫生等全部学科，他们是瑞中历代教师群体的代表，其感人的事迹和亮丽的风采，也正是瑞中广大教师忠诚教育情怀的缩影，瑞中史册上应该留有他们的精彩一页。

"云山苍苍，江水泱泱，先生之风，山高水长。"本书推介的百位名师，有瑞中最早的教师、学计馆总教习林调梅、陈范；有扎根瑞中，把一辈子献给教育事业的，如首任校长、数学教师许藩和数学教师唐敬庵等；有虽短时执教瑞中，但对学校和学生产生很大影响的，如经史大家、国文教师李笠和篆刻大家、美术教师方介堪等；有历经坎坷，宠辱不惊的高中部创办人王超六校长和坚韧大度、学博德高的数学教师余振棠等；有淡泊名利，潜修学问的史学家、国文教师董朴垞和宋慈抱等；有因时创新，勇于开拓的资深雷达专家、物理教师王懋生和"小发明之父"、科技辅导员洪景椿等；有出身寒门，自学成才的学界名士、国文教师林炜然和陈逸人等；有留洋归国，矢志家乡教育的生物教师洪特民和地理教师项桂荪等；有浙南著名教育家金嵘轩校长和解放后瑞安教育事业的奠基人项维新校长……还有不少孜孜以求、诲人不倦的名师们，他们都为瑞中教育奉献了心血和汗水，值得我们去追思和缅怀。还有部分名师未能搜罗到有关史料素材，遗憾未能列入本书。

本书推介的名师按在瑞中任职时间的先后排列，一些名师因行状知之不详，未能独立成篇，暂且汇入"名师补遗"简述，以待日后补充完善。

回眸《滋兰树蕙——瑞安中学前辈名师风采录》的成书之路，感慨良多。庚子新春伊始，陈良明校长便策划组织编写工作，邀约我与老搭档夏海豹先生担纲。其时，正值新冠病毒肆虐武汉，蔓延全国。其后为加强疫情防控，社交活动骤然减少，我又较长时间不在瑞安，这无疑给搜罗名师履迹带来不少时间及空间的障碍。好在功夫不负有心人，在陈校长和陈耿、陈伟玲等同事及诸多名师亲属的支持下，通过参阅大量的乡土资料和瑞中校友的回忆文章，历经一年多来的编撰，终于如期以此书献给瑞安中学建校125周年。

百年瑞中，名师辈出，星光璀璨，熠熠生辉。本书因采访条件限制，搜罗资料不全，且囿于编著者水平，书中纰漏和不当之处在所难免，在此敬请读者及瑞中校友谅解，并不吝赐教指正，以备日后修订匡正。

林云江谨记
2021年教师节

图书在版编目（CIP）数据

滋兰树蕙：瑞安中学前辈名师风采录 / 林云江, 夏海豹编著. -- 北京：光明日报出版社, 2021.11
ISBN 978-7-5194-6353-3

Ⅰ.①滋… Ⅱ.①林… ②夏… Ⅲ.①中学教师 – 优秀教师 – 先进事迹 – 瑞安 Ⅳ.①K825.46

中国版本图书馆CIP数据核字(2021)第209218号

滋兰树蕙：瑞安中学前辈名师风采录
ZILAN SHUHUI：RUIAN ZHONGXUE QIANBEI MINGSHI FENGCAILU

编　　著：	林云江　夏海豹		
责任编辑：	章小可	责任校对：	傅泉泽
装帧设计：	谭　锴	责任印制：	曹　净

出版发行：光明日报出版社
地　　址：北京市西城区永安路106号，100050
电　　话：010-63169890（咨询），010-63131930（邮购）
传　　真：010-63131930
网　　址：http://book.gmw.cn
E - m a i l：gmrbcbs@gmw.cn
法律顾问：北京市兰台律师事务所龚柳方律师
印　　刷：北京华联印刷有限公司
装　　订：北京华联印刷有限公司
本书如有破损、缺页、装订错误，请与本社联系调换，电话：010-63131930

开　　本：	170mm×240mm		
字　　数：	420千字	印　张：	25.5
版　　次：	2021年11月第1版	印　次：	2021年11月第1次印刷
书　　号：	ISBN 978-7-5194-6353-3		
定　　价：	78.00元		

版权所有　翻印必究